嘉绒藏区社会史研究

多尔吉　曹春梅　刘波　著

中国藏学出版社

嘉绒民居

碉楼

嘉绒服饰（王红 摄）

嘉绒服饰（王红 摄）

嘉绒村寨

生活器具

卓克基土司官寨（允强 摄）

法器

嘉绒服饰

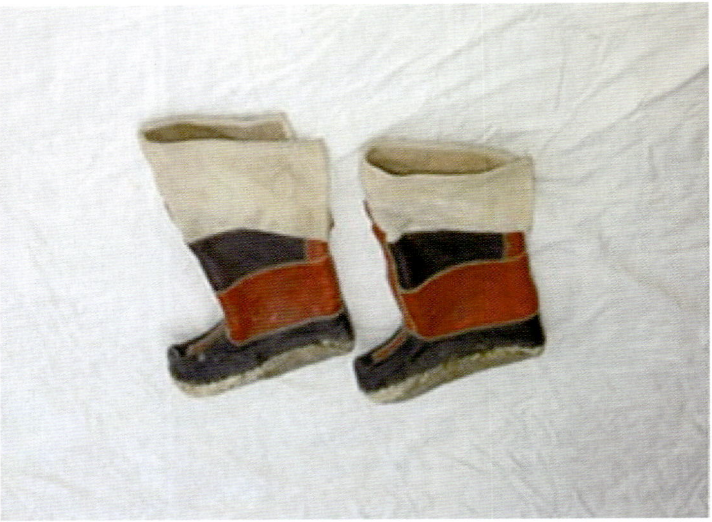

靴子

总序：让《记录嘉绒文化》启航

沿着前辈的足迹，嘉绒学人和嘉绒文化研究者们奔向田间地头，他们考察田野、专心记录、伏案研究、孜孜不倦、薪火相传……通过他们的努力，嘉绒文化被不停地“记录”下来、流传下来。文化具有民族特征，也有地域特征，更有时代特征，时时刻刻都在更新、演进、沉淀。当我们赞叹今日文化元素的绝妙之时，也免不了对“大浪淘沙”之后的“远去者”表达惋惜！而对于“远去者”敬意的最好表达，莫过于整理他们对嘉绒文化的“记录”。

《记录嘉绒文化》丛书正是在这样的背景下产生的。

《记录嘉绒文化》丛书涉及一些研究成果，但更多的是将“记录”的特点突显出来，坚持以“不刻意追求学术上前沿，要求广泛和客观；不刻意追求理论上创新，要求丰富和清晰”为指导。

我们两个——希俄·降初与德泰·多尔吉牵头，能够做到创新与专业互补。四川嘉绒藏族文化发展中心负责人阿根、博家·多尔吉、杨树林、希俄·泽郎等君，自然是本丛书的编委；再加上一些专业人员，也就组成了编委会。这个编委会的主要职责不是专业审查，而是组织、推动本丛书的完成。

按照惯例，一套丛书有许多方面需要规范，但我们建议不要

“架”太多的框框，以“版式”标准化为基本要求就行了！还是给编著者更多的空间吧！

记录传统文化，反映历史沧桑；

聚焦当代进程，记录今日辉煌。

愿今者、来者能悟我辈苦心与执著！

希俄·降初
德泰·多尔吉
2008年12月12日

前　言

我国不仅是世界文明古国之一，也是多民族国家。在长期的历史发展过程中，各族人民不但创造了自己的文化，同时还为祖国的繁荣富强、兴旺发展做出了不可磨灭的贡献，使伟大的中华民族永远屹立在世界民族之林，永放异彩。

嘉绒藏区崇山峻岭，江河纵横，森林茂密，物产丰富，更是通往西藏的咽喉要塞。自唐代吐蕃东进，这一地区成为吐蕃辖领，历经发展，成为古老的藏区之一，与安多、康巴地区一样，形成了独具地方特色的藏文化。而文化传承对民族认同有着非常重要的作用。正如赵世林在《云南少数民族文化传承论纲》一书中提到的："文化在民族共同体内的社会成员中作接力棒似的纵向交接的过程，这个过程因受生存环境和文化背景的制约而具有强制性和模式化要求，最终形成文化的传承机制，使民族文化在历史发展中具有稳定性、完整性、延续性等特征。也就是说，文化传承是文化具有民族性的基本机制，也是文化维系民族共同体的内在动因。社会成员正是通过习得和传承共同的民族文化而结成为一个稳定的人们共同体的。"①

这个地区以金沙江、大渡河、岷江天险构成祖国西南一道数千里天然屏障，古往今来成为兵家征战的要地，也成为藏汉各民族友好往来的桥梁通道，同时，成为历史上民族迁徙的走廊地

---

① 刘正发：《凉山彝族家文化传承的教育人类学研究》，北京：中央民族大学出版社，2007 年，第 17 页。

带。

这里不仅山河壮丽，资源丰富，由于民族的迁徙交流，历史在这里留下了一道道一层层的折影，那奇特的建筑、灿烂的文学艺术、精巧的技艺，无不装点了伟大祖国的文化宝库，展现了藏民族人民的聪明才智。

早在新石器时代，这里人类活动频繁，自秦汉以来历代设建置于境内。发生过众多重大事件，特别是明清两代，像瓦寺土司从西藏远征岷江，战后受封，从此驻留下来。大金川土司事件，乾隆皇帝几番用兵，调动兵马耗库银近亿万两。近现代史的“八角暴动”“红军长征飞渡泸定桥”“爬雪山过草地”均在其境内。新中国成立后的“靖懋叛乱”“黑水战役”等等，这些重要的历史事件，都从正反两方面证实了这一地区的复杂和特殊历史地位。尤其是从古至今，嘉绒藏族人民为维护祖国统一、民族团结和全国的解放事业做出过特殊贡献。清代，鸦片战争期间，他们为抗击帝国主义的入侵，开赴沿海作战，英勇杀敌，像大小金川千户总阿木穰、瓦寺守备哈克里等，为国捐躯，忠骨至今葬于宁波；又如反抗廓尔喀入侵西藏，也是他们出兵远征，美名流传至今；在红军长征和抗日战争中，众多嘉绒儿女投入爱国抗日战场，许多烈士忠骨埋葬异地它乡。嘉绒藏族人民的历史紧紧地同中华民族历史谱写在同章同节中，是一部共同成就的历史。

嘉绒悠久的历史与奇特的文化，很早就引起了人们的注意。20 世纪三四十年代，随着西南民族研究的蓬勃发展，现代嘉绒研究应运而生。时至今日，嘉绒研究已走过了大半个世纪，在众多学人的辛勤耕耘下，嘉绒研究在许多领域都取得了丰硕的成果。①

随着历史的进步，藏区也在不断地发展，藏族同胞的生活已经有了翻天覆地的变化。党的十一届三中全会以来，改革开放的实现，西部大开发战略的实施，内地与四川甘孜藏族自治州、阿坝藏族羌族自治州、凉山彝族自治州等四川少数民族聚居地区的

---

① 参阅曾现江：《嘉绒研究综述》，《西藏研究》，2004 年第 2 期，第 115—120 页。

联系越来越紧密。甘孜州、阿坝州、凉山州已经成为我国西部大开发的主“战场”。政府部门根据专家们的考察、研究资料，制定了发展该地区的主要指导思想——充分发挥该地区位优势，广泛调动该区人民建设家园的积极性，依靠自身的不懈努力发展该区经济的前提下，国家从人力、物理、财力、科技等各方面给予该区大力支持。以促进该区经济不断发展，实现各民族的共同繁荣。

一、可弘扬民族优秀文化、继承民族优良传统、展示民族文化魅力。如2004年7月，由中共马尔康县委、马尔康县人民政府主办，马尔康县首届嘉绒锅庄节组委会承办，成功地举办了“马尔康县首届嘉绒锅庄艺术节”，其中“万人锅庄游行”被列入上海大世界吉尼斯世界之最，被称为：规模最大的圈舞“嘉绒锅庄”展演活动。同年12月，马尔康县被评为四川省首批民间艺术（特色文化）之乡，成为全世界人民了解嘉绒藏区、体验嘉绒文化的最佳目的地之一。此外，从2002年起，丹巴县开始举办嘉绒风情节及“嘉绒之花”评选活动，也吸引了全世界的眼球。

二、可利用独特的人文自然环境，走多方位的发展道路，促进该地区经济的增长和民族素质的提高，也推动了藏学的发展。

嘉绒藏族文化中的独特地域文化，类型多种多样、文化面貌多姿多彩，而且文化原生态保存良好，不仅在四川，而且在全国范围内亦是绝无仅有，是嘉绒藏区发展文化产业和旅游业的重要资源，是嘉绒藏区群众通过发展文化产业和旅游业实现脱贫致富的重要财富之一。如丹巴旅游资源丰富多彩，自然风光神奇美丽，“天然盆景”、党岭风光，集雪山、森林、海子、温泉、草甸于一体；墨尔多神山，纳山、水、林、崖、洞108圣景于一炉，这些都是很好的旅游资源。然而，伴随着旅游业的发展，以及嘉绒藏区与内地信息、交通的改善，嘉绒藏区的独特地域文化在文化生态方面日益面临重重危机。因此，嘉绒地区独特的地域文化又亟待保护。本书全面、详细介绍嘉绒地区文化的目的，也在于更好地保护这些非物质文化遗产。在面临嘉绒许多重要的非物质文化遗产因为得不到行之有效地开发与保护，有些资源已处于“人亡艺绝”的境地，如《格萨尔》说唱艺术、制陶等已濒临绝迹。[①]

嘉绒地区文化中的各独特地域文化，文化内涵丰富、特色鲜明而文化生态又极脆弱，在旅游业发展过程中必须高度重视，加强其文化生态的保护，以实现其文化资源的可持续利用。有效地保护好嘉绒地区文化中的独特地域文化资源，合理地开发利用这些资源，不仅对促进嘉绒藏族民族文化保护工作和地方经济文化的发展、促进川藏地区的社会稳定具有重要意义，同时对于促进嘉绒地域文化的保护与利用，促进川藏旅游业的持续发展亦有深远的战略意义。因此，保护好嘉绒地区文化中的独特地域文化资源，从发展旅游业的角度看，资源保护与资源开发并不矛盾，资源保护是为资源的可长久、持续利用。

三、有利于丰富中华民族的文化，保持世界文化的多样性和可持续发展，也有利于进一步提高中国的国际形象和国际地位。

我国是一个统一的历史悠久的多民族国家。藏族是中华民族的重要一员，在历史进程中，创造了辉煌灿烂的古代文化，为整个中华文明的历史做出了重要的贡献。国务院《关于加强文化遗产保护工作的通知》中特别指出：“保护文化遗产，保护民族文化的传承，是连接民族情感纽带、增进民族团结和维护国家统一及社会稳定的重要文化基础，也是维护世界文化多样性和创造性，促进人类共同发展的前提。加强文化遗产保护，是建设社会主义先进文化，贯彻落实科学发展观和构建社会主义和谐社会的必然要求”，这充分说明保护文化遗产和文物的极端重要性。研究嘉绒藏族社会史就是保护中华民族的文化遗产，也是继承、发扬中华民族优秀文化的重要内容。

文化的多样性，文化与民族的关系问题，是当今世界甚为关注的重要问题。世界上的每一个民族在其历史进程中，都创造了独具民族特色的物质和非物质的历史文化遗产。因此，文化都是

---

① 杨嘉铭：《甘孜州非物质文化遗产资源中的亮点》。

民族的，民族是文化的载体，文化都具有一定的民族性，民族性是当代文化的又一显著特征。习近平总书记在中央民族工作会上指出“中华文化是各民族文化的集大成。各民族都对中华文化的形成和发展做出了贡献，各民族要相互欣赏、相互学习。”习近平总书记还强调，要系统梳理传统文化资源，让藏在禁宫里的文物，陈列在广阔大地上的遗产，书写在古籍里的文字，都活起来。所以，研究嘉绒藏族的社会史对其他少数民族史的研究，对世界文化多样性和可持续发展都具有重要意义。

研究嘉绒藏区社会史，对于深化中国藏学的研究，推动四川藏区社会进步，对于当今构建和谐社会，构建民族和谐等，均有重要的参考意义。

当然，嘉绒藏区社会史的内涵博大精深，涉及面极广，决非本书所能概括。

或许本书只是一个研究的发端。

本书撰写过程中，得到四川师范大学王川教授和中国藏学出版社的大力支持，在此一并致谢！

目 录

总序:让《记录嘉绒文化》启航 …………………………（1）
前言……………………………………………………（1）

第一章 嘉绒藏族概况…………………………………（1）
第一节 嘉绒藏族的渊源、名称 ……………………（1）
第二节 嘉绒藏族的地理分布及历史区域…………（5）
第三节 嘉绒藏族的语言文字………………………（30）

第二章 嘉绒藏族的宗教文化…………………………（41）
第一节 苯教…………………………………………（41）
第二节 藏传佛教……………………………………（43）
第三节 民间信仰活动中的神职人员——“哈瓦” …（44）

第三章 嘉绒藏族的崇拜现象…………………………（59）
第一节 图腾崇拜……………………………………（59）
第二节 对自然物的崇拜……………………………（70）

第四章 嘉绒藏族的人生礼仪…………………………（74）
第一节 男性的诞生礼………………………………（74）
第二节 成年礼………………………………………（75）

第五章 嘉绒藏族的民俗文化之一……………………………（78）
第一节 高碉文化……………………………………………（78）
第二节 嘉绒锅庄……………………………………………（83）
第三节 民居与饮食…………………………………………（89）
第四节 茶文化与酒文化 …………………………………（100）
第五节 服饰文化 …………………………………………（110）

第六章 嘉绒藏族的民俗文化之二 ………………………（122）
第一节 庆典及节日文化 …………………………………（122）
第二节 藏戏 ………………………………………………（137）
第三节 舞蹈艺术 …………………………………………（154）

第七章 嘉绒藏族的民俗文化之三 ………………………（161）
第一节 婚嫁风俗 …………………………………………（161）
第二节 丧葬习俗 …………………………………………（169）
第三节 其他习俗与禁忌 …………………………………（186）

第八章 嘉绒藏族的民俗文化之四 ………………………（199）
第一节 生计方式 …………………………………………（199）
第二节 民间工艺 …………………………………………（201）

附录 主要论著（专著、论文）索引……………………………（205）

第一章　嘉绒藏族概况

第一节　嘉绒藏族的渊源、名称

藏族历史悠久，文化灿烂。居住在四川甘孜藏族自治州、阿坝藏族羌族自治州的嘉绒藏族，是藏族中极具地域特色的一支。嘉绒藏族有不同的称谓，自称有“绒巴”（意为农区的人）或“戈茹”（嘉绒藏族称汉族为“戈白”）；其他藏区的人称之为“嘉绒”，羌族人称之为“芝布”，古藏文文献中称其为“朵麦”，隋唐文献中称其为“嘉良夷”① “哥邻”。李延寿《北史》卷96《列传·附国》记载：“附国者，蜀郡（即成都）西北二

---

① 嘉良夷为康区古部落之一。“嘉良夷”一名最早见于李延寿《北史》和魏征《隋书》。关于嘉良夷的位置和地理特征，《北史》和《隋书》的《附国传》中有如下记载：“附国者，蜀郡西南二千余里，即汉之西南夷也。有嘉良夷，即其东部”；“嘉良有水阔六七十丈，附国有水阔百余丈，并南流”；“水有嘉鱼……”据历史学家的研究，附国以雅砻江中上游地区为活动中心，分布在今甘孜州大部分地区。嘉良夷在附国之东，而附国活动范围在“水阔百余丈”的雅砻江流域地区，那么，嘉良之水则只能是指大渡河流域。而且，嘉良“水有嘉鱼……”而嘉鱼正是大渡河特产。由此我们可以肯定，嘉良夷活动在大渡河及上游的大、小金川一带。而丹巴正处于大金川和小金川交汇并构成大渡河之处。关于嘉良夷的文化特征，《隋书·附国传》等汉文史料记载，嘉良夷“土俗与附国同，言语少殊，不相统一”；“无城栅，近川谷，傍山险，俗好复仇，故垒石为巢，高至十余丈”；“用牛皮舟而济”。嘉良夷在语言、居住、交通等方面的文化特征与嘉绒藏族也是相吻合的。虽然今天已很难在嘉绒地区见到“用牛皮舟而济”的情况，但据调查，丹巴县梭坡乡一带，至解放初期仍保持着以牛皮船渡河的传统。

千余里，即汉之西南夷也。有嘉良夷，即其东部，所居种姓自相率领，土俗与附国同，言语少殊。不统一，其人并无姓氏。……南北八百里，东西千五百里。无城栅，近川谷，傍山险。俗好复雠，故垒石为巢，以避其患。其巢高至十余丈，下至五六丈，每级以木隔之，基方三四步，巢上方二三步，状似浮图。于下级开小门，从内上通，夜必关闭，以防贼盗。……以高下为差，作狭户，自以内通上。……王与酋帅，金为饰首，胸前悬一金花，径三寸。其土高，气候凉，多白雉。地高凉，多风少雨，宜小麦、青稞。山出金、银、铜，多白雉。”①

“嘉绒”全称“夏尔嘉尔木察瓦绒”，意即“东方嘉木墨尔多山系的热带农区，简称为嘉木绒或嘉绒”②。“嘉绒”既是一个地域概念，也是一个族群名称。作为一个传统的地理概念，指的是嘉绒藏族居住的地区；作为一个族群名称，指的是生活在以墨尔多神山为中心的，大、小金川流域的一个历史悠久的民族。在不同时期的文章和书籍中还有不同写法，诸如“呷弄”“甲戎”“嘉绒”“甲阳”“嘉良夷”“垄巴”“甲冗”“甲摩绒”“壤狨”“察瓦绒”“达摩绒”“哥邻”“冉駹”“仡日”“格勒”“察柯”“格日”“噶如”“擦戎”，等等。其中有的是“嘉绒”的异写，有的是各个历史时期居住在这一地区的先民的自称和他称。

嘉绒地区从战国至隋唐并未形成一个统一的政权，在不同的历史阶段它都依附于其他政权。《中国少数民族》（290 页）一书中写道：“在公元前二世纪，汉朝曾在这里设郡。”③ 据《甘孜州民族志》记载，嘉良夷与附国一样是一个众多种姓不同的部落的统称，至唐时嘉良夷各部分离为“西山八国”，嘉良夷一名不复存在。④ 吐蕃东渐至嘉良地区，将西藏琼部三十九族地区的蕃人移民至嘉良夷地区，与西山八国及隋唐时期形成的东女国相

① 李延寿：《北史》，中华书局标点本，1997 年。

② 达尔基：《雍仲苯教圣地墨尔多山》，《西藏民族》，1997 年第 1 期。

③ 国家民委民族问题五种丛书编辑委员会《中国少数民族》编写组：《中国少数民族》，人民出版社，1981 年，第 290 页。

④ 石硕先生在《附国与吐蕃》中探讨了嘉良夷在唐代消失的原因。石硕先生认为，嘉良夷在唐代的消失是因为唐代吐蕃王朝的兴起，使嘉良夷走向藏化。

融合，逐渐形成了后来的嘉绒藏族。

从历史上看，嘉绒黑水地区原本是古羌部落聚集地，“就现在的嘉绒藏族而言，是唐以后，藏族同化和融合这一带的许多古代氐羌部落而逐渐形成的”①。据史书记载：“众多的羌人部落分布在今阿坝藏族自治州的茂汶、理县、黑水、汶川等以西”② 地区。民族史学家李绍明先生指出：“至迟在秦汉时，西北羌族中一部自高原南迁至岷江河谷，受地理环境限制，这部分羌人逐渐演化成农耕民族。”③ 藏族即吐蕃势力进入该地区始于唐朝。《安多政教史》④ 载：“多麦南北的人种大部分是吐蕃法王（按：指松赞干布）安置在唐蕃边境驻军的传人”。在公元5世纪—6世纪，嘉绒地区人户很少，为措巴首领割据称雄时期。公元7世纪初叶，赞普松赞干布统一了吐蕃，嘉绒地区也统一于吐蕃之中，由赞普的将领充任嘉绒各地首领。但“吐蕃并没有彻底征服嘉良夷，使其保存了自己的一些独特的语言和风俗习惯，形成一种被藏族同化而未全化，与藏族融合而未全合的民族特殊区域”⑤。嘉绒地区在《安多政教史》一书和讲藏语安多方言的藏族中称“查柯”。其因是：“历史上吐蕃赞普曾派遣大臣柯潘前去嘉绒地区担任首领和武将，他的官邸在松岗以北，吐蕃王室在王谕和公文中称他为‘嘉木查瓦绒柯潘’或‘查瓦绒柯潘’，简称‘查柯’。”柯潘是从西藏四大家族之一的扎族中招募来大批士兵的指挥官，主管唐时吐蕃的“西山八国”⑥。史书记载：在“唐时，大部分羌人已附唐。这时，西部吐蕃强盛起来，不断侵扰唐王朝；黑水一带羌人居住的地方，成为唐朝与吐蕃争战的要冲，羌

① 格勒：《古代藏族同化、融合西山诸羌与嘉戎藏族的形成》，《西藏研究》，1988年，第2期，第23页。

② 冉光荣、李绍明、周锡银编著：《羌族史》，四川民族出版社，1985年，第174页。

③ 李绍明：《中国羌族与白马藏族文化比较研究》，载卢丁等主编：《羌族历史文化研究》，四川人民出版社，2000年。

④ 智观巴·贡却乎丹巴绕吉：《安多政教史》，甘肃民族出版社，1989年。

⑤ 格勒：《甘孜藏族自治州史话》，四川民族出版社，1984年，第136页。

⑥ 据《甘孜州民族志》记载，至唐时嘉良夷各部分离为歌邻、出坝、弱水、白苟、逋祖、清远、悉羌等8个部落，史称“西山八国”，嘉良夷一名不复存在。

人也成为他们争夺的对象。‘安史之乱’后，黑水没于吐蕃”①。“吐蕃每攻下一地就派兵驻守……被占领地的百姓和参战的一些士兵就成了吐蕃将领们的奴隶。嘉绒藏区十八土司中有史可查其祖先来自西藏的有：梭磨土司、理县土司、小金土司等，而黑水土司则又是从梭磨土司这一古老的土司中分化出来的。因而，可以说嘉绒地区的统治者主要来自西藏。”② 应该说是从晚唐时期开始，嘉绒地区因唐蕃战争的结果而接受了吐蕃的统治与藏传佛教文化影响。“最终在大约 11 世纪—12 世纪使这些地区的原古羌部落与卫藏居民在文化心理和语言上趋于一致而融于藏族之中。”③

嘉绒藏区，正好位于费孝通先生所说的“藏彝走廊”④上。藏彝走廊自古就是西南民族北上、西北民族南下的重要通道，历史上众多民族通过该走廊迁徙和流动，是西北、西南各民族交汇的重要场所。特殊的地理位置和历史上的民族交融，使嘉绒藏族既具地缘上的边缘性特征，又有族源上的混融性特征。如有学者认为丹巴人源于党项羌，是西夏王族的后裔。他们的王国被成吉思汗的铁蹄踏平之后，残存的皇族沿着甘南草原、阿坝红原草原一路南下，“其中一部分在称为大小金川的河谷地带停下了脚步，重建他们梦想的家园，并将美丽和富贵的血质注入这方风和阳光俱烈的土地”⑤。所以，嘉绒藏族族源不是单一的，而是多元的。

---

① 郭智德：《浅说黑水民族源流》，载冉光荣等主编：《四川岷江上游历史文化研究》，四川大学出版社，1996 年。

② 严木初：《浅论嘉绒藏族的起源与形成》，载杨岭多吉主编《四川藏学研究》(四)，四川民族出版社，1997 年。

③ 贾大泉：《川藏道的兴起与川藏关系的发展》，载《四川藏学研究》(四)。

④ 藏彝走廊是费孝通先生在 1980 年前后提出的一个历史民族区域概念。从地理范围上看，藏彝走廊东缘指上自涪江，下至岷江、大渡河、雅砻江、金沙江诸流域。该区域接近汉区，受汉文化的影响相对较深。关于藏彝走廊概念的具体阐述，可参见费孝通：《关于我国的民族识别问题》，载《中国社会科学》，1980 年第 1 期；《民族社会学调查的尝试》，见《费孝通从事社会学五十年》，天津人民出版社，1983 年；《谈深入开展民族调查问题》，载《中南民族学院学报》，1982 年第 3 期。

⑤ 胡庆和、杨丹叔：《“美人谷”丹巴》，见《民族》，2001 年第 7 期。

第二节　嘉绒藏族的地理分布及历史区域

一、嘉绒藏族的地理分布

嘉绒藏族主要分布在邛崃山以西的大小金川河流域和大渡河沿岸，在邛崃山以东的理县、汶川和夹金山东南的宝兴、天全、康定、道孚等地亦有分布。[①] 据1995年前后的估计，嘉绒藏族约37万。[②]

具体而言，在今四川省西北边陲之地，云南、贵州、甘肃、青海与四川省结合部的大渡河、金沙江、岷江和黄河源头部分地区，东起四川省成都市的都江堰市和阿坝藏族自治州汶川县、雅安地区的宝兴县，西至今甘孜藏族自治州的炉霍县、雅砻江一带地区，南起四川雅安地区的石棉县和凉山彝族自治州的冕宁县一带，北至四川省阿坝藏族羌族自治州的壤塘县和红原县界，与青海省班玛县接壤。南北长840余公里，东西为650多公里，总面积16万多平方公里。境内崇山峻岭，江河纵横，物产丰富，森林密布。

从现代地图上看，嘉绒藏族分布区最南到北纬30°50′，最北到北纬32°左右，西起东经101°50′，东至东经103°20′左右。是今四川省阿坝藏族羌族自治州、甘孜藏族自治州、雅安地区和成都市的都江堰、邛崃、宝兴、天全、石棉、汉源、泸定、康定、雅江、道孚、炉霍、丹巴、金川、小金、壤塘、马尔康、红原、理县、汶川、黑水等20个县市的全部或一部分地区，也是两个藏族方言区——安多、康方言的过渡地带。从地理单元上看，嘉绒藏区处于青藏高原东缘的横断山脉地区——河谷交错纵横，既有大峡谷也有海拔4000米以上的高山，还有冲积而成的台地与河谷平原。地质结构错综复杂，实为全国少见，据专家学者证实

---

① 德吉卓嘎：《试论嘉绒藏族的族源》，《西藏研究》，2004年第2期。

② 雀丹：《嘉绒民族史志》，民族出版社，1995年，第3页。

为全国地质构造的一个“缩影”。[①] 因为这一地带处于亚欧板块、印度板块和太平洋板块之间，受到这些板块不同时期不同程度的俯冲、挤压、顶撞的影响，形成境内地质结构的特殊性和多变性。境内还可以划分出不同序级的小板块（地块）。

境内除有黄河第一弯外，长江水系的上游金沙江、大渡河、岷江等主要支、干流流经此地。尤其是大渡河，它是岷江水系最大的支流，它的三个源头都发源于四川、青海交界的雪山草地。在诸多江河中，唯大渡河是横贯整个嘉绒藏区者。因此有“白马羊同（即象雄）部落多，十四嘉绒大渡河”之诗句，即指嘉绒地区辖域为 18 个土司的分封领地中，就有 14 个土司是分布在大渡河沿岸的。它流经川西北的阿坝—壤塘高原横断山地东北缘的四川盆地西缘山地，然后进入盆地西南边缘的平原丘陵地带。干流河谷地形以高山峡谷为主要特征。在马尔康、可尔因、翁达一线以北，河流蜿蜒于 3000 多米的丘状高原。

岷江、金沙江上游和中游部分地区流经嘉绒藏区，大体气候、地文、状况相似于大渡河区域。整个嘉绒地区水文分区为西部高原山地湿润、半湿润地区。这一地区不仅森林、草原资源丰富，而且地下矿产也极为丰富，已勘察和开采的有金、银、铜、铁、锰、铬、钴、锡、锂、锑、磷、硫、砷、云母、石棉、锌、铀、硼、碘、硅等数十种。

嘉绒藏区的农业，除高山半坡台阶地外，几大河流所冲积成的于峡谷地带珠状台地沃土，宜于耕耘，出产稻谷、玉米、小麦、青稞、荞麦、蚕豆类和马铃薯类农耕作物，盛产苹果、梨子、花椒、核桃、花红、李子、葡萄等经济林果，广为出产名贵中药材大黄、羌活、木香、贝母、虫草、甘松、党参、麝香、鹿茸、牛黄等。境内卧龙等几大动植物自然保护区除珍稀植物外，还有珍稀动物数十种，大熊猫和金丝猴就生长在其境内。

嘉绒藏区东南与内地汉区相接，西北与西藏、青海、甘肃相连，历史上构成内地通往藏族聚居区和兵家争夺的要塞之地，尤

① 雀丹：《嘉绒民族史志》，民族出版社，1995 年，第 7 页。

以唐代为最。唐蕃征战，其地为天险互争之要冲，是今天研究古人类繁衍生息不可多得的人文地理宝库。

嘉绒藏族的地理分布有以下两大特点：一是地理区域相对而言完整，二是基本上属于高山峡谷区。兼之，嘉绒藏族的地理区域具有一定的封闭性。

二、嘉绒藏族的地理历史区域①

1. 历史建制

嘉绒地区是历史上藏族内部的地理区域概念，并非行政区划。各个历史时期的区域范围都可能发生变异。

嘉绒藏区自唐代以来先后反复为唐蕃争战，时复时归，较长时间为吐蕃辖地，受吐蕃文化的影响。其地自秦时便设有建置，如秦时湔氐道（县），便设治于四川阿坝州松潘县境内的北原坝。据古文献记载，今嘉绒地区有吐谷浑、党项、附国等诸羌系部落，尤其是唐代的西山八国等部落。唐代的“西山”，聚居着众多的吐蕃部落。哥邻为西山最大部落。今之阿坝州的黑水、理县一带还有白苟羌部落等聚居生息。

唐代，在今嘉绒地区除“西山八国”渐趋融合外，唐与吐蕃争战不息，于黎（今汉源一带），雅（今雅安、天全一带）、松（今阿坝藏族羌族自治州松潘、黑水一带）、茂（今阿坝州的茂县、汶川一带）先后置州 268 个，安置内附羌、夷人。在今松、茂、黑（水）、马尔康一带设置松、当（若尔盖包座）、悉（今黑水色尔古地区）、静（今黑水芦花）、柘（黑水下打鼓）、恭（今红原刷经寺）、茂（今茂县）、悉（今理县上孟）、霸（今理县甘堡）、真（今茂县回龙乡境）、乾（今茂县凤仪）、维（今理县薛城）、翼（今茂县较场）、扶（今南坪永乐）、宁远都

---

① 参见杨嘉铭：《解读“嘉绒”》，《康定民族师专学报》，2005 年第 3 期；彭陟焱：《试论明至清初中央王朝对嘉绒藏区的经营》，《西藏研究》，2004 年第 4 期；李养第：《清代中央政府对藏政策述略》，《青海民族研究》（社会科学版），2001 年第 2 期；协绕益西：《前清西藏地方政府政治体制简述》，《西藏研究》，2002 年第 2 期。

护府（今马尔康梭磨）等州、府及羁縻州若干。①

宋代在唐基础上，于这些地区设有茂州通化郡（治地今茂县凤仪）、威州维川郡（今理县薛城为治地），在其吐蕃辖地仍设若干羁縻州，在今甘孜州嘉绒地区有罗岩、当马、河东、大度等几十个羁縻州。所以，有不少地方既有中央王朝的郡、州、卫、县设置，又有吐蕃的政区，嘉绒地区自唐以来处在一种特殊的地理位置上，实为双管双不管的状况，随着双方的征战，归属不稳定，反复变化不断，其地又是双方必争之要塞，建置较为混乱，形成难以统一的局面。

元代，西藏正式纳入中央政府行政管辖之下。据《明史·四川土司传》载，嘉绒地区在“五代孟蜀时置长河西、鱼通、宁远（都在今四川甘孜州境嘉绒藏区）三个安抚司。宋因之隶雅州。”② 长河西、鱼通在今康定县境内，宁远在道孚县协德乡境内。这是在嘉绒藏区设土司之始，也是其地在王朝建置之始的基础上，广设土司，像松潘客迭威茂等处军民安抚司就是在这里设立的。其中松州在元代至明洪武初年属陕西行省。“元成宗贞元二年（1296），并吐蕃、碉门安抚司、运司，改为碉门、鱼通、黎、雅、长河西、宁远军民宣抚司。”③ 明代，基本上沿袭元制。在唐、宋、元时期实行州、县以及羁縻州和土司制的基础上，大肆增设土司。土司制度是我国封建王朝对少数民族的一种政治统治方式，源于唐宋时代的羁縻州政策，始于元代，盛于明、清两代。所谓“土司”，“土”即指当地土著之民，司，系指官吏职位，即封建王朝以分封方式委托少数民族首领、酋长充任地方官吏，如宣慰司、安抚司、长官司、土千户、土百户等，

① 相关地名考证请参看任乃强：《吐蕃传·地名考释》（一）、《吐蕃传·地名考释》（二）、《吐蕃传·地名考释》（三）、《吐蕃传·地名考释》（四）、《吐蕃传·地名考释》五）、《吐蕃传·地名考释》（六），分别载于《西藏研究》1982 年第 1 期、第 2 期，1983 年第 3 期，1984 年第 1 期；郭声波：《岷江西山九州考》，载《中国历史地理从论》，1998 年第 2 期；《唐代弱水西山羁縻部族考略》，《中国藏学》，2003 年第 3 期。

② 转引自《古合约对研究边茶贸易和茶马古道的启示》，《农业考古》，2007 年第 2 期。

③ 《元史·成宗二》卷 19，第 417 页。

对本部落或本地区进行统治。它有世袭官位、赏罚、黜陟的规定，而最终形成一种制度，所以土司与中央王朝的关系较为密切，统治机构也较之原“羁縻州”更完备。

明朝征服四川西北嘉绒藏区后，在唐宋元时期实行州、县以及羁縻州的基础上，广泛推行土司制，这不仅标志着其地已经进入封建社会的发展阶段，更说明了明王朝已将“以土官治土民”的政策更加制度化，它既要照顾民族地区的特殊性，又不能影响中央王朝的统一管理,有利于逐步将民族地区纳入郡县制的轨道。明王朝在腹地设土官,在边远地区设土司,各有品级(高至四品)，但无官俸。土官如土知府、土知州等,在地方属都司,在中央属兵部。土司职位的继承可以不遵照立嫡立长的封建传统,但也有一定的限制和约束。一方面,在土司袭职的方式上“胥从其俗”,而另一方面,袭职的全过程又必须牢牢地掌握在中央政府的手中。土司对封建王朝的隶属关系是不允许有任何削弱的。

清代在嘉绒地区除仍设有州、县外，在改土归流推进下，广设不少厅。像今嘉绒藏区当时就设立过“懋功屯务厅”“打箭炉厅”“阿尔古厅”“理番厅”，等等。总之，使土司制度渐渐削弱。在嘉绒藏区杂谷土司地区，清王朝多方削弱土官势力，改其地为杂谷屯寨、乾堡屯寨、上孟董屯寨、下孟董屯寨和九子屯寨，均设屯寨守备。这种守备制度实际上是改土归流的另一种方式。道光初，茂州土百户所辖各寨，或编入民户，或改为“里”，里设保长，也属于局部改流的性质。清乾隆年间剿灭金川土司后，在金川搞得是“改土设屯”[①]，这是以武力的方式实行改土归流，设绥靖屯、崇化屯、章谷屯（今丹巴县）、懋功屯和宅垄屯（均为今小金县内嘉绒藏区），均隶属阿尔古厅，后撤阿尔古厅，均隶属懋功屯务厅管辖。由此可见，无论是明代还是清代，改土归流不管采取文的或是武的，都包含有民族压迫的一面，不过，改土归流消除了土司割据，有利于国家统一和边防建设，也适当减轻了土民遭受的剥削压榨，并有助于加强兄弟民族

---

① 参见潘洪钢《清代乾隆朝两金川改土归屯考》，《民族研究》，1988年第6期。

之间的经济文化联系，这对民族地区的社会发展有一定的促进作用和积极意义的。

民国年间，嘉绒藏区分别由四川省第十六行政督察区（即茂、理、松、汶川、懋功即小金县、靖化即今金川县，也为四川边区，一切情形与盆地不同）和西康省第一、二、四行政督察区（即宝兴、天全、康定、泸定、丹巴、道孚、雅江、炉霍等地）管辖。

新中国成立后，分别归入阿坝藏族羌族自治州和甘孜藏族自治州、凉山彝族自治州、雅安地区和成都市辖区的建置中。

自20世纪初以来，研究嘉绒的学者们大都是按照嘉绒藏族中所流传的“嘉绒甲卡却吉”，即“嘉绒十八土司”① 的概念来进行的。“嘉绒十八土司”这个概念应当说是在清代以来才形成的。据传清乾隆两金川战役以后，朝廷明令在这一地区改苯兴佛，其间将嘉绒十八土司地区的苯教主寺雍仲拉顶寺，改称广法寺，大兴黄教（即藏传佛教格鲁派）。重新修建的雍仲拉顶寺，各地所担负修建工程的材料、民工的摊派中明显存在十八“土”概念，官方仍以十八土司地为一单位来分摊捐派，尤其是重修的大雄宝殿中的18根大立柱，都是两人牵手合围的大柏树，据建庙记载中说，旧雍仲拉顶寺就是如此规模，18根大柱为十八土司每人负担，一根由大柏木做大殿中央18根立柱象征十八土司归该寺统领其政教大权。② 十八土司中最强大的是绰斯甲土司。

在嘉绒藏族内部又常将嘉绒地区按十八土司辖区分为本部和冲部两大板块。所谓本部，即指嘉绒的核心地区。所谓冲部是指嘉绒的外围地区，或者可以理解为汉藏过渡地区。林耀华先生在

---

① 十八土司分别是：长河鱼通宁远宣慰司（简称明正土司）、穆坪董卜韩胡宣慰司（简称穆坪土司或宝兴土司）、巴底宣慰司（又名布拉克底宣慰司）、巴旺宣慰司、梭磨宣慰司、瓦寺宣慰司、绰斯甲宣慰司（又名绰斯甲布宣慰司）、格什扎安抚司（又名丹东土司或丹东格什扎安抚司）、促侵安抚司（又名祁侵安抚司或大金土司）、赞拉安抚司（又名小金土司）、松岗安抚司、杂谷安抚司、沃日安抚司（又名鄂克什土司）、鱼通安抚司、冷边长官司、沈边长官司、党坝长官司、卓克基长官司。以上十八土司中，其中宣慰司7职，从三品衔；安抚司7职，从五品衔；长官司4职，从七品衔。

② 参见雀丹：《嘉绒藏族史志》，民族出版社，1995年。

其早年所著《川康北界的嘉绒土司》[①] 一文中对于嘉绒本部和冲部的划分，仅包括嘉绒十八土司地中的十四土司区域，另外的四土司地，即明正土司、鱼通土司、冷边土司和沈边土司辖区未包含在内，应当说这是不完全的。后来的学者有的将未划入冲部和本部的四土司地区分划为两部，一部叫瓦部，它包括鱼通土司、冷边土司、沈边土司辖区；另一部叫木雅部，即指明正土司辖区。有的学者则将上述四土司辖区统划为冲部地区。若按照本部和冲部的基本含义来认识，丹巴县境内原明正土司所属的十七土百户（又叫二十四村）地区，地处嘉绒中心的墨尔多旁，大小金川汇合处，理应系嘉绒本部地区，其余明正土司所辖地区，含今康定、九龙两县和道孚、雅江等县部分地区，以及鱼通、冷边、沈边则可划归为冲部地区。如此，方显得更合理和更完整。

从旧有土司这个意义上讲，嘉绒地区也可理解为：清代以来以墨尔多山为中心的周围 18 个土司辖区的统称。

2. 嘉绒藏区土司制度

土司制度在嘉绒藏区，随其自然地理环境和历史发展，尤其是文化交流等因素，更具有它的地方性特点，与南方一些少数民族地区所推行的土司制度有所不同。

嘉绒藏区本部各土司所推行的是极其严格的世袭等级制度和政教合一制，这一制度是极端个人专制的。实行土司、头人、百姓世代相传，难以改变。

土司在其管辖区内，是至高无上的统领、权威者，实属一方之长，一地之霸；实行政教合一的土司，更是集政权和神权为一身，是官与神融为一体的化身。在所辖境内拥有一山一水、一草一木和人畜等等，手操对百姓的生杀予夺大权，所有百姓对土司都是人身依附和领属关系。土司辖区内，一切事务，都在土司一句话，其言出即法随，不可再有更改。

清代土司制度类别有四：土司、土官、土屯、土弁。土司家族一旦册封为土司，就是其地的主宰，而且是世袭制。土司死，

---

① 林耀华：《川康北界的嘉绒土司》，载《边政公论》第 6 卷第 2 期，1947 年 6 月，第 33—44 页。

其子继承，无子者，兄弟女儿皆可继承。无弟兄，无子幼，可由土妇摄政。如无弟兄，又绝嗣者，可由其他土司子嗣继位。女子继承土司位者，招赘其他土司之后为婿，所生子女可继承土司位。也有的土司、土妇均死，又绝嗣者，可由土舍①继承。土司家族无后时，可由其他土司迎请有土司“血缘关系”者入嗣，像卓克基土司传至民国年间就是这样，便由汶川瓦寺土司后代来卓克基继土司位。

头人：嘉绒藏语称之“尔家务”，意为土司的贴心人。大头人皆有封地及附住于土地上耕种的百姓，即“科巴”（农奴）。一个土司地区视其地域大小和区域管理之便设大头人数额，是按其需要委封，无限定职数。头人一旦委封，除犯上谋反土司和当地百姓驱赶外，一般为世袭。大头人的任职在清末民初时，有特殊功劳于土司的其他民族成员也可授任，如绰斯甲土司委授汉族李姓为大头人直至新中国成立，此类先例不少。大头人对土司的义务：(1) 轮流值班；(2) 大头人受土司指派为大头人会议成员；(3) 代土司外出交涉，对内调解百姓纠纷，还代土司收税粮等；(4) 土司绝嗣或子年幼时，众头人推荐有能力和威望之大头人摄政。大头人的权力：(1) 值班期间，可直接命令各级头人调度百姓；(2) 有自己授封的寨子、土地、科巴和家人(嘉绒语称“戈纳”，其意为奴隶)；(3) 集合百姓代种其地和服劳役，出门可以带跟班（即随从护卫等）；(4) 职位为世袭，承袭情况与土司相同；(5) 不给土司上粮。

其他二头人、副头人、空衔头人地位低于大头人，但属同级通婚阶层，自主本辖区权力方面与大头人无多大差别，忠于土

① 土舍为土司的直系亲属，其权力虽与一般大头人相同，但其地位高于大头人，嘉绒各土司之间，严格阶级婚姻制，对于血统不加限制，故各土司之间除互有婚姻关系外，土司及直系亲属之土舍，亦为相婚之对象。凡土司与土舍同出一源，被认为有土司“根根”，所以土舍在土司、土妇双亡又绝嗣的情况下，可以继承土司职位。土舍在当地常担任重要职务，如绰斯甲土司地有两土舍，一为阿江，一为俄郎，当土司外出时，俄郎可代行土司职权，处理本土诸端大事；阿江在俄郎外出或因病不能代行时接替土司职权，平常二人受土司委托在小范围内代行土司职权，故老百姓中，有小范围称二人为土司的。若遇战事时，土舍是前线直接带兵官，指挥打仗，故土司和土舍构成一土之最高统治集团。

司，有功、有能力者还可升任大头人。二头人、副头人的主要职责是给土司当跟班，即为心腹和贴身人员，给土司当差期间，自己可带跟班，不给土司上粮，也有自己的封地、科巴、家人等。小头人，一般多是小管家出身，所以小头人多由百姓充任，在土司衙内服一定差役，替土司和大头人收粮或帮办家务。一般只有土司和大头人才有小管家。大管家是为土司管理财产的内当家，他的地位相当于二头人，但其职多由大头人才能充任，是很有职权的职位。大管家下还设有内务管家，嘉绒语称之“尼罗布”，其职务是在大管家指挥下，管理炊事、马夫和劳役等后勤事宜。管家名衔很多，还有修建管家，嘉绒语称之“恩布”，管理土司房舍修葺等。

各级职衔行职时有规定称谓，以区别平时的职务，如：值日大头人称“司各查”，小管家叫“牙尔巴”；宗泽，又名“夷字房”（汉语称呼）或“译字房”，由土司秘书担任。

土司制下的基层组织，多分为“沟”，有的地方称“沟”为“垄巴”，相当于现今一个乡的政区划分，各沟根据人口多少，又分为若干大寨和小寨。有些地方一个大寨下面又分若干小寨。

寨的组织，设有寨首，其职位的取得一般由寨民中有能力、受寨民拥戴的人担任，但也有用金钱买来的。百姓出钱购买“寨首”职衔，也是为少支差或求其一名位，寨首为土司、头人服役少，但送礼（贡赋）不少。

土司行令程序是：土司——值日大头人——各大头人、二头人——寨首——百姓。寨首是最基层组织的负责人，除了贯彻办理从上面下令来的有关事宜，还要负责处理寨中人们间的纠纷、公益事宜等。各寨还设有一个为寨首服务的职位，嘉绒语称为“宗师克”，颇似土司的“狗腿子”。宗师克分两种，一种负责辖区内送信、捕人；一种负责辖区外送信。这职位的地位级别不高，但可替土司办事，还常在老百姓面前作威作福，因为他除送信外，还常被指派监视百姓服差役。

乡约、老民在接近汉区的瓦寺、沈边、冷边、明正等土司地区有，具体是在寨首下设乡约，负责收粮支差。多由百姓中有威望者充当，并无特殊权益。

百姓中分普通和科巴两种，两种都是土司的农奴，一种是直属土司管理的百姓，土司给一份地，向土司直接纳粮当差；另一种是由大头人、二头人代为管理，并收粮上交土司。这些百姓有的还向头人纳一份粮。

科巴，多是土司赐给头人的农奴，每户有一份地，给主人当差，但一般不纳粮。科巴之女不能出嫁，只可招赘，赘夫亦为科巴。与科巴之子结婚者，妻亦为科巴。科巴是半商品性的人，由土司赏赐给头人们的，与普通百姓不能享受同等待遇。科巴可以自建房屋，购置生产工具，自有生活资料，土司辖区纯牧区的牧奴同科巴相同，可通婚，牧奴之子可以入赘，但要向土司交一份身价金。不过科巴有功于土司，或有女儿被土司相中，也有升任头人的。

家丁、家人，嘉绒语称“戈纳”，意译为黑头，即奴隶，其来源除收养的孤儿或孤寡人生养的子女外，还有犯法的百姓被没收财产后，被贬判为黑头者。

佃户，在嘉绒藏区，因紧连汉区，有不少流浪或迁移来嘉绒地区的汉民，土司沿用内地租佃方式，凡汉人耕种土司土地者，只上粮不当差。

土司制度下的统治措施和形式各有差异，但大体上是一致的，上下级和领导阶层很分明，等级制度特别明显，各级行使的权力很清楚。

随着社会的发展，土司制度越来越不适应国家治理和当地政治、经济、文化的繁荣发展。土司、头人为了维护其世袭统治，进行更加残酷的压迫统治，迫使老百姓屡暴动、造反。

由于嘉绒藏区横跨大渡河、岷江上游，似一长带横挂在邛崃山脉上，广与汉区接壤，因此在司政、习俗、宗教、文化等方面受汉文化影响较大，像瓦寺、穆坪、明正、冷边、沈边土司辖地多有吸收汉区的一些施政措施和管理方法，而在嘉绒本部地区，多受宗教影响，在其土司施政中引入宗教教规成分，有不少地方还是实行的“政教合一”制度，从而维护了土司制度的没落统治至中华人民共和国成立时止。

附录一

嘉绒十八土司简介

“嘉绒十八土”，藏语称“嘉绒甲卡却吉”，是清朝在嘉绒藏区先后分封的18个有正式封号的大土司的总称，译为汉语就是嘉绒十八土司地之意。在嘉绒主寺“雍仲拉顶寺”注册，政府按名册封赐爵禄并征招乌拉差役。在此只将十八土司职衔、名称，今属何地区作一简介如下。

1. 明正土司，封号为明正宣慰使司，治所为四川长河西鱼通宁远。今属甘孜藏族自治州康定县境内和雅江县、道孚县，凉山州冕宁县境内部分地区。

2. 冷边土司，封号冷边长官司，治所为泸定县冷碛。在今泸定县与雅安地区的天全县境内，其原辖地部分为今石棉县境。

3. 沈边土司，封号为沈边长官司，治所为泸定县沈村。在今泸定县和雅安地区石棉县境内和天全县境。

4. 鱼通土司，封号为鱼通长官司，治所为康定县鱼通区麦崩。在今康定县境内，原叫长河西，即为地名。后因部落酋长年轻勇敢，百姓拥戴称他“俄托”，意为自卫不受欺之意。俄托受封土司于明代，以其名译成汉字的“鱼通”为名，后冠戴称谓。

5. 丹东格什扎土司（又有称“丹东土司”，是以地名冠戴土司职衔的称谓），封号为格什扎安抚司，治所为今天甘孜州丹巴县格什扎。在今丹巴县大桑地区和道孚、炉霍县境内部分地区。“格什扎”为藏语方言名，意为“学生”，因其部落酋长外出求学归来后振兴了该地，故自称学生。就是这个学生“格什扎”后来被封为首任土司，故名。

6. 巴旺土司，封号为巴旺宣慰司，治所为巴旺（今甘孜州丹巴县巴旺），其地在今甘孜州丹巴、炉霍县境内。有说是因古时部落争战，在峭壁处常派人放哨，藏语方言称“放哨”为

“巴旺”，而得称其为地名。

7. 巴底土司，封号为布拉克底宣慰司，治所为巴底（今天甘孜州丹巴县巴底），在今甘孜州丹巴县和道孚县境内（和巴旺土司原系同一家庭分封的）。

8. 木坪土司，封号为董卜韩胡宣慰使司，治所为木坪（宝兴县），今雅安地区的宝兴县和邛崃县境部分地区。

9. 绰斯甲土司，封号为绰斯甲宣慰司，治所为绰斯甲（今金川县观音桥），为今阿坝藏族羌族自治州金川县、壤塘县和甘孜州色达、炉霍县境内一部分。土司名为首任部落酋长之名，其藏语方言含义为“广大民众”。

10. 促侵（或祁侵）土司（大金川土司），封号为大金安抚司，治所为大金川（金川县城的对面勒乌村），在今阿坝州金川县境内（促侵为藏语语称，译写变音甚大），其名意为“大河之滨”。

11. 赞拉土司（小金川土司），封号为金川寺演化禅师，治所为小金川美诺官寨（小金县城美兴镇），在今阿坝州小金县境内。赞拉为藏语名，意为“凶神”，传说颇多。

12. 沃日土司，封号为鄂克什安抚司，治所为沃日（今小金县沃日乡），又称鄂克什土司。原说鄂克什为满语称谓，沃日是藏语“领地”之意。在今阿坝州小金县境内。

13. 丹坝土司（党坝土司），封号为丹坝长官司，治所为马尔康县党坝乡，是今阿坝州马尔康县境内的“四土之一土”。“党坝”一名，有解说是藏传佛教宗教用语“旦白”变译而来的。

14. 松岗土司，封号为松岗安抚司，治所为马尔康县西松岗乡，在今阿坝州马尔康县境内。“松岗”藏语为“冗杠”，意为半坡上的城堡意。

15. 卓克基土司，封号为卓克基长官司，治所为马尔康县东卓克基乡，在今阿坝州马尔康县内。据有关文献记载，因其后山山峰上有一祭坛，藏语称“卓采”，汉字译写变为“卓克基”之名。

16. 梭磨土司，封号为梭磨宣慰司，治所为马尔康县东梭磨乡，在今阿坝州马尔康、红原、黑水县和理县境内。“梭磨”系藏语方言，为海岗哨多之义。事因土司忠诚王朝，意为“帝王梳”。

17. 杂谷土司，封号为杂谷安抚司，治所为杂谷（今理县杂谷脑），包括今阿坝州理县、黑水县、茂县部分地区。其名“杂谷脑”是藏语“扎西郎”的译写变称，本意为“吉祥城堡”。

18. 瓦寺土司，封号为瓦寺宣慰使司，治所为涂禹山（汶川县玉龙乡涂禹山村），在今阿坝州汶川县和成都市都江堰境内。因明代调派西藏土酋长雍仲罗洛思领兵镇压当地“反民”，后留守授职，划地管辖。因其地原有一古寺，为民间信众献砖瓦盖造，故称为“瓦寺”。

附录二

部分土司世系

一、明正土司

其为木坪分支。明洪武初，始祖阿克旺嘉尔参随征明玉珍有功，永乐五年，授四川长河西鱼通宣慰使。康熙五年，丹怎扎克巴归附。乾隆三十六年，甲木参德侵随征金川有功，赏赐“佳穆伯屯巴”名号，并二品顶戴、花翎。乾隆五十六年，甲木参诺尔布随征廓尔喀，赏花翎。嘉庆十四年，甲木参沙加领班进京恭祝万寿，赏花翎，世袭，住打箭炉城。光绪三十四年七月，赵尔丰奏改打箭炉为康定府，设河口县。宣统三年，土司甲木参琼珀缴印，其地悉归流。原管有咱哩木千户，木噶、瓦七、俄洛、白桑、恶热、下八义、少误石、作苏策、八哩笼、上渡噶喇住索、中渡哑出卡、他咳、索窝笼、恶拉、乐壤、扒桑、木轳、格洼卡、呷那工弄、吉增卡桑阿笼、沙卡、上八义、拉里、八乌笼、姆硃、上渣坝恶叠、上渣坝卓泥、中渣坝热错、中渣坝沱、下渣坝业洼石、下渣坝莫藏石、鲁密东谷、鲁密普工碟、鲁密郭宗、鲁密结藏、鲁密祖卜柏哈、鲁密初把、鲁密昌拉、鲁密坚正、鲁密达妈、鲁密格桑、鲁密本滚、长结杵尖、长结松归、鲁密白隅、鲁密梭布、鲁密达则、鲁密卓笼四十八土百户。

世系：

1. 永乐五年（1407），阿旺坚参授封长河西鱼通宁远军民宣慰使，从此世代承袭。阿在职 16 年。

2. 永乐十一年（1433），阿旺坚参子喃哩袭，在职 16 年。

3. 正统二年（1437），喃哩子加思八僧袭，在职 14 年。

4. 弘治八年（1495），加思八僧子观卜巴以袭，在职 58 年。

5. 观卜巴袭职以后，史书失记。到万历三十七年（1609）朝廷议复乌斯藏等八番入贡的记载。在此之前，“四川巡抚御史以番人混冒，方物滥恶所奉敕书洗补可疑，而通使岁诱为奸，于是尽革乌斯藏、大乘、大宝、长河西、护教、董卜等八番，而只存阐教、辅教二番”。到万历三十八年始准乌斯藏、阐教、大乘、大宝、长河西等处入贡。时间长达115年之久，无袭职记载，到崇祯十六年（1643）始有长河西等处请求后金皇太极准其内附的记载，但承袭失记。

6. 康熙五年（1666），丹怎扎巴率13家锅庄归附清廷请袭。经清廷“行查袭职”，始由丹怎扎巴替袭，颁换印信号纸，授“长河西鱼通宁远宣慰使”，丹怎扎巴在职15年。

7. 康熙二十年（1681），丹怎扎巴故，子蛇蜡喳巴袭职。三十八年蛇蜡喳巴被西藏营官昌侧集烈杀害，乏嗣。四十年由妻工喀权袭夫职。蛇蜡喳巴在职19年。

8. 康熙四十年（1701），长河西鱼通宁远宣慰使司明正，管理内外各土司户口及认纳之贡马杂粮征解事宜。

9. 康熙五十六年（1717），工喀故，无人替袭，有一女桑结已嫁穆坪土司雍仲七力为妻，而雍仲七力于康熙四十九年随征宁番三渡水阵亡。雍之子坚参达结年小不能任事，穆坪司印务由桑结署理。遂议由署穆坪土司桑结。以嫡女兼管明正土司印务，并于次年给予号纸承袭。工喀掌权在职17年。

10. 雍正三年（1725）三月，打箭炉地震，桑结被压死，子坚参达结袭穆坪土司职，仍兼管明正印务。桑结权领明正司印务7年。

11. 雍正十一年（1733），坚参达结病故，以妻喇章暂行管理明正司印务，次妻王氏天天署穆坪，俟次子坚参得昌年岁合例，再提请承袭明正土司印务。

12. 乾隆十年（1745），坚参德昌年24，承袭明正土司，驻牧打箭炉。坚参德昌袭职后，喇章仍辅佐。乾隆三十六年喇章故，计喇章权职与辅佐共38年，乾隆五十六年坚参德昌故，子甲木参诺尔布袭。是有史载中为明正土司执政最长者，坚参德昌在职46年，独掌土司印务达20年。

13. 嘉庆十四年（1809），甲木参沙克嘉袭，甲木参诺尔布在职18年。

14. 道光四年（1824），甲木参多结袭。甲木参沙克嘉在职15年。

15. 道光十三年（1833），甲木参多结故，子甲木参龄沁袭。甲木参多结在职9年。

16. 同治十二年（1873），甲木参龄沁故，子甲木参琼望袭。甲木参龄沁在职40年。

17. 光绪二十八年（1902），甲木参琼望故，弟甲木参琼珀袭（民国时用名甲宜斋）。甲木参琼望在职29年。宣统三年（1911）明正土司改土归流，辛亥事起，土司实权仍存。

18. 民国十一年（1922），甲木参琼珀被捕入狱，土民劫狱得以逃亡。逃亡中事发，死于雅拉河。甲木参琼珀在职20年。

至此，明正土司共传袭12代。明正土司从明永乐五年（1407）正式授命，到民国十一年（1922）甲木参琼珀死亡，历时515年之久，成为康区有影响的大土司，它一直保持与中央的关系，对西南边疆的巩固，作出了一定的历史贡献。

甲宜斋死后，子甲联芳（包包旺吉）袭。民国十七年明正土司后裔甲联芳去穆坪承袭穆坪土司为当地人所杀害。后经川康边防总指挥署同意，将在德格学医之长子甲联升署土司署事。解放后，在中共康定县委领导下，甲联升为发展藏区生产，平息鱼通甲安仁叛乱，团结县境各土头作出了应有的贡献，被授任康定县县长、自治区人民政府委员等职。1955年8月病故后，其子嘉拉降泽担任康定县副县长，1990年任州政协副主席。

二、木坪土司

木坪土司自明洪武六年（1373）授封“董卜韩胡宣慰使司”至明永乐十三年（1415），其间42年，土司几任，姓名缺考，自永乐十三年六月命喃噶为宣慰使，并颁给银印，赐冠带袍衣是在清代嘉庆年间。

1. 宣德五年（1430），从宣慰使喃噶后，以长子班丹也失为喇嘛领僧众，次子克罗俄坚代为宣慰使治理人民。又于正统三年

(1438)，遣使敕宣慰使克罗俄坚诰命、冠带。正统七年八月，策升克罗坚俄坚为镇国将军都指挥同知，掌宣慰使司，给诰命。

2. 天顺元年（1457)，是扎巴坚桑藏卜，官增其秩为都指挥使。

3. 成化九年（1473)，扎之子绰吾结言千袭职。

4. 弘治二年（1489)，绰之子墨扎恩巴丹巴藏卜袭土司职。

5. 弘治十六年（1503)，由墨子喃呆袭土司职。

6. 嘉靖七年（1528）至天启六年（1626)，共98年间，穆坪土司只有不断入京进贡方物之记，而无土司承袭册记。顺治元年（1661)，由坚参喃哈袭土司职。

7. 康熙十九年（1680)，由坚之子乌儿结袭职。

8. 康熙四十九年（1710)，由乌子雍仲七立袭职，不久雍故，由其妻桑结袭位。

9. 雍正三年（1725)，桑故，由其子坚参达结袭位。

10. 雍正十一年（1733)，达结故，次妻王氏天天权掌土司大权。

11. 乾隆十一年（1745)，王氏长子坚参囊康年岁合例袭职，其名有“嘉勒烂囊康”“甲木参纳木”等写法。他于1772年赏戴花翎，并赏“诚勤”名号。

12. 嘉庆初（1785)，丹紫江初（甲凤翔）袭职。后由子甲木参彭措袭职后无册记。

三、瓦寺土司

嘉绒藏区十八土司之一的瓦寺土司，为今四川阿坝藏族羌族自治州的汶川县境内。该土司是由今西藏地方部落奉皇帝命远征到该地。瓦寺土司自明代受封，传袭至民国年间，共历25代。经历朝各代，瓦寺土司所辖领地逐渐扩大，辖地最广时有数千平方公里。

首代土司罗洛思远征平乱，自西藏来汶川后，屡立战功，受封开拓了这一地区，嗣后其子克罗俄坚灿袭职为第二代土司。

此后历代依次如下：第三代直巴札什，第四代满葛喇，第五代舍纳容忠，第六代占叫加，第七代南葛，第八代亦舍雍仲，第九代甲思巴，第十代南吉儿贾思巴，第十一代南吉二明，第十二代南吉舍躬，第十三代山查儿加，第十四代曲沃太，第十五代曲诩伸，第十六代坦朋吉卜，第十七代桑朗温恺，第十八代桑朗容中，第十九代桑朗荣宗，第二十代索衍传，第二十一代索世蕃，第二十二代索代兴（字怀仁），第二十三代索代庚（字季皋），第二十四代索观坛（字海帆），第二十五代索国光（现为汶川县政协副主席）。

四、绰斯甲土司

嘉绒藏族从其世袭家谱的记载来看，以绰斯甲最早移入现居地区，其系谱从第一代克罗斯甲布起，至末代土司纳坚费（斯葛绒甲穆参）止，共为41代。他们是：1. 克罗斯；2. 绰斯甲；3. 琼帕克武；4. 阿尔世；5. 木赖克；6. 尔克什；7. 斯道克拉；8. 克武钵；9. 阿葛尔；10. 类旺修柏；11. 加葛尔；12. 班氏日加尔；13. 绰武日加尔；14. 旺普；15. 斯达曾日加尔；16. 杂可穆纳尔武；17. 葛拉白；18. 雍仲钵；19. 斯丹增内尔武；20. 葛尔纳尔武；21. 滋格拉穆；22. 南木喀斯增；23. 葛拉些日加尔；24. 思纳穆容中；25. 纳武日加尔；26. 南木喀日加尔；27. 容中斯丹增；28. 执喀日加尔；29. 拉旺斯丹增；30. 南木喀旺执克；31. 思砷穆斯加布；32. 鄂松；33. 资立；34. 此日丹卜麦尔；35. 雍仲旺尔极；36. 纳尔乌斯丹增；37. 工葛旺尔极；38. 苍旺南木喀；39. 斯葛绒纳木加尔；40. 拉旺纳尔武；41. 斯葛绒甲穆参。

古时的绰斯甲为东女国所在地。绰斯甲土司衙门官寨有三：一在周山，即今金川县周山区公所处进沟三公里，现官寨已不存，只留残垣断壁之废墟遗迹；一在周山区之卡拉脚乡的八来村，是三个官寨中规模最大、建筑也最宏伟的，“文化大革命”中被毁；另一在今撒瓦足乡的木赤村，三座官衙之中，要数此衙为小，现也不复存在了。

五、促侵土司

促侵即“大河之滨”意，是指今大金川河一带。该土司始祖为小金川（赞拉）土司家系，传至明代，有哈伊拉木授封为演化禅师。至清康熙五年（1665），颁给演化禅师印，后裔莎罗奔以助岳钟琪出征尼泊尔、青海、西藏有功，于雍正元年（1723）授封为金川安抚司。莎罗奔得封后，另立于今大金川地，名号“促侵土司”，并以泽旺旧土司（住今小金川地方）为赞拉土司，此便是大小金川分治之始。

世系：1. 洒郎其波；2. 勒尔武桑格；3. 拉日甲布；4. 扎西泽郎；5. 益西格登；6. 嘉木甲木初；7. 桑格尔阶；8. 索郎尔加；9. 撒斯甲一西；10. 其木久；11. 加嘎尔崩；12. 夺尔基特尔；13. 哈旺纳尔武；14. 姜伯克尔加；15. 泽步勒尔武；16. 仁钦阿太尔；17. 索郎江木初；18. 哈尼克尔崩；19. 容中泽郎；20. 嘉尔摩绒；21. 嘉里依；22. 南木卡尔阶；23. 穆塔尔；24. 三郎旺清；25. 克窝崩尔甲；26. 尼玛江错；27. 色窝克崩；28. 丹巴俄热尔；29. 尼玛谢拉尔；30. 谢拉斯达迫；31. 恩布勒尔武；32. 夺尔基；33. 谢拉尔阶；34. 克武尔甲；35. 斯高让益西；36. 夏加泽郎；37. 二间夺尔基一；38. 索朗旺扎；39. 宋格兵；40. 谢达太；41. 斯达拉；42. 高让尼玛；43. 日江错；44. 阿忠太；45. 八尔切夺尔基；46. 扎西次迫；47. 哈伊拉木；48. 索朗勒尔武；49. 泽郎木；50. 勒尔武崩；51. 阿旺八尔旦；52. 勒州江木初；53. 克武尔甲；54. 郎什隆；55. 嘉勒扑尔巴；56. 桑卡阿太；57. 莎罗奔；58. 郎卡；59. 索诺木。

六、杂谷土司

杂谷土司，原为嘉绒地区较大的土司。于明朝永乐年间受安抚司职。当时杂谷土司的辖区“亦甚广泛，县多肥谷沃野”，具体辖区为：西有梭磨、卓克基、松岗、党坝，东有甘堡、孟董、九子诸营，东北之“新番、旧番、三溪番”，以及黑水流域以西之羌系部落之地，皆属杂谷领域。

杂谷土司家谱因战毁灭，其族谱不复存在。但其族系为松岗土司，松岗土司家谱即为杂谷土司之家谱，详见松岗土司简介。

七、梭磨土司

自达拉更确斯甲在梭磨掌政时算起至1913年，土司传到邓登斑玛时可追溯的共有20代。即：

1. 达拉更确斯甲，南宋淳熙十年至南宋嘉定十六年（1183—1223），共执政40年。

2. 泽木滚勒，南宋宝庆一年至南宋咸淳七年（1225—1271），执政达46年。

3. 日迦查完头，南宋咸淳七年至元成宗五年（1271—1301），共执政30年。

4. 罗尔伍，元贞五年至元至正十四年（1301—1354），执政达53年之久。

5. 耿尕仁千，元至正十四年至明永乐二年（1354—1459），共执政50年。

6. 东周让波，自明永乐二年至明英宗三年（1460—1504），执政达55年。

7. 囊索萨迦巴，自康熙三十四年至清雍正二年（1695—1724），执政30年（自东周让波至囊索萨迦巴相隔191年间的土司传代家谱缺记，有传为8代的说法，但无名录记述，空缺），是梭磨首任受封土司。

8. 罗尔武，清雍正二年（1724）至乾隆二年（1737），共执政十余年。

9. 若尔玛木初，土妇，自清乾隆二年至二十二年（1737—1757），执政20年。传位土司职给儿子古旦巴后，又继续协助掌政。

10. 古旦巴，乾隆二十二年至嘉庆三年（1757—1798），执政41年。

11. 三郎卓玛，土妇，自嘉庆四年至十九年（1799—1814），执政15年。

12. 班玛邓登王渣，自嘉庆十九年至道光二十六年（1814—

1846)，执政32年。

13. 斯严渣耿恰，自道光二十六年至咸丰九年（1846—1859)，执政13年。

14. 泽木滚仁真，咸丰九年至光绪四年（1859—1879)，执政20年。

15. 三郎王谦，自光绪四年至光绪十九年（1879—1893)，执政14年。

16. 邓登班玛仁真，自光绪十九年至民国二年（1893—1913)，执政20年。

17. 王真，自1914—1915年（即为民国三年至四)，执政1年多。

18. 索季皋，1928年左右，只执政1年多时间。

19. 九世班禅，自1934年—1938年，兼任5年多时间的梭磨土司职。

20. 自1939年起，原梭磨土司辖地黑水头人苏永清、苏永和起事，从土司管辖分离自立，后苏永清死，苏永和揽取梭磨权职，苏家弟兄先后执政达十余年。梭磨土司有一整套统治机构和成文或不成文的“法规”，对其地进行了上千年的统治。

梭磨土司辖地在历史上演变频繁，有时境域很大，有时又析置划走不少。

八、松岗土司

松岗土司今属阿坝州马尔康县境内。松岗又名“从噶克”“茸杠”“绒嘎”，汉语译写为“松岗”，藏语意为半坡上的官寨。松岗地处梭磨河与松岗河交汇处，山势开阔，几河交汇形成冲积扇，较开阔平坦，群山交错，十分秀丽奇特，土司官衙建筑在横空出世的龟形山梁的直波山的盘果梁子之上，后迁至松岗梁子，对其官寨民间敬称为“绒嘎日郎木甲牛麦彭错宗”，按其名称溯，绒嘎是指地名松岗译名的原藏语称谓，其官寨是经土司（地名录中查证）日郎木甲、牛麦、彭错三代时期搬迁建修的，最后修葺为南宋宝祐二年（1254）至明建文三年（1401）的官寨，从而得其松岗一名，“宗”为藏语称县级行政区域建置名。

1. 盘热，又名柯盘，唐贞观八年起至唐永淳二年（634—683），共执政49年。

2. 盘热之子（未见其名姓记载），唐麟德二年（665）生，于684年继位执政至唐开元二十三年（735），共执政51年。

3. 斯甲莫赤博，生于唐开元八年（720），于唐开元二十四年（736），继位执政，在位55年。

4. 日郎木甲，于南宋宝祐二年（1254）继位，执政至元大德八年（1304），在位50年。

5. 牛麦，元大德八年（1304）继位，执政46年，于元至正十年（1350）结束。

6. 彭措，于元至正十年（1350）继位至明建文三年（1401），在位51年。

7. 桑吉崩，于明隆庆五年（1571）继位，执政44年至明万历四十三年（1615）。桑与彭两土司间170年，无史料记载，无法追溯记述。

8. 更尕斯旦巴南木吉，于明万历四十四年（1616）继位至清康熙五十六年（1717），共执政41年。

9. 板得尔甲，25代土司中，无执政年数，疑为执政不足1年。

10. 石旦真，清康熙五十七年（1718）继位至五十八年（1719），在位仅一年余。

11. 苍旺扎尔甲，清康熙五十九年（1720）继位，执政至乾隆十七年（1752），在位32年（即为杂谷苍旺土司）。

12. 泽旺恒周，于乾隆十八年（1753），执政两年余至1755年。为首任松岗土司。

13. 根确斯甲，清乾隆二十年至乾隆二十四年（1755—1759）继位，共执政4年。

14. 南木尔甲，清乾隆二十五年至嘉庆四年（1760—1799）继位，共执政39年。

15. 索郎谷色尔满，清嘉庆五年至嘉庆二十二年（1800—

1817)，执政 17 年。

16. 苍旺扎尔甲（即苍旺郎扣），清嘉庆二十三年至道光四年（1818—1824），执政 6 年多时间。

17. 扎西罗尔伍，清道光五年至道光二十四年（1825—1844），执政 19 年。

18. 根波泽郎，清道光二十五年始至咸丰四年（1845—1854），共执政 9 年。

19. 恩波若尔登，清咸丰五年始至光绪二十年（1855—1894），共执政 39 年。

20. 戚麦若咕尔，清光绪二十一年始至光绪二十七年（1895—1901），执政 6 年余。

21. 罗尔伍然灯，清光绪二十八年始至光绪三十年（1902—1904），执政 2 年多。

22. 措罗，清光绪三十年始至中华民国七年（1904—1918），共执政 14 年。

23. 石高让恒周，中华民国八年始至民国十四年（1919—1925），执政 6 年余。

24. 三郎彭措，中华民国十五年始至民国十七年（1926—1928），执政 2 年余。

25. 三郎彭措死后至恩波南木尔甲（即苏希圣，是黑水头人苏永和之子承袭松岗土司职）承袭土司职于民国三十二年（1943），其间空缺 15 年时间，松岗土司无正式土司，诸端大事由各大头人共同议决。苏希圣承袭至解放时，执政 7 年多。

土司境域，历史变迁至清代隶属杂谷直隶厅管辖时，据《四川通志》记载，东至卓克基距松岗官寨 50 里，西至绰斯甲也日尔地界 190 里，南至八凹山与现党坝土司地交界距官寨 130 里，北至阿树果罗克草地（今青海果洛州界）交界 920 里。发展至解放前夕，除果罗克地界已是鞭长莫及，失控管辖外，其他基本维持了历史管辖境域。

九、卓克基土司

卓克基，历史上写作“卓克采”或“卓则”。该土司自1286年（元代）始祖斯岩崩任其地土官，世代传袭至解放时止，卓克基土司家族繁衍了17代。他们的姓名和执政时间是：

1. 斯岩崩，元至元二十三年（1286）任长官司职，执政至元至正二年（1342），在位共56年。

2. 生格尔甲，自元至正三年（1343）任职至明建文二年（1400），共在位执政58年。

3. 南卡兵，于明建文三年（1401）执政至正统十二年（1447），在位47年。

4. 严尔甲，于明正统十三年（1448）至正德六年（1511）止，在位执政共63年。

5. 甲尕尔兵，于明正德七年（1512）至正德十二年（1517），在位执政59年。该为卓克基首任土司。

6. 泽旺恒周，于明隆庆六年（1572）至万历四十五年（1617），执政45年。

7. 萨斯扎渣西兵，于明万历四十六年（1618）至清康熙十年（1671），共执政53年。

8. 耿嘎汪尔甲，于清康熙十一年（1672）至雍正十一年（1733），在位执政61年。

9. 嘉嘎尔布目，于清雍正十二年（1734）至乾隆五十八年（1793），在位执政59年。

10. 三郎纳木吉，于清乾隆五十九年（1794）至嘉庆二十二年（1817），在位执政23年。

11. 雍仲纳木，于清嘉庆二十三年（1818）至道光二十三年（1843），在位执政25年。

12. 格西兵，于清咸丰九年（1859）至同治十二年（1873），在位执政14年。

13. 仁青旺姆，于清同治十二年（1873）至光绪十七年（1891），在位执政18年，是该土司世袭中唯一的一位女土司。

14. 恩波三郎，于清光绪十七年（1891）至光绪十九年

（1893），在位执政才有两年多时间。

15. 钦日阿斯丹碧日迦木措（寺僧法名），又名“泽旺斯碧尼玛”，于清光绪二十年（1894）至宣统二年（1910），在位执政 16 年。

从 1910 年至 1912 年，因卓克基土司绝嗣，土司职权由得尔科南木卡大头人代理土司料理政事两年余。

16. 三郎泽郎，又名索观瀛，是因卓克基土司绝嗣，由瓦寺土司之子继位的，他从 1912 年至 1941 年，执政 28 年，因承袭党坝土司职，将卓土之权交子执掌。

17. 泽旺彭措，又名索国坤，因父承袭党坝土司职，受父命承袭卓克基土司职于 1941 年至 1950 年解放时止，执政 10 年。

卓克基土司所辖地为三个垄巴，即都甫旭鸠、茶堡、四大坝和六个牧区部落，即绒日、查龙、斯迦窝、查日玛、希佐、日阿木多部落。

十、巴底土司

根据民国年间建丹巴县时所著《丹巴县图志》所载，“巴底土司家谱”是：第一代：根喀梨儿布；第二代：坚莫银；第三代：四乎安坚；第四代：木兹坚；第五代：哈木耿眼；第六代：隆福；第七代：阿摆；第八代：散根基之额仓；第九代：阿旺卒甲；第十代：切波；第十一代：硕木福；第十二代：松尔江蚌；第十三代：邛抛；第十四代：江扎；第十五代：阿都；第十六代：根噶夕坚；第十七代：穷裴哩遵翁；第十八代：桑布涧支囊；第十九代：卒凋迪；第二十代：四旦增汪牵；第二十一代：根卡汪绪；第二十二代：王寿昌。

十一、格什扎土司

其先魏珠布策凌，康熙三十九年，归附，授职，颁给印信号纸。宣统三年，改流。

十二、巴旺土司

与巴底土司同世系，分驻巴旺，共管地方土民。宣统三年，改流。

十三、沈边土司

原籍江西吉水县。其先余锡伯，前明从征来川，授土千户。顺治九年，余期拔归附，改名永忠。宣统三年，改流。

第三节　嘉绒藏族的语言文字

一、语言

（一）综述

社会历史在不断地发展，语言也会随着社会历史而发生变化。斯大林说："语言属于社会现象，从有社会存在的时候起就有语言存在。"① 马克思也说："语言和意识具有同样长久的历史。"② 语言虽然随着社会的发展而发展，但语言较之社会发展的速度或方式来看，又表现为自身固有的稳固性和缓慢性。嘉绒方言多，互不相通，那是它在历史长河中在保持原始藏语的同时，因地理、经济、文化等原因又有了一定的变化，正如徐通锵先生所言："即使是同一来源的语言，也会有各自的发展方向。"③ 嘉绒语究竟属于何种支系，学术界没有一致的看法，马长寿先生认为与古藏族更接近，而有的学者则认为属于羌语支。④ 其之所以具有不确定的系属，是由嘉绒藏族的民族混融性决定的，其语言上的复杂性反映了嘉绒藏族族源上的复杂性。嘉

① 引自斯大林：《马克思主义和语言学问题》。

② 马克思：《德意志意识形态》（节选）。

③ 引自：嘉绒语，互动百科。

④ 《小金县结思乡社会调查》，见《四川省阿坝藏族社会历史调查》，转引自李涛、李兴友：《嘉绒藏族研究资料丛编》，四川藏学研究所1995年10月版，第911页；武精忠：《凉山彝族的风俗》，四川民族出版社，1993年。

绒语发展至今可谓缓慢而稳固，它保留了本身的底层语言，也保留了最早的藏语——古藏语，因为在嘉绒语中有许多词读音上与古藏语有相同之处。

嘉绒地区是我国历史上民族大走廊的核心地区之一，语言现象十分复杂，许多古代民族部落遗传下来的相对独立的语言沉积下来，保存到今天。在当地民众中，常称之为“地脚话”或“绒格”（意为农区话）。在嘉绒藏族内部，嘉绒语[1]是这一地区大部分藏族所使用的语言，此外，还有诸如“道孚语”（学术界也称“尔龚语”）、“木雅语”“扎巴语”“贵琼语”“纳木义语”“尔苏语”，等等，[2] 俗称这些语言为“地脚话”。从大的藏语方言来看，在整个嘉绒地区，也有嘉绒藏族操康方言，诸如丹巴明正土司所辖的二十四村地区的藏族所操的语言，就是康方言。

嘉绒语（rGyal-rong skad）属于汉藏语系藏缅语族的藏语支。通行于四川省甘孜州丹巴县的部分地区和阿坝州马尔康、金川、小金、理县和茂县的部分地区。因境内历史上有四大土司，所以，嘉绒语又称“四土话”。道孚语主要分布在丹巴、道孚、新龙、炉霍、色达和金川等县的部分地区。木雅语主要通行于甘孜州的康定、九龙、雅江和石棉县的部分地区。扎巴语主要通行于甘孜州的道孚、雅江、康定和九龙等县的部分地区。贵琼语又称“鱼通语”，主要通行于康定和炉定县的部分地区。纳木义语和尔苏语通行于甘孜州的新龙县和凉山州的木里县境内。

嘉绒地区的语言是汉藏语系的“活化石”，它在很大程度上保留了古藏文的古朴风貌和独特的拼音方式（如复杂的复辅音）和构词手段。这些特点对了解古藏语和古汉语的语音和语法也有重大的意义，因此语言历史比较有助于构拟上古藏语和古汉语的语音系统。

嘉绒地区语言的动词形态相当丰富，除了时态，还表示人称范畴：动词的人称和数与主语/宾语一致。在汉藏语系里，除了嘉绒语，有许多语言也呈现动词的人称标记，例如景颇语。有的

---

① 《丹巴县志》编纂委员会：《丹巴县志》，民族出版社，1996 年。

② 多尔吉：《道孚语格什扎话研究》，中国藏学出版社，1997 年。

学者甚至怀疑，原始汉藏语可能有相同的动词人称标记，但是这个标记系统在汉语、藏语和缅甸语里消失了，只保留在比较原始的语言里。在汉藏语系里，藏语和汉语具有悠久的文献传统，却丢失了原始语一些很重要的特征，反而处于边缘地区的语言比较接近原始语。

嘉绒的语言明显不同于康区的语言。历史上有时嘉绒被包含在康区内，因为过去一般把藏族聚居区划分为三大区：卫藏、安多和康巴。尽管如此，嘉绒地区特殊的文化早就引起了人们的关注。如过去西藏三大寺庙中都有宗教学院——藏语称“扎仓”，学院里有居住区——藏语称“康村”。这些“康村”就是按照地域来分配学员，原因是藏族聚居区太大，语言太复杂，把同一地区的人分在一起有利于学习和交流。而那时西藏三大寺中都有嘉绒“康村”，它们并不包含在康巴“康村”里。

因而，嘉绒语与藏语三大方言差别较大，相互之间交流比较困难。而且，与嘉绒藏区复杂地理环境密切相关的是，嘉绒语方言内部的几个子方言沟通也比较困难，几乎也是每一个河谷就有一种语言，这已经成为嘉绒语言的又一特色。

（二）嘉绒地区的语言概况

1. 嘉绒语

嘉绒语（rGyal-rong skad）属于汉藏语系藏缅语族的藏语支，是居住在四川省甘孜州丹巴县巴底乡和半扇门乡和阿坝州马尔康、金川、小金、理县的大部分地区（包括除牧区外的所有地区）和茂县、壤塘县、黑水县、汶川县的部分地区的藏族使用的一种语言。使用人数十多万人。因境内历史上有四大土司，所以，嘉绒语又称“四土话”。

嘉绒语分东部、北部和西部三个方言。使用嘉绒语的藏族自称“戈如”。藏族内部和藏文文献中称这部分藏族为“嘉绒”，所以，习惯把这种语言叫“嘉绒语”。

2. 道孚语

道孚语是居住在四川省甘孜藏族自治州的丹巴、道孚、新龙、炉霍、色达等县和阿坝藏族羌族自治州的金川、壤塘等县的部分地区藏族使用的一种语言。使用人口有 4 万多人。其周围还分布有藏语康方言和安多方言。

根据调查研究发现，说道孚语的居民无论语言或人员都没有独立的称谓，所以无论是自称或是他称都是“地名 · 语”，如：道孚语（话）或格什扎语（话）等等。由于没有统一的自称，学者们称呼这种语言也有分歧，如“霍尔语”“尔龚语”“道孚语”等。由于封闭的自然环境，其内部相互通话也有一定的困难。

中央民族大学的黄布凡教授根据实地调查和各地语言的互通程度情况认为，道孚语大致可以分为道孚、格什扎（革什杂）、观音桥三个方言。道孚方言分布在道孚县城关（尼措）区、瓦日区、巴美区沙冲乡，新龙县河西区蔓亲、朱倭和多占等乡，炉霍县瞎拉坨区仁达乡；格什扎方言分布在丹巴县大桑区格什扎、丹东、边尔等乡，川古区东古乡，金川区巴旺、金川等乡；观音桥方言分布在金川县观音桥区，马尔康县北洼区毛儿宗、党坝等乡，让塘县普西乡。[①]

3. 木雅语

木雅语主要通行于甘孜州的康定、九龙、雅江和石棉县的部分地区，是四川甘孜藏族自治州贡嘎山周围藏族使用的一种语言，使用人口有一万多人，这一带的藏族兼用藏语康方言。

说木雅话的藏族自称“木雅”，学者研究认为“木雅”就是藏文史书中的“minyag”，汉文史籍中的“弥药”。国内外学者对“木雅”与历史上的“西夏”的关系比较关注，有的认为操木雅语言的居民是古代党项羌未北迁的遗民，有的认为是古代党项羌南迁的后裔。

木雅语与道孚语不同，自称和他称都叫“木雅”，所以，学者们关于这种语言的称呼也有一个统一的称谓。在汉藏史籍中关于木雅藏族的记载也比较多。

---

① 黄布凡：《藏缅语十五种》，北京燕山出版社，1991 年，第 1 页。

4. 扎巴语

扎巴语主要通行于甘孜州的道孚、雅江、康定和九龙等县的部分地区，是四川甘孜藏族自治州部分藏族使用的一种语言。使用这种语言的人口比较少，据不完全统计，仅有7000多人，居住相对集中并且连成一片。这一带的居民称他们的居住地叫"扎巴"，其语言称谓由此而得名。

扎巴语北部与道孚语相邻，南部与木雅语相邻，西部和东部与藏语康方言相邻。

5. 贵琼语

贵琼语又称"鱼通语"，主要通行于康定鱼通区前溪、麦崩等乡和炉定县的个别村寨，是四川甘孜藏族自治州部分藏族使用的一种语言。使用人口为4000人。这一带的藏族基本都能兼通汉语。

6. 却域语

却域语是四川省甘孜藏族自治州新龙、雅江、理塘三县交界地区的藏族使用的一种语言。主要分布在新龙县下占区龙拉西、孜拖西两乡、雅江县团结乡部分村落和普巴戎乡、理塘县君巴区某乡和尕瓦区仁达乡等地，使用人口大约7000人。

却域语没有统一的称谓，是冠之以地名形成的叫法。

此外，还有一部分人说康方言。

（三）研究历史与现状

嘉绒地区的语言系属问题，除嘉绒语和木雅语外，从20世纪80年代初开始引起语言学家们的关注并陆续向世人公布。

从我们现在掌握的研究资料来看，这些语言的研究历史大致可以总结如下：

1. 嘉绒语

嘉绒语研究在解放前就有了一定的基础，在调查条件十分艰苦的情况下，发表了一些有一定学术水平的论文。

解放后，嘉绒语研究无论是在深度或是广度上都取得了长足的进步，这在嘉绒地区的语言研究中无疑处于领先地位。如1956—1957年中国社会科学院派金鹏、谭克让、瞿霭堂、林向荣等到嘉绒地区进行语言调查，在此基础上，1965 年金鹏等在《语言研究》杂志上发表了《嘉绒语梭磨话的语音和形态》（也说在 1957 年金鹏等发表了《嘉绒语梭磨话的语音和形态简介》），这是我们目前知道的国内首次比较全面地介绍嘉绒语的文章。1958—1959 年瞿霭堂、林向荣等到嘉绒地区进一步调查嘉绒语。

上世纪 80 年代初关于嘉绒语的研究成果开始陆续发表。如：1983 年在《民族语文》上发表了《嘉绒语动词的人称范畴》；1984 年瞿霭堂在《民族语文》上发表了《嘉绒语概况》；1983 年林向荣在《民族语文》上发表了《嘉绒的构词法研究》；1984 年发表了《藏语与嘉绒语之比较研究》（《中国民族语言第二次学术讨论会论文》）；1986 年发表了《嘉绒语与藏语的若干语法差异》（中国民族语言学会编《中国民族语言论文集》）。

1990 年林向荣的《嘉绒语研究》一书（四川民族出版社），不仅从语音、词汇和语法等角度全面描述了嘉绒语的共时和历史特征，还比较详细地研究和划分了嘉绒语的方言情况。这一专著的问世，无疑使嘉绒语研究进入了一个新的历史阶段。

2. 木雅语

木雅语研究也早在解放前就已经开始。如：1933 年王静如先生在《西夏研究》第二集上发表了《论四川羌语及弥药语与西夏语》；1948 年石泰安（R · A · Stein）的《弥药与西夏》（Mi-nag et Si-hia，In-ternational Orientalists Congress21，1948nian 266-267）（文中的弥药语指木雅语）；1980 年王天习在《民族语文》上发表了《木雅语概况》；1983 年孙宏开在云南《民族学报》上发表了《六江流域的民族语言及其系属分类》，提出了木雅语的支属分类；1991 年，《汉藏语概论》一书也专门论述了木雅语（马学良主编，北京大学出版社）。

3. 道孚语

道孚语的研究历史仅次于嘉绒语和木雅语，但是，其研究成果不少。最早是马长寿在《嘉绒社会史》中提出“道孚语”（当时他叫“尔龚语”）这一概念。继者王士宗《道孚语中的藏语借词》（Stephen S. Wang，Cons-onantal Clusters of Tibetan Lon words in Stau. Monumeta Serica 1970-71. p. 631-658）；霍杰逊《西番语与霍尔语词汇》（Hodgson，H. H：Sifan and Horsok Vocabularies. sournal of the ASIATIETY OF Be-ngal1853，22：121-151）；1983 年孙宏开在云南《民族学报》上发表了《六江流域的民族语言及其系属分类》，提出了尔龚语（也就是道孚语）的支属分类；1983 年李范文发表了《试论嘉绒语与道孚语的关系》（收入宁夏人民出版社出版的《西夏研究论集》）；1988 年多尔吉在《西南民族学院学报》（民族语言文学专集）上发表了《川西藏区格什扎话》，比较系统地分析了道孚语格什扎话的语音系统、语法结构和词汇特征；1991 年黄布凡在《藏缅语十五种》一书中专门论述了道孚语的语音、词汇和语法等基本情况，同年在《汉藏语概论》一书中也专门论述了道孚语。

1997 年，多尔吉的《道孚语格什扎话研究》（中国藏学出版社，此书系全国哲学社会科学青年项目），第一次从语音、词汇和语法等角度全面、系统地描述了道孚语的共时和历时特征，同时通过比较研究提出了道孚语的支属问题。是道孚语研究的第一部专著，使道孚语研究进入了一个新的历史阶段。

4. 扎巴语、贵琼语、却域语

扎巴语、贵琼语、却域语等语言研究是从 20 世纪 80 年代初开始起步的。与上述三种语言的研究比较而言，不仅历史晚，研究的广度和深度也有较大差别。

从现有的资料来看，1983 年孙宏开在云南《民族学报》上发表了《六江流域的民族语言及其系属分类》，提出了扎巴语、贵琼语、却域语的支属分类。1991 年黄布凡在《藏缅语十五种》一书中专门论述了扎巴语、贵琼语、却域语的语音、词汇和语法等基本情况，同年在《汉藏语概论》一书中也专门论述了扎巴语、贵琼语、却域语。

（四）语言特点

通过调查，我们发现这一地区的语言大致有如下共同特点：

1. 复杂的语言关系

我们从这些语言的分布现状来看，这些语言被不同语言包围，所以受周围语言的影响，形成了比较复杂的语言关系，即同一语言的不同方言，因受不同周围语言的影响也各具特色。如：扎巴语北部与道孚语相邻，南部与木雅语相邻，西部和东部与藏语康方言相邻；贵琼语北部与藏语康方言相邻，东部与嘉绒语相邻，南部与彝语和汉语相邻。

2. 封闭的自然环境

这些语言所处自然环境山川和河流众多，所以，这些地区之间交通不便，相互之间交往很少。自给自足的自然经济和封闭的自然环境，使语言关系更加复杂。这些语言在长期彼此隔绝的自然条件下各自发展，形成了“墨迹式”或“孤岛式”的分布状态，发展成为一个个独立的语言。

因而，嘉绒语与藏语三大方言差别较大，相互之间交流比较困难。而且，与嘉绒藏区复杂的地理环境密切相关的是，嘉绒语方言内部的几个子方言沟通也比较困难，几乎也是每一个河谷就有一种语言，这已经成为嘉绒语言的又一特色。

3. 这些语言的使用者都是藏族

这些语言所属地区的历史比较复杂——习惯称“民族走廊”或“汉藏走廊”或“藏彝走廊”，现在都统一被认定为“藏语”的一支。

从汉藏文的一些史料来看，嘉绒藏族是从唐代以来吐蕃腹心地带的部落与当地诸多土著逐步融合而形成的。如汉文史料记载，历史上这一代有很多氐羌部落和“西山八国”之说。先秦时期有“牦牛羌”“冉夷”“冉駹”，隋唐时期有“嘉良夷”“哥邻人”等等。唐代吐蕃东进，通过民族迁徙、文化传播，特别是藏传佛教的传入，将历史上的氐羌与来自吐蕃腹心地带的部落长期融合，形成了独具特色的嘉绒地区的藏族文化。所以，复杂的历史文化是形成复杂语言关系的根源所在。

嘉绒地区的民间歌谣、颂词和宗教用语一般都接近藏语三大方言和藏文，而与当地语言有别。

4. 这些语言的分布地区都是农耕社会

经过调查研究，这些语言的使用者都从事农业生产。由于这些地区相对海拔低、气候宜人、水源丰富，所形成的自给自足的自然经济，在一定程度上制约了这些地区人们之间的交往，也引起语言之间的不断分化。这也是形成复杂语言关系的社会原因之一。

5. 大多数语言没有统一而独立的称谓

调查发现，这些语言的称谓除个别是根据自称或他称确定(如“嘉绒”“木雅”)外，多数没有自称也没有他称，给语言学家命名这些语言带来一定的困难。由于没有统一而独有的自称或他称，所以，同一种语言有不同的称谓，如“道孚语”“霍尔语”“尔龚语”均指同一种语言。

目前，一般都是根据地名形成的，如“道孚语”“扎巴语”等等。

6. 语言学家有不同的观点

藏缅语族是汉藏语系中语种最多、分布最广的语族。分布地区主要有中国、缅甸、不丹、锡金、尼泊尔、印度和泰国等地。其语支和语言数目说法不一。

我国的藏缅语主要分布在西南、西北和中南等地区，目前已经确定的语言有 20 多种。马学良、戴庆厦在《中国大百科全书·语言文字卷》中把藏缅语初步分为 4 个语支：(1) 藏语支；(2) 景颇语支；(3) 彝语支；(4) 缅语支。孙宏开和黄布凡提出在原有语支中划分出新的一种语支即“羌语支”，于是藏缅语族又有 5 种语支之说。

语言学家们对嘉绒地区的语言的语属和支属问题也有不同的看法。最早比较全面地调查和研究这些语言，并提出他们的支属问题的是孙宏开。他在《六江流域的民族语言及其系属分类》一文中，提出嘉绒地区的“嘉绒语”“道孚语”“扎巴语”“贵琼语”“却域语”等语言属羌语支语言。黄布凡教授在《汉藏语概论》一书和《川西藏区的语言关系》一书中也与孙宏开持同样观点。

瞿霭堂和林向荣则认为"道孚语"不是一种独立的语言，而是嘉绒语的一个方言，即嘉绒语的西部方言（详见瞿霭堂《嘉绒语方言》，载《民族语文》1990 年第 4 期；林向荣《嘉绒语研究》，四川民族出版社，1993 年）。

二、文字

藏文仍然是嘉绒藏族共同使用的书面交际工具。随着藏传佛教各教派在嘉绒地区弘传的深入，藏文在嘉绒地区已成为一种通行文字。一些寺院里专门开设了藏文课，让嘉绒人学习。有的寺院还规定每家每户除留一人（青年）外，其余都应到寺院学习或念经。

从文字的共性来看，西藏和其他四省藏区的三大方言区所使用的藏文是一致的，但在文字的拼读方面方言之间的差别较大，嘉绒地区尤为突出。除藏语卫藏方言、康方言和安多方言在运用藏文拼写时语音基本相似外，在嘉绒地区的语言拼读藏文时语音和声调变化却有较大差异，特别是音节的读音听起来好像不是同一语言。

藏文的拼读差异，其原因主要表现在：（1）藏文里的复辅音声母很多，而且有三合、四合复辅音。因语音的历史演变，在现代藏语各方言中的复辅音声母都有不同程度的简化，甚至消失。康方言大部分地方，包括丹巴县境内讲康方言的乡村，只保留了由浊塞音、浊塞擦音加上同部位置音构成的 6 个复辅音声母。因复辅音声母的简化、消失，就形成了藏语声调的产生和分化，形成康方言、安多方言与嘉绒语之间拼音转换中存在较大差异的因素。（2）藏文创制初期，每个音节的上下前后加字都发音，所以由复辅音构成的音节特别多，都是现代方言。据统计，仅在嘉绒语中由复辅音声母构成的字词已达 200 多个。（3）嘉绒语是至今仍保留藏语古代拼音方式最多的一种语言，音节的前后上下加字至今都能清楚地在读音上表现出来。故嘉绒地区的语言与藏语三大方言之间的差异较明显地表现了出来。（4）在藏语康方言和嘉绒及尔龚语之间相比，尔龚语在藏文的传统拼读上具有更大更明显的差别，体现了古藏文传入该地区并与土著先民的语言相互融合而留下的痕迹。嘉绒藏族文字统一使用藏文，与其他藏区无异。

此外，在历史上也出现仿照藏文创制过的一种文字，但是，并没有通行起来。近几年，我们在丹巴县俄落村和马尔康县松岗等地还发现有类似文字的“岩画”，但是，这些仅仅是祭祀和简单的记事工具，[①] 并没有演变成现代意义上的文字。

① 参见多尔吉：《神秘的“婆陵甲萨”遗址和岩画》，《中国西藏》，2000 年第 3 期。

第二章　嘉绒藏族的宗教文化

藏族主要信仰藏传佛教，嘉绒地区的藏族也不例外。任何民族在其发展过程中都有它自己的方式，它的一切宗教的、民俗的、文化的现象都是其历史发展的结果。下面逐一介绍嘉绒地区的宗教文化。

第一节　苯教

嘉绒地处川西北大渡河上游沿岸及岷江源头一带，平均海拔在2000米—3000米之间，这里有着终年不化的雪山，延绵千里的原始森林。大渡河、岷江水滋润着两岸肥沃的土地，沿河一带，梯田层层，村寨密布，属典型的半农半牧区（河坝为农业，山坡为牧业）。由于地理环境及历史发展的原因，嘉绒地区的文化形态有别于康巴和安多地区，狩猎文化和农耕文化融合而自成一体，这种固有的文化形态主要体现在宗教方面。嘉绒藏族历史上盛行原始苯教，崇拜世间万物，相信万物皆有灵。

苯教传入嘉绒地区大约是公元2世纪，即吐蕃第九位赞普布德贡甲时代（大约在东汉顺帝时期）。据《美言宝论》记载：嘉绒地区的苯教徒吉尔多美，在今甘孜州丹巴县和阿坝州小金、金川接壤处墨尔多山西面的岩石下面，掘出过译师勒当芒波秘藏的苯教经典三十五部（勒当芒波是苯教始祖六大嗣系之一）。[①] 这就是说，早在公元2世纪苯教就已在嘉绒地区流传，并顺着大、小金川河传入马尔康、壤塘、阿坝等地，另一条线路则是从青海传入若尔盖、松潘一带，当时整个阿坝藏区同西藏一样，盛行苯教，这个阶段，正是西藏苯教的中弘期。[②]

原始苯教认为世间的万事万物都有神灵存在，如天、地、日、月、土、石、山、水、星辰、雷电、草木、飞禽、走兽等，并把世界划分为三个部分：天、地、地下，即所谓的“三界观”。他们认为天下有神名为“赞”；地上有神名为“争”；地下有神名为“鲁”。认为天神是万物的主宰，能降祸福于人间；认为地之上下的神栖息在森林、岩石、湖泊中，平时又游荡在山顶河谷间，若有冒犯，将会招来不幸。总之，神无处不有，无处不在。在祭神中以杀生祭祀，把牲畜和人作为供品来祭神，就是把巫师指认为妖的人和动物杀害后，或丢于大河中或赶上山放生来祭祀。称之为血肉供，这种祭法很是残酷。[③] 这是由于远古时生产力水平极端低下，人们对风雨雷电、洪水猛兽、瘟疫、死亡等自然现象不理解，认为有一支不可抵挡的巨大力量在支配和主宰着人类世界，因而体现在其活动中就必须占卜吉凶，祈福禳灾，驱役鬼神等。

---

① 马成富：《嘉绒藏戏与傩文化研究》，《西藏艺术研究》，2003年第4期。

② 纪元前后，苯教东传吐蕃，开始了在吐蕃两千多年的历史。但在吐蕃第八代赞普止贡赞普时期，由于苯教徒对王室的权力构成了威胁，赞普驱逐了苯教徒并毁灭了苯教，这是苯教史上第一次法难，苯教史称“前弘期”。至7世纪吐蕃赞普松赞干布时期，苯教是象雄和吐蕃唯一的宗教。松赞干布统一吐蕃并引进了佛教，才开始了苯教与佛教并存的时期。8世纪中叶，赞普赤松德赞采取了兴佛灭苯，导致了苯教史上的第二次大法难，苯教史称“中弘期”。8世纪末，吐蕃末代赞普朗达玛继位后苯教又卷土重来；朗达玛被刺后，苯教遭到致命的打击，此后一百多年里未能复兴。大约9—10世纪之间，三个尼泊尔香客在桑耶寺意外发现了大量苯教经典，揭开了苯教复兴的帷幕。18世纪安多喜绒的苯教学者贡珠扎巴将苯教“伏藏”汇总编目撰有《雍仲苯教遗训目录·十万日光》；19世纪后藏学者尼玛丹增又将其分成《甘珠尔》《丹珠尔》两部，统称“苯教大藏经”。目前幸存的《甘珠尔》157部、《丹珠尔》380部已胶印出版，苯教史称“后弘期”。

③ 康·格桑益希：《本教——藏族传统文化的源头》，《四川大学学报（哲学社会科学版）》，2003年第5期。

苯教在嘉绒地区宗教领域占据统治地位，时间持续很长。后来，藏传佛教东进，佛教各派为取代苯教在嘉绒地区的统治地位而展开激烈的斗争。特别是在宗喀巴创建格鲁派后，曾专门派遣弟子查古·阿旺查格巴和成巴杰格先后到嘉绒地区弘传佛法。但是，直到清代乾隆年间大小金川之役以前，嘉绒地区仍以苯教势力占据统治地位。金川流域的雍仲拉顶寺，是嘉绒地区苯教势力的中心。据说嘉绒十八土司均受制于雍仲拉顶寺。格鲁、宁玛、希解等佛教各派虽然在嘉绒地区建立了一些寺庙，特别是宁玛派（红教）在嘉绒北部的梭磨、卓克基、杂谷一带还有较多信奉者，但这些教派的寺庙，势力分散，影响较小。嘉绒地区大多数土司，特别是促侵、绰斯甲等大土司都崇奉苯教。

第二节　藏传佛教

藏传佛教“早在公元 8 世纪就传入嘉绒藏区，系由著名的白偌杂纳大师从西藏来至嘉绒藏区的大渡河源头嘉绒本部地区进行译经传佛，招收弟子，并始建寺院。”① 大约在 783 年的“清水会盟”② 之后，随着吐蕃王朝对四川诸羌部落进行的长达 200 余年的军事征服和政治统治，使诸羌部落在相当程度上接受了藏传佛教文化的影响。在唐宋时期，四川阿坝嘉绒藏区就有不少僧人入藏朝佛，并逐渐将藏传佛教传入阿坝藏区。当地土司为了巩固自己的地位，便接受并利用藏传佛教。藏传佛教的代表人物也积极拉拢地方土司势力，从而在很大程度上逐渐导致政教统一。

从 1746 年开始，苯教与藏传佛教之间的争夺被政治势力参与。1720 年，清朝中央政府通过支持藏族地区的达赖喇嘛及其格鲁派从而扩大了中央政府在藏族地区的政治影响力。1776 年，乾隆皇帝在经过长达 6 年的征战后，降伏了以金川为中心的嘉绒

---

① 雀丹：《嘉绒藏族史志》，民族出版社，1995 年，第 324 页。

② 783 年（唐建中四年），唐朝和吐蕃在清水（今甘肃省清水县西北）会盟，重新划定双方边界。

藏族，而取得了最后的胜利。[①]

大小金川之役后，清中央政府对嘉绒地区的苯教势力进行了残酷镇压，使两金川和丹巴地区苯教僧人几乎绝迹，嘉绒地区最大的苯教寺庙——雍仲拉顶寺也被拆毁。

清廷平定金川后，就迫不及待地将效忠自己，并一直受到倚重的格鲁教派势力引入嘉绒地区，大力弘扬格鲁派。广法寺从过去的苯教中心变成了嘉绒地区最大的格鲁派寺庙，相传至道光年间，广法寺有僧人 2000 多名。所属十八土司轮流到寺“听差”，成为清代四大皇庙之一。

可见，嘉绒藏族历史上宗教文化多样，除了苯教，还有藏传佛教，还有部分嘉绒藏族信仰民间宗教，如以“哈瓦”为他们的宗教服务者。但是，嘉绒藏区由于地理区域、语言的封闭性，以及这里离西藏地方政府及四川省地方政府均有相当的距离，受这两个方面的影响不如其他相邻藏区，因此，嘉绒藏区保留了较多的地方文化的风貌，即总体而言其宗教文化以苯教为主，佛教文化只是层面的东西。[②] 下文主要对代表嘉绒藏区宗教文化的哈瓦进行介绍，以期可以比较全面地了解当地的民间信仰及其文化。

第三节　民间信仰活动中的神职人员——“哈瓦”

嘉绒藏区的民间文化在藏族文化中独树一帜，长期以来受到不少学者的关注和青睐。其中部分地区民间信仰活动中的神职人员——“哈瓦”，是不同时期历史文化的重要载体，是民间极为重要的宗教实践者。他可以回答信众的“终极”问题，更重要的是他可以解决信众的“实际困难和需要”，所以在民间信仰中

---

① Karmay, *Feast of the Morning Light*, 5-8。

② 德泰·多尔吉：《嘉绒藏区神秘的“哈瓦”世界》，《西藏大学学报》，2003 年第 4 期。

比喇嘛更加活跃。

嘉绒藏区的民间宗教，融合了古代以来处于藏汉边缘地带非藏非汉的诸民族的元素，因而在藏族文化中独树一帜，长期以来，受到著名学者马长寿等的高度重视。通过对“哈瓦”的称谓、性质、类别、社会功能等十个方面的探索，可以比较全面地了解嘉绒藏区丰富多彩的民间信仰与民间宗教的一个侧面。

在嘉绒藏族的观念中，人类的幸福与灾祸、健康与疾病、命运与未来、兴盛与衰亡（包括庄稼的好坏），均与各种神灵、妖魔鬼怪等有着紧密的关系。而这种关系是神秘复杂的。只有靠具备特殊素质和才能的人——哈瓦才能沟通这种关系，达到影响和控制的目的。而哈瓦是通过借助各种法器、念经和复杂的仪轨，最终以供施的形式来实现的。民间俗称“上供养、下分配或上敬神、下送鬼或供神施鬼”云云。

一、“哈瓦”的称谓

1941 年（民国三十年），马长寿先生考察羌、嘉、戎、倮倮、西番等民族后，根据调查资料写下了名著《钵教源流》。文中所谓“钵教”就是苯教，[①] 所谓“奥外”就是本文所说的“哈瓦”。这是汉文文献中关于“哈瓦”的最早记载。作为四川甘孜州丹巴县、道孚县等境内从事宗教职业活动者，“哈瓦”是当地人的称谓，与甘孜州康定县鱼通等地和马尔康、大小金川一带的“共伯”（现多译为“贡伯”“公嘛”）的职能基本相同（金川集沐叫“达底”）。[②] 与云南傈僳族的“比扒”、独龙族的“南木萨”、景颇族的“董萨”和“西早”、纳西族的“达巴”等等相同。其功能是集藏语中的“昂巴”“穆巴”“孜巴”“哈巴”为一体。

---

① 马长寿：《钵教源流》，载《民族学研究集刊》，1943 年第 3 期，此处转引自周伟洲先生编：《马长寿民族学论集》，人民出版社，2003 年，第 326 页；四川省民委民族识别调查组：《白马藏人调查资料辑录》，载四川省民委民族识别调查组编印：《白马藏人族属问题讨论集》（一），四川省民族研究所，1980 年。

② 贡布吉村、杨嘉铭：《鱼通“公嘛”经文目录调查纪实》，参见四川省甘孜州政协委员会主编：《甘孜州文史资料》第 8 辑，1989 年，第 167—178 页。

“哈瓦”，也叫“阿嘎瓦”“夏木甲”“日噶拉喇嘛”等等。“日噶拉喇嘛”意为“破戒喇嘛”，主要指结婚破戒。这一称谓在一定程度上反映了喇嘛与哈瓦的区别。

“哈瓦”与藏文中的 Sngags pa 或 Rtsigs Pa 其职能有相同之处，但也明显有别。其职能范围远远广于 Sngags pa 与 Rtsigs Pa。与 Ihags pa 也不是同一个概念。“哈瓦”也被译成“巫士”或“祭师”，但就职能而言，未能完全包括其中，故直接音译为宜。其称谓缘由有待调查研究。俗称也称“哈瓦”为“道师”，属外称，可能受邻近汉族文化影响，借用了汉族道教的“道士”一称。而且，哈瓦过去穿青布袍服，似道教服饰，也许由此而得此名。

康方言区的人称之为“阿吾贡伯”，也属外称。

二、“哈瓦”的性质与类别

哈瓦均为男子，可结婚，并未完全脱离农业生产，即仍参与适当的农业生产活动和家务劳动。可谓身兼多职的半职业化宗教职业者。

哈瓦在社会上颇受尊重，非宗教集会其座也为上座，显然，有较高的社会地位。

历史上根据不同的分类标准，哈瓦可分如下：

1. 根据辖区和信徒多寡可分为两类：

（1）全村或土司头人的哈瓦，当地叫“斯得哈瓦”或“哈瓦奔”，意为“全村的哈瓦”或“哈瓦官”，俗称“道长”。这类哈瓦主要主持全村的宗教活动和土司头人的各种法事，也还有其固定的信徒并主持信徒的法事，是哈瓦地位最高者。据说有的获得过堪布之尊号。如丹巴格什扎乡俄落村的乡布·哈瓦。

（2）普通的哈瓦，主要主持自己信徒的各类法事，参与土司头人和全村性宗教活动。

2. 根据职业化程度之不同，可分为：

（1）“哈瓦奔”，当地叫“各觉巴”，因作法事时，主人家给哈瓦 12 斤粮食作为劳务费，由此而得名。这类哈瓦已经具备简单的藏文经文之解读能力，能胜任主持各种法事。并且，已正式继承了哈瓦的地位，可谓名副其实的哈瓦。

（2）在各种法事中，从事协助工作的。这类俗称“助手”或“学徒”。在喜事中，当地叫“斯呷巴”，意为“安排者”或“主持者”。其中，还可分为两种：其一，学徒，即正在学习藏文和各类法事，年幼而尚未正式继位的；其二，不能继承哈瓦之位，但具有一定的藏文基础，了解各地法事仪轨，可从事辅助性工作的，一般为年长者。这类当地叫“乌吓各日巴”（这一称谓来源类似道教中的“五斗米道”，因作法事时，主人家给“乌吓各日巴”5斤—6斤的粮食作为劳务费，由此而得此名）。

3. 佛苯哈瓦之分

哈瓦本来是当地原始宗教的神职人员，但是，由于佛苯宗教长期相互影响，相互渗透，佛教本土化后，也自然产生了佛教哈瓦。并且，随着社会的发展，佛教哈瓦的辖区和属民也自然增多，从俄落和洛尔两村的调查来看，佛教哈瓦的辖区和属民远远多于苯教哈瓦。从格什扎乡俄落等5个村的调查情况来看，苯教属民有42户，佛教属民有182户。

根据不同的宗教信仰，有佛教哈瓦和苯教哈瓦之分。一般说来，苯教哈瓦不仅自己信苯教，主持各种苯教法事，其信徒也均为苯教信徒。而佛教哈瓦本人信佛教，主持各种佛教仪轨，其信徒也均为佛教信徒。

根据占卜结果，有些信仰佛教的家庭必须作苯教法事或有些信仰苯教的家庭必须作佛教法事。苯教哈瓦参与信仰佛教家庭的苯教法事时，其座位应该在佛教哈瓦之后；佛教哈瓦参与信仰苯教家庭的佛教法事时，其座位应在苯教哈瓦之后，不得随意而定。

此外，由于佛苯之间的长期斗争和相互影响，有的民间信仰活动之种种仪轨，无论形式或内容，互相渗透，甚难区分是佛教或苯教，这样哈瓦往往也超越苯教的界限。此外，出现了苯教哈瓦主持或参与民间信仰中的佛教活动和佛教哈瓦主持或参与民间信仰中的苯教活动的现象。

同时，由于婚姻关系，出现了个别信仰佛教的家庭改信苯教或个别信仰苯教的家庭改信佛教的情况（通常随男性变化）。甚至有如下情况：

“拥里”家——属世袭的佛教哈瓦。

信仰苯教——属苯教哈瓦“约克”的属民。

“洛它”家——属世袭的佛教哈瓦。

信仰苯教——属苯教哈瓦“多布”的属民。

上述“拥里”和“洛它”两个家庭均信仰苯教，这两家的女婿均来自世袭的佛教哈瓦家庭，继承了原家庭的哈瓦之位，于是出现了上面这种现象。但是，值得注意的是这两个家庭并没有因为女婿的信仰而改变自己的信仰，仍信仰苯教并作各种苯教法事，经堂内仍供苯教祖师和苯教护法神，女婿卧室内可供佛教祖师和佛教的护法神。佛教法器也不能随意存放在经堂内。

苯教哈瓦不能随意去佛教家庭的经堂和上楼，同样佛教哈瓦也不能随意去佛教家庭的经堂和上楼。

三、“哈瓦”应具备的条件、传承与教育

（一）担任哈瓦应具备的条件

担任哈瓦者，首先必须具备一定的藏语文基础，也就是说，能背诵或熟练地念多种藏语文经书，有的能适当解读其内容。同时，会使用各种法器和塑各种像，会剪纸。还必须学会历算（据说佛教苯教的历算相同，传说都有8.4万种之多），占星也是哈瓦最常有的功课。由于担任哈瓦者大多自幼接受过不同程度的职业化训练，有能力参与或主持各种民间信仰活动中的各种仪轨，这也成为担任“哈瓦”必须具备的条件之一。

传统的藏语文经书则明确规定哈瓦在身体方面必须具备5个条件：（1）结实、高大；（2）五官端正；（3）不能残疾；（4）耳灵；（5）不能有传染病（麻风、狐臭等等）。不限年龄，越大越好。但是在实际生活中，由于哈瓦传承的特殊性等多方面原因，一般的哈瓦都很难具备所有条件。

（二）哈瓦的传承

哈瓦的传承，与白马藏族的“白布”、纳木依及柏木依藏人部落的“阿什”“怕比”传承方式相似。[①] 白马藏族、纳木依及柏木依藏人都生活在青藏高原东部，都认为天神是管理天下万物的大神，与嘉绒藏区相邻，宗教意识相同之处不少。

从 11 户哈瓦世家的调查情况来看，只有口传没有文字说明记载，我们最多只能上溯到哈瓦的四、五代历史，即 200 年左右，如乡布哈瓦：江初太（第 5 代）—热斯加（第 4 代）—兰卡（第 3 代）—多布（第 2 代）—更登（第 1 代），所以，其缘由很难断言。但是，从调查来看，其传承方式可以肯定的是：主要为世袭制，并且只传男不传女。大致可归纳如下：

哈瓦的传承，可以分为直系传承、旁系传承、非亲属传承等等。

（1）直系传承

直系传承，是最主要的传承方式，指父子相传、一脉相传。其中，长子继承者居多。如丹巴县格什扎乡俄落村的乡布哈瓦长子传承共四代。这种传承过程中，父子也是师徒关系。在继承前，儿子随父学习藏文和各种仪轨，其主要任务在于参与。直至学有所成，可独立行使哈瓦之责。一般情况，父亲年迈后，儿子就可正式继承父位。

有的因婚姻关系而改变了传承。

哈瓦的这种传承方式类似萨满教。如内蒙古自治区呼伦贝尔盟陈巴尔虎旗的鄂温克人信奉萨满教，每个“毛哄”（家族）都有个萨满，萨满死后有本家族人继承，可见在传承方面也具有血缘性质。

（2）旁系传承

在哈瓦世家中，无子则可将哈瓦传给旁系任何亲属，但是，传承对象必须具备胜任哈瓦的基本条件。即具有一定的藏文基础和主持各种仪轨的能力。

---

① 何耀华：《川西南纳木依人和柏木依人的宗教信仰述略》，刊宋恩常主编《中国少数民族宗教初编》，云南人民出版社，1985 年。

哈瓦有子，但是，哈瓦去世时，其子年幼而不具备哈瓦的条件，也可临时由其他哈瓦代任，至其子继位为止。

哈瓦有子，但无意继承其位，也可传承给旁系亲属。

（3）非亲属传承

鉴于哈瓦只传男不传女的原则，具备一定的藏文基础和有能力主持各种法事仪轨的条件，在哈瓦世家中，确系无继承人时，最后一任哈瓦有权利将其位传给其他哈瓦世家，其属民一般也听从原哈瓦的安排（当然也出现一些自认哈瓦的现象）。如达布·易热发生意外事故后，其玛和达布两家的哈瓦职位分别传给不同的哈瓦。但随意更易哈瓦之情况甚少。

（三）哈瓦的教育

教育内容分念经书，学塑像、剪纸，使用各种法器，主持各种仪轨等等。没有固定的场所，这些能力是通过参与和主持各种仪轨逐步获得的。其助手逐步走向独立。师徒关系一般是父子、伯侄关系，是一种言传身教的教育方式。这种教育是一种私塾教育。哈瓦是在反复的实践过程中，不断积累经验知识，这种教育方法是一种学习和实践的有机结合，注重培养的是一种实践能力。

四、哈瓦的辖区及其属民

历史上，哈瓦有世袭的固定的辖区和属民，当地叫“斯得瓦”或“易达”，意为“主人”，其多寡不一。也有非固定的辖区和属民，其中有的是哈瓦之间因病因事暂时委托的，有的是因断代而转让的。

哈瓦的辖区和属民多数跨村分布，即有的辖区和属民分布在一个自然村，多数的辖区和属民分布在数个自然村。

哈瓦的辖区和属民是世袭的，犹如家产，哈瓦世家可代代相传。但是，在传承中也因哈瓦世家传承变化而有更易的现象。

一般来说，哈瓦的社会地位和经济地位，是与其辖区及其属民息息相关的。属民多而且经济富裕，则哈瓦主持或参与宗教活动频繁，经济收入高，其社会地位也自然随之提高。很显然，哈瓦所从事的也是一种有偿的宗教活动。

从四川西北一带的现状调查来看，因哈瓦传承的更易或师徒传承的间断性，哈瓦与属民之间的关系发生了较大的变化。

五、哈瓦的社会功能

作为一种半职业化的宗教神职人员，哈瓦除了从事或参与必要的农业生产、家庭和社会活动外，无论在规范的宗教仪轨、生产活动、村社事务、婚丧嫁娶、人生礼仪、治病建房、出门择日，乃至历史上的军事活动中，均发挥着重要的宗教职能。其社会功能大致可归纳如下：

（一）生产活动中的功能

玛尔多周围的藏族多从事农业生产，从历史上看，他们一方面不断积累生产经验，了解自然环境，因地制宜地栽培各种农作物。同时，不断改进种植技术，通过施肥、灌溉等形式，精耕细作，弥补天然之不足。另一方面，也深信农业收成之好坏，均是由自然界的各种神灵所决定的。自然界的神秘莫测及其“无形的作用”，导致人们贯穿于农业活动中的祈祷祭祀活动，其中，哈瓦扮演了极为重要的角色。

在农业生产的不同季节，玛尔多周围的藏族均要进行不同规模的祈祷祭祀活动。这些祈祷祭祀活动主要集中在播种前夕或秋收之后，各地时间不一。这些活动中的各种仪轨，均是在哈瓦的支持下进行的，人们只是以参与的方式加入此类活动。

有些关于农业生产的宗教活动，并非固定，是根据遭受各种自然灾害的情况及其时间而定的。在这些活动中，人们更加深信进行各种避免灾害的宗教活动，其效果完全取决于哈瓦的“功力”。如干旱之时，举行“玛它”，意为“唤雨”。届时，全村集中祭祀的供品和煨桑的松柏，到公共祭祀场地集会，每户至少有一人参加，根据哈瓦的要求，协助完成活动的每一事项。哈瓦念经作法祈祷各种神灵，显示自己的各种法力，求得神灵的恩赐。

（二）村务中的功能

据调查，历史上在村内发生民事纠纷，首先由哈瓦出面解决。如纠纷双方分属不同哈瓦，首先由双方哈瓦协商解决办法，随后，分别做所属成员的工作。如纠纷双方同属一个哈瓦，由哈瓦召集双方协调解决。因此，哈瓦的地位比较高。随着社会的发展，哈瓦早已不再参与村务，这一功能已经消失。

（三）纯宗教仪轨中的功能

据调查，一年之中，玛尔多周围的藏族将进行不同规模的宗教活动，多至十几种，有些活动可每月反复进行。当地仪轨总称叫“哈多”，哈多藏文写作 gto，意为“禳解”，即念经作法以禳解灾难的仪轨。时间一般在“上月”（或白月）的吉日进行，有的也可在下月（或黑月）。[①] 但是具体日子不定，每年进行次数由哈瓦占卜而定。禳解有大小之分，小的一天完成，大的须 3 天方可结束。从调查情况来看，哈瓦占卜后，认为当年全家灾难多，必须进行大规模的禳解，或上一年多灾多难，为避免来年“连灾”，岁初，进行一次大规模的禳解。由此可见，禳解之规模大小或次数并非随意而定。这些一般由哈瓦占卜决定，也与家庭的经济能力和信仰程度有关。

禳解之日，家庭所有成员均参加，并备好所需各种食物供品和用具，随时提供给哈瓦。哈瓦采用一定的禳灾仪轨，念经作法，直至“送祟”，即禳灾物品送往远方，方可告终。

此外，是由一个或数个村共同组织的“昂却”和“西却”，也均是在哈瓦和喇嘛的共同主持下进行的。

“昂却”，五供节（或燃灯节）。藏历十月二十五日，是藏传佛教格鲁派祖师宗喀巴（1357—1419）忌辰，多以燃灯供佛。

“西却”，念四供。也是一种宗教节日活动。藏历十月二十四日，是色拉寺倡建人大慈法王释迦益西（1352—1435）的忌辰，当地也多燃灯供佛。

以上两个宗教节日，本是藏传佛教杰出人物之忌日，可嘉绒藏区（尤其丹巴一带）苯教也举行宗教活动，只是其仪轨苯教化罢了。其时间和内容也不同于佛教。

---

① 丹巴县操格什扎话地区，把“月”分为“黑月”或叫“下月”（本义为“下去”），以及“白月”或叫“上月”（本义为“上去”）。

（四）重大的家庭事务中的功能

婚嫁、丧葬、建房乔迁，乃至家庭大事，通常举行规模不等的仪式。在这些仪式中，除了有繁杂的非宗教活动外，也有严格的宗教仪轨，哈瓦的神权始终贯穿于所有仪式之中。

就建房而言，其方位或开竣工时间均须请哈瓦占卜而定。建房前夕，请哈瓦举行一次念经作法、祈祷神灵的仪轨。人们确信，没有哈瓦与神灵的交流，求得神灵的宽容和保佑，必然会带来各种灾难。婚丧嫁娶，其时间也是由占卜而定的。这些仪式均由哈瓦与喇嘛共同主持完成，其中的非宗教活动也受哈瓦的支配。

（五）日常生活中的功能

举凡婴儿取名、修砌火塘、出门远行和治病等等生活琐事，均有哈瓦参与主持，体现了哈瓦的社会功能。

嘉绒地区有一句流行的俗语："念经治病靠哈瓦，死后道场靠喇嘛""今生靠哈瓦，来生靠喇嘛"。由此可见，哈瓦的社会地位和作用。信众确信，哈瓦有超人的"法力"，可防御各种灾难，避免妖魔之邪气，也可消灾，镇魔驱邪。

人们认为，凡人患病，其种类很多。占卜诊断为中妖魔之邪气、死人灵魂附身和触怒神灵所致的病，须靠哈瓦的法力才能治愈。届时，人们请本家哈瓦选择吉日，念经作法，方可治愈。治病方式可根据病情而定，有的哈瓦在病人衣物上施法术即可。这种方法明显具有巫术的性质，即巫术的"接触法则"或"传染法则"；有的须请哈瓦面对病人进行一定的仪轨，如驱鬼术。其后，有时哈瓦还要求病人忌口，即禁止食用一些食物。总之，人们深信哈瓦的神秘法术可治百病。

六、哈瓦的经济状况与社会变迁

哈瓦是一种半职业化的宗教职业者，他所从事的是一种有偿的劳动或服务。当地叫"本瓦"，意为工钱和酬劳。

"本瓦"的经济来源除了靠从事田间劳动外，就传统来讲，主要靠从事宗教活动。主持或参与各种法事，应得多少肉类和粮食，各村社都有约定俗成。属民和法事多少不同，每一哈瓦的收入多寡也就自然有别。

随着社会的发展，现今当地社会的传统食物结构也发生了很大的变化，所以，哈瓦主持或参与法事所得的肉类和粮食自然也有变化，数量和种类都有所增加。

仪轨不同，哈瓦的经济收入也有差别。平常，举行仪轨报酬：一般为5元左右人民币、一个烧馍馍，外加一块猪膘；举行“日尼”“沙卡”时，增加一根香猪腿、12斤粮食、5元人民币。参与丧葬活动时增加项圈肉（猪肉）、20元左右和仪轨中使用过的工具（如斧头）。9—12月的仪轨，正好是宰猪季节，所以，还必须配备所有内脏各一份。

在民间信仰活动中，哈瓦注重的是人们的“今生”。所以，哈瓦的服装、宗教活动、经济收入、社会地位等等是随着社会的发展而不断变化的。据调查，古代村内发生民事纠纷，首先由哈瓦出面解决。随着社会的发展，哈瓦早已不再参与村务。古代哈瓦穿着别致。如穿青色的袍服，当地叫“夏革”，戴一种尖帽（秋冬季里子为羊皮毛，春夏季没有里子），脚穿靴子。现在传统服装消失，一般穿便服，与常人无异。解放前，哈瓦还必须自备全套的法器（鼓很小），随着经济条件的变化，现在不少家庭也自备了不少法器。

哈瓦主持或参与的各种法事，通常是在家里或固定的祭祀场所举行的。哈瓦从事的活动，除了结婚、丧葬、修房、乔迁之喜和村社的祭祀等重大活动外，其他活动基本上是家庭的法事，而家庭的法事有很大的随意性。哈瓦每年主持或参与的各种法事最终均由主人家决定，多寡不定。随着现代化浪潮的冲击，以及当地藏族群众观念的变化，有些家庭法事活动有所减少（如末德），个别家庭几乎不作任何法事。

个别哈瓦长期外出打工，托付其他哈瓦主持或参与自己应从事的宗教活动。

在传承过程中，哈瓦世家无人继位，或有子无意或无能继位，出现了哈瓦断代的情况。也有个别哈瓦与属民的矛盾等原因，出现了随意更改原来哈瓦世系的情况。究其原因，主要是当地社会传统观念的变化，致使在社会生活中哈瓦的传承、职能、作用开始淡化。所以，哈瓦及其属民也有很大的变化。

七、哈瓦的仪轨、法器、塑像、供品、经书和剪纸

（一）仪轨

哈瓦的社会功能，是通过参与或主持各种宗教仪轨而表现出来的。仪轨通称哈多，意为禳解。根据需要和经济条件，其仪轨可逐步升级，如日加西→末德等等。并且有些仪轨相互包容。从调查情况来看，哈瓦所主持或参与的仪轨，有 26 种之多，涉及社会生活的方方面面。就笔者调查所知，可归纳如下：热尼、沙卡、沙达、那加马、金沙、布沙、沙吉、仙、加西、日加安、四几西、末德等。

（二）法器

如同没有神鼓就没有萨满一样，没有法器就没有哈瓦。

哈瓦参与或主持各种仪轨，除了靠念经和作法所获得的具有神秘色彩的“法力”外，必须借助种种充满神秘色彩的法器，才能完成。信众深信，这些法器本身也具有神秘莫测的“威力”。在信仰的层层云雾中，法器披上了神秘的光环，经哈瓦的执掌而主宰着人们的福祸、兴盛和衰亡、命运和未来。

哈瓦使用和存放各种法器也十分讲究，每种法器的使用场合和功能不一。如鼓上画有不同的图形，丧事敲击哪一面，喜事敲哪一面都有严格的规定。

有的法器具有震慑妖魔鬼怪的作用，有的是圣物。据不完全统计有 21 种之多，大多法器为祖传，据说祖传的才灵。有的法器只有个别哈瓦才拥有（如香布·哈瓦拥有一个祖传的神牛角）。

（三）塑像

当地叫“加呷”，是各种仪轨中的重要内容之一，也是哈瓦职能的重要标志。其雕塑种类因仪轨和教派而不同。以黄泥、糌粑和酥油为原料。如在驱鬼辟邪仪轨中，塑鬼怪像，念经修法。

（四）供品

供品汉译为“却夏”“本夏”“哽本夏”。在禳解仪轨中，供品有各种食物和各种树枝。什么场合供什么都有严格的规定，如沙达是必须用“白树”，有“阴乔”（yincep）、花（me tog）、“杜斯白”（duspe）、“日玛米”（rmami）、“芝巧”“夏色”“热末”等等。

（五）剪纸

凡仪轨一般都必须剪纸，只有个别仪轨（如开光经和吉祥颂）没有这一内容，剪什么图形因仪轨而定。有些仪轨剪纸数量达上千种。

总之，剪纸是哈瓦的一种基本技能。剪纸主要有八宝图、古币、家畜和野生动物、太阳、月亮、星星、天地、人（分男女）、妖魔鬼怪（分男女）、供灯、鸟类（分雌雄）等等。[①]

（六）经书

民间经书的划分方法和标准并不完全按其内容，如历算也属经书之列。就传统来讲，经书一般为手抄本，不得随意外传或转抄。古代经书借用或转抄，还必须付一定的报酬。如一瓶酒、一条哈达，外加银块或480斤左右的粮食。有些书如历算一般不得转借，不得随意存放，使用经书十分讲究，女性一般不得随意接触经书。报废经书不得随意丢弃，必须在煨桑处烧毁。

哈瓦世袭的历史越长，收藏的经书越丰富。经书的历史越长，越有价值，也就越神圣。

八、哈瓦与喇嘛的区别

在嘉绒地区的种种仪轨中，有的是哈瓦或喇嘛单独主持来完成，有的是哈瓦和喇嘛共同参与或主持来完成。但是，哈瓦所参与或主持的仪轨多，涉及面广。显然，在民间信仰中，哈瓦远比

---

① 多尔吉：《试析嘉绒地区藏族的丧葬习俗》，《中国藏学》，2002年第4期，第70—78、84页。据说当地经书中有明确记载：树分公（桦树、柏树等等）、母（杨柳、竹子、花椒等等）、子（杏子、红白石榴）3类，共有15种之多；树也可分为黑白两类。公母子树或黑白树在法事中使用场合不一。

喇嘛活跃。哈瓦、喇嘛的区别，可以归纳如下：

第一，哈瓦是世袭的，其历史比喇嘛久远，很可能是处于藏汉边缘地带的非藏、非汉的其他少数民族的宗教职业者。[①] 除了无子或其他特殊原因外，只以父子相传。

第二，哈瓦可结婚，仍参与生产劳动、家庭和社会活动，是一种半职业化的宗教职业者。而喇嘛基本脱离俗人世界及其事务，除藏传佛教的个别教派外，不能结婚，是一种职业化的宗教职业者。

第三，哈瓦有世袭的固定的辖区及其属民，其社会功能或神权也限于辖区及其属民的有关事务之中（包括这些属民所参与的集体性宗教活动）。

第四，哈瓦和喇嘛共同参与或主持有关仪轨时，其职能和完成事项有一定的区别。如日尼只能由喇嘛主持完成，同时由哈瓦作沙卡。在仪轨进行过程中，哈瓦一般面向山神。其座位顺序，喇嘛为上（或前），哈瓦为下（或后）。哈瓦参与主持原始宗教、苯教和佛教仪轨，而喇嘛一般限于佛教仪轨。

第五，喇嘛也有苯教和佛教喇嘛之别。在佛苯喇嘛共同参与法事时，如主人家是佛教家庭，佛教喇嘛其座为上；反之，苯教喇嘛为上。

嘉绒地区无论是苯教家庭或是佛教家庭，凡举行丧葬仪式，均属佛教仪轨。在共同举行仪式时，佛苯教喇嘛仍有攀比的现象和潜在的矛盾，甚至在丧葬仪式中，由于仪式内容和程序等方面，佛苯发生分歧，出现了佛教喇嘛退场的现象（当时是给苯教家庭举行丧葬仪式）。事后，主人家还必须到喇嘛寺道歉，否则，影响今后的宗教活动。

哈瓦经历了从义务执祭到半职业化、职业化过程，从不计报酬到接受报酬，从被动接受到主动索取的有偿服务的演化过程，从哈瓦所从事的职业中，可以了解到当地的传统文化。

---

① 关于嘉绒地区历史上为“汉藏文化的角逐场与竞赛所”的分析，参见任乃强《四川第十六区民族之分布》，载《任乃强民族研究文集》，民族出版社，1990 年，第 289—290 页。

可以说，哈瓦是传统文化的代表，即哈瓦是原始宗教—苯教—佛苯共存时代的宗教文化现象，从调查来看，嘉绒当地文化主体是苯教文化，左右这里人们的观念和规范行为，而佛教文化只是层面的东西，所以，研究代表苯教文化、民间文化的哈瓦具有重要的价值。

马林诺夫斯基说："宗教不是产生于思辨或反映，也并非主要地产生于幻觉或误解，而是产生于人类生活的真实悲剧，产生于人类的计划与现实的冲突。"宗教的作用就在于建立和加强"有价值的精神观念，如对环境的协调、与困难作斗争时的勇气和信心，对死亡的态度等等"①。而一系列对宗教的信仰，正是嘉绒人对生活不确定性的畏惧，以及自我弱小地位的定位和对今生来世良好状态强烈需求的矛盾。如"哈瓦"就相应地给嘉绒人以精神动力和心理慰藉的宗教信仰功能。

嘉绒藏区在历史上是苯教兴盛的地方。随着佛教的传入，藏传佛教为嘉绒藏区群众的主要信仰。经过岁月的变迁，至今，苯教在阿坝地区大小金川、绰斯甲、壤塘、马尔康、松潘和南坪等不少地方部落仍有信众。

---

① 史宗：《20世纪西方宗教人类学文选》（上册），上海：三联书店，1995年，第82页。

第三章　嘉绒藏族的崇拜现象

历史悠久的嘉绒藏族有着内容十分丰富的民间信仰崇拜。一方面我们可以通过近现代嘉绒藏族民俗得以了解；另一方面，嘉绒藏族民间信仰的许多内容被后起的苯教和佛教所吸收，已经融入到苯教、佛教中去了。因此，藏族苯教、佛教中的一些内容如果追根溯源的话，其源头同样可以一直追寻到民间信仰中去。嘉绒藏族民间信仰崇拜的对象可谓包罗万象，既有各民族共同信奉的灵魂崇拜等对象，也有它特殊的崇拜物，如牦牛。就大范围而言，可分为图腾崇拜和自然物崇拜。

第一节　图腾崇拜

历史上嘉绒地区的苯教相当发达，而且历史很长，到目前不少地区还笃信苯教。苯教又是由本土的原始宗教发展和变化而来的宗教，因此在嘉绒人民的生产生活和宗教活动中，有相当丰富的图腾崇拜。

一、对鸟的图腾崇拜

嘉绒藏族崇拜鸟类，因为鸟能飞行于天空之中。苯教把世界分为三界，天上、人间、地下。天为神圣之地，是神灵活动之地；人间为平凡之地，是平民百姓活动的场所；地下是罪恶之地，是妖魔鬼怪作乱之地。鸟能飞行于空中当然就属于神灵之类，几乎所有的飞禽都是其崇拜的对象。

嘉绒地区尤为崇拜大鹏鸟，对大鹏鸟的图腾崇拜与藏族蛋变人的传说有很大的关系。对人类的产生，嘉绒藏族的民间故事和传说中讲是猴子和女妖的结合繁衍了人类。但还有很多传说故事中的英雄和圣人是从天上下凡或蛋变的，藏族英雄史诗说，伟大的格萨尔王刚生下时是一个圆圆的肉蛋，闫振中在《“英雄卵生”的启示》中提道：“……在神话中往往太阳族英雄也是卵生的。格萨尔生下时是一个像羊肚子一样的肉蛋。”[①] 文中还谈到世界一些国家也有类似的传说，还谈了一个科学考察团在印尼的新发现。可见这种传说并不荒谬，也不孤立。

除了土司的门额而外，寺庙的门额，寺庙柱子的柱头上，住家户经营的门额上，箱柜的装饰上都有大鹏鸟。寺庙门环上的吞口也由大鹏鸟的头演变而来，它可以避邪驱灾。对大鹏鸟的崇拜与其它鸟的崇拜是有联系的。在嘉绒人民的观念中，所有飞禽中只有乌鸦才是不吉祥的象征，可能与它一身的黑色有关，乌鸦一叫人们就推断将有祸事临头，听到乌鸦的怪叫，人们不咒就祭。在祭祀中抛撒糌粑等五谷，希望乌鸦捡吃后消掉灾难。

在嘉绒的民间传说和故事中，乌鸦的出现都与不吉利有关，骂人都是“你像个乌鸦”“你是乌鸦”等。

除乌鸦外，只要在天上飞的都是神，都是不能伤害的。正如人类社会是矛盾的统一体一样，嘉绒人民的信念中也充满了矛盾，神和妖同存，在飞禽中有吉祥的鸟和不吉祥的鸟。虽然人们不能随意伤害鸟，但猎人是除外的。但猎人猎到鸟时还要口念嘛呢，肉煮好后首先要敬神。

嘉绒藏族还尤为崇拜孔雀和金鸡，对孔雀的崇拜是因孔雀的美丽，孔雀被看做是鸟中之王，那非凡的美貌是神力所致，把孔雀毛插在净水器中供奉给菩萨，表现了对孔雀的喜爱。虽然嘉绒地区没有孔雀，但有关孔雀的故事传说很多，常以孔雀来比喻美貌，在锅庄中还有专门歌颂孔雀的，在寺庙和民房的装饰中也经

---

① 闫振中：《“英雄卵生”的启示》，《西藏民俗》，转引自：中国西藏信息中心。

常出现孔雀的形象。孔雀的出现都与美和吉祥有关。

嘉绒人民还喜爱点水鸟，这种鸟一般生活在大小河边，非常机巧灵活，在山歌和锅庄中都有表现和歌颂点水鸟的。

嘉绒藏族对鸟的崇拜源于对鸟在空中飞行的不可理解，天是神界，鸟能在空中飞行也就是神，所以把鸟作为神来崇拜，这种崇拜在某种意义上讲与蛋变人有一定的联系，圣人都是蛋变的，鸟才生蛋。

大鹏鸟是嘉绒藏族图腾崇拜的典型代表，在造型上综合了人、鸟、兽的特点，是对人、鸟、兽崇拜的集中体现，这里的人主要是指对祖先的崇拜。鸟和兽是对不可知和不可战胜的自然现象的崇拜。

二、对山水的图腾崇拜

对山水的图腾崇拜与苯教有紧密的联系，万物有灵是苯教的思想基础，与嘉绒人民的生产生活最为密切的山和水更是充满了灵气，在嘉绒是山山有灵，每个山头和山顶都有挂嘛呢，撒“龙达”祭拜山神的地方，每个山都有与山同名的山神，为祭拜方便，村寨附近的坡地上都设有祭拜山神的小塔。山山有神，但还有有名的和最为有名的，墨尔多山神是嘉绒地区最为有名的山神，也可以说是整个嘉绒地区的山神。墨尔多山位于大金河和小金河之间，南北走向，跨越丹巴、小金、金川、马尔康方圆数百公里，处于嘉绒地区腹地，是嘉绒地区的一座名山，土地肥沃、气候宜人、物产丰富。山上有不少奇景和遗迹，大小有 108 景，景景有神奇的传说。其中尤以墨尔多庙、墨尔多石笋、神仙洞、箭穿岩、山顶云海、罗布坡、海子等名胜最为有名，据传还有不少苯教和佛教的遗迹。嘉绒藏族自古至今信奉墨尔多神山，“墨”在藏语中一般指女性，也就是说，墨尔多是女神山，是女权崇拜的象征。东女国是由女人全面管理的国家。直到今天，每年 5 月，人们都会在古寨碉下，为年满 17 岁的女孩举行盛大隆重的成人礼，全寨男女老幼献上哈达，载歌载舞。而男孩是没有这种待遇的。除嘉绒地区外还招来青海、甘肃、西藏等地的藏族前来朝山。墨尔多开始源于原始的自然崇拜，后来苯教徒和佛教徒依赖墨尔多的山名，在墨尔多山上坐禅、修炼、传教，使墨尔多增添了一层宗教色彩。从民间流传的一些传说故事看，墨尔多又与英雄崇拜有一定的联系。

嘉绒地区一切生产活动都是围绕着山来进行的，农业生产的田地依伏在山坡和河谷中，牧业生产的草场也依伏于山上，狩猎的野物更是在山林中，大量的药材也生长在山林中。因此对山神祭祀的位置也特别重视。无论是祭祀活动中或是祝词颂词中都把山神放于显要位置上，对自己所在地方的山神更不能遗漏。

除自身所在地方的山神和墨尔多山神外，嘉绒地区的人民还信奉黄龙和峨眉山，这也与嘉绒地区的苯教有关。嘉绒地区的苯教把黄龙和峨眉山当作很重要的神，在祝词和颂词中处处可见。

嘉绒地区的一个重要的群众性活动“看花节”，实际上就是在祭祀山神的基础上发展和演变而来的。现在的看花节是祭神和娱乐两不误。

嘉绒地区山多，山泉河流也就多，水是人们生活的必需品。同样水又给人们造成一些困难和灾难。因此人们也很看重水神，认为水的源头都有水神出没，山泉的源头都设有祭山神的祭坛。类似嘛呢堆，在山顶的海子边也设祭坛，认为雨雪、冰雹、干旱都是水神在作怪，把风调雨顺的希望都寄托在水神的护佑上。山泉的出口和海子中不能随意扔脏物，否则水神就要降灾。水神的图腾形象主要是龙，龙是管水管雨的，在嘉绒语言中龙和雷是同一词，龙是住在水中活动于天上的。天旱时，全村都要动员起来，请喇嘛到山泉源头和海子边念经祭祀求雨，人们烧起柏枝，撒上糌粑和谷物，点上香，人们还相互洒水，乞求水神降雨，护佑庄稼丰收。有的地方还把放生的牲畜赶向河中作为水神的祭物。

温泉和有的山泉由于含有一些矿物质，能治愈一些病，人们都以为是水神的赐给，到这些地方沐浴时，都要煨桑祭拜。

对鱼和青蛙的崇拜与对水的崇拜是联系在一起的。把它们当做水中的神灵，鱼是富裕和吉祥的象征，任何一种形式的八宝图中都缺不了鱼，解放前嘉绒地区大部分地方是不打鱼不吃鱼的，但这种习俗现在已经发生了变化。建筑和金银器皿的装饰图案中鱼的形象很多。

青蛙虽然长得很丑，嘉绒人民却给予它一种内在美，嘉绒地区流传的民间故事《青蛙骑手》是一个很优美的故事。人们经常见到的青蛙实际上是一个年轻美貌的王子，赛马会上，常有一个年轻的骑手夺冠，人们不知他是从哪里来的，一个美丽的公主冲破世俗的观念，深深地爱上了青蛙，他们的爱情受到讥笑和破坏，但他们忠贞相爱，最后还是结为夫妻。嘉绒地区普遍流行有一种装酒的陶瓷器皿，其外形来源于青蛙，以嘉绒语的青蛙名称命名为"卡西巴"，这种器皿有大有小，小的揣于怀中，常带在身边，大的和小的在造型上稍有差异。对小孩也常以"青蛙"来昵称："卡西巴""卡西巴补。"

特别是那些生活在高山海子边的蛙类，人们更是把它们作为神灵来对待，在嘉绒人的思想深处，那种苯教的万物有灵的思想在青蛙身上得到充分体现。

三、对猛兽的图腾崇拜

对猛兽的图腾崇拜以野牛、狮子、虎为主要代表，其中有三个含义：一是万物有灵的原始生灵崇拜，二是对体大形猛的外形崇拜，三是对稀少难见的一种追求。这里的"野牛"实际上不是野牛，嘉绒语称"本茸"，体格比野牛健壮得多，角也粗大，嘉绒地区一些中上层家中可以见到用"木茸"角制作的装酒用的器皿，出门极为方便。据说这种动物现在见不到了，现代找不到确切的汉语名称，才用"野牛"代之。

野牛是嘉绒地区最为崇拜的动物，牛与嘉绒藏族的生产生活最为密切，除水牛外，还有牦牛、犏牛、黄牛，因此"木茸"成了所有牛的图腾，是牛的神灵。

嘉绒地区由于地理环境和气候条件所决定，是一个以农为主的半农半牧区，对"木茸"的图腾崇拜，是农耕文化和牧业文化的集中体现。

犏牛与农业关系最为密切，下种犁地、秋后翻地全靠它，又是除马以外主要的运输工具，人们把它当做进行生产劳动的主要伙伴，价格也特别昂贵，精心喂养和爱护，牛老了不能耕地也不忍心宰杀，养到死或放生。耕地时耕者的劳动号子中充满了对耕牛的疼爱和感激之情，现在嘉绒地区见到的“木茸”形象都是在犏牛的基础上经过艺术加工塑造出来的。

黄牛和格斗牛价格低廉，是杂牛，平民百姓用于日常的零星运输用，买不起牦牛的也作食用牛，但上层是看不起这类牛肉的。

牛与嘉绒人民的生产生活有这样密切的联系，在嘉绒人民的心目中占有特殊的地位。“木茸”是牛在嘉绒人民心目中形象的象征和地位的体现。

虎和狮子，现今的嘉绒地区是见不到的，虎在很早以前可能有过，一些老年人讲有过此种动物，松岗乡有个小地名叫“孔萨民”，嘉绒语为虎坐的地方。以自然现象看，虎和狮的图腾崇拜不一定源于嘉绒本地的原始崇拜，而是与佛教的传入有很大关系，造型都与藏传佛教绘画和面具相一致。

嘉绒傩戏中虎和狮子是很重要的，无论民间傩还是宗教傩，民间节日中都把耍狮子作为一种主要的群众活动。跳羌姆时，虎作为一个神灵角色，而耍狮子则作为一个单独的活动。在寺庙装饰和民房装饰及金银器皿的图案中常有虎和狮子的造型，除满足视觉的审美外，还有避灾驱邪的作用。

对虎和狮的图腾崇拜，纯粹是一种兽形神崇拜，与嘉绒人民的生产生活没有多大联系，在平时和小型的祭拜中是见不到它们的影子的。

此外，在如今的嘉绒藏区，牦牛崇拜也十分普遍。如位于长江流域的四川甘孜、阿坝藏区、西藏的昌都地区等地都把牦牛头骨、牛角作为灵物供奉，把牦牛尸体等当作镇魔驱邪的法物，嘉绒藏区甚至要专门过祭牦牛神的年，其虔诚可见一斑，邓廷良在

《嘉绒族源初探》[①] 中也有描述。在嘉绒地区，对牦牛的崇拜亦是多方面的：他们在石墙上面嵌上白石牦牛头，刚杀的牛头也往往供于房顶。在寺院、嘛呢堆之上，也供有刻上经文的牦牛头，虔诚礼拜之。

四、对英雄的图腾崇拜

对英雄的图腾崇拜，实际上是一种对祖先的图腾崇拜，是对历史发展和社会进步的一种原始认识，认为历史的发展都是神在起作用，历史上的英雄都是神的委派和神的护佑。开始是一种对一些特殊人物的推崇与敬仰，慢慢有的变成了神，有的变成了佛祖。如格萨尔、郭东特青、墨尔多就变成了神，斯多巴兴饶、麦若扎那就变成了佛祖。正如张昌富所认为的："世界各民族各自都有一个作为图腾来崇拜的英雄，格萨尔是藏民族最为崇拜的战神图腾。作为藏族子系的嘉绒人，除崇拜格萨尔而外，还有自己崇拜的英雄图腾阿尼郭（各尔）东。"[②]

对格萨尔的崇拜，只是说明嘉绒藏族与整个藏民族有一种思想和文化的联系，有关格萨尔的传说和故事很少，像其他地区那样能说唱格萨尔的就更稀少。在嘉绒地区要寻找格萨尔的影子，只能到大祭词和颂词中去寻找，在祭词和颂词中也只是同其他神一样，只是冠以尊称列于众神之中，没有多少实际内容。另外在嘉绒地区的"龙达"[③] 中有格萨尔的画像。格萨尔在嘉绒地区显得单薄、空洞，只是一种精神上的崇拜，没有多少实际内容。围绕格萨尔的文化现象，嘉绒可以说是一片贫瘠的土地。但不管怎么抽象，对格萨尔的崇拜，从古至今没有丝毫变化。这可能是一种宗教心理和民族心理在起作用。

阿尼各尔东是嘉绒地区的主要英雄神，有关阿尼各尔东的文化现象在嘉绒地区非常丰富，连阿尼各尔东的武器都作为图腾来

---

① 邓廷良：《嘉绒族源初探》，《西南民族学院学报》，1986 年第 1 期。

② 张昌富《"阿尼郭东"——嘉绒藏族图腾崇拜英雄》，《西藏艺术研究》，1996 年第 4 期。

③ 方形小纸片上印有神、佛。

崇拜，阿尼各尔东是地方英雄神，其他藏区是没有的，是嘉绒藏族的地方特点。

阿尼各尔东是嘉绒地区苯教改革中的一个重要人物，从传说和故事中看，阿尼各尔东是吐蕃人，受吐蕃的派遣，来嘉绒地区扶持雍仲苯。阿尼各尔东在嘉绒的斗争是一种改革了的宗教与原始宗教的斗争，由此我们可以看出推行一种新事物是多么的艰难。

对阿尼各尔东的图腾崇拜最典型的是“代如”，“代如”中的一切活动都围绕着纪念阿尼各尔东来进行。供着用面制作的阿尼各尔东像、马、刀、箭等的供物，讲阿尼各尔东的传说，跳歌颂阿尼各尔东的锅庄舞。

嘉绒很多地方都有阿尼各尔东的遗迹，把这些遗迹作为神迹来进行崇拜。这些遗迹是真是假谁也说不清，谁也不去追究，只要听说是神迹，就顶礼膜拜。

在嘉绒地区阿尼各尔东的传说相当丰富，也很普遍，一般都是以口头形式流传的。

嘉绒地区的山神都有降妖伏魔的传说故事，这些山神原来可能都是历史上各地的一些英雄人物，后来演变为神崇拜。前面在对山的崇拜中讲过，嘉绒地区最有名的墨尔多神山，开始也是一种英雄崇拜，年长日久才变成了对山神的崇拜。

对英雄的崇拜正如胡晓靖在《从图腾崇拜到英雄崇拜——论图腾崇拜的起源、发展与衰落》一文中所认为的，“在自然面前，人类并不是绝对的弱小，英雄人物征服自然已经成为可能。人类终于从一味地敬畏自然中挣脱出来，萌生了征服自然、役使自然的愿望，而且，这种愿望日益强烈。人类的自然意识不断得到强化，那么，对英雄的崇拜就与日俱增”①。张永玉在《英雄崇拜与理想人格的重塑》一文中也认为，在现实生活中，“历史上的英雄人物曾为社会塑造起理想的人格，对社会基本价值取向、道德规范起了典范的作用。在国家面临生存危机的紧急关

① 胡晓靖：《从图腾崇拜到英雄崇拜——论图腾崇拜的起源、发展与衰落》，《天中学刊》，2002 年第 4 期。

头，在社会大变动的历史转折关头，人们期待出现民族英雄和力挽狂澜的伟人便很自然地唤起深层心理的强烈的英雄崇拜意识，并将民族振兴的希望寄托在那些英雄人物身上。这时的英雄人物能发出极大的感召力和动员力量，起到积极的作用。”① 如阿尼各尔东的征服力量，才让他成为嘉绒人的战神，随着嘉绒藏族的历史发展而一直存在至今。

五、白石崇拜

白石崇拜应该说不只是白石崇拜，而是对白色崇拜的一种表现形式。嘉绒藏族对白色有一种特殊的感情，这种感情来之于特殊的地理环境和生产生活。高原的天常常是蓝蓝的，天空下白云飘动是那样的圣洁、美丽。四周的大山顶上终年积雪，白雪皑皑的山顶是那样的庄严而神秘。洁白的奶、蛋白的酥油、灰白的糌粑在他们心中打下了深深的烙印，因此他们特别喜爱白色，把白色作为一种吉祥物。

田中央放上一块白石，是神灵的替身，下种时先在白石的四周撒上种子，老者向神灵乞求风调雨顺，然后再开犁下种。修房时门窗刚安好，就在门楣和窗楣上放一些白石，求得吉祥和安宁。墙一砌完就在墙角的顶部放上几块白石作装饰和辟邪。在祭祀山神和水神的地方，放上一些白石，在树枝上挂一些哈达，表示对神灵的敬意。嘛呢堆的顶部放上一些白石，加强了嘛呢堆的神圣。塔的台梯上放一些白石，以表达对神灵的无限崇拜。对贵宾献以哈达表示热情和敬意。嘉绒人民喜爱象牙和海螺，这与象牙和海螺的稀有和它们都是白色有很大关系。嘉绒男子喜欢用白布做上衣，女子喜欢用白色的氆氇做百褶裙。

丹巴县格什扎俄落村古碉遗址中，出现数个巨大的白石，显然不是巧合，这也是白石崇拜的典型案例。

这种崇拜是来自于生活环境和生产生活中形成的一种心理和性格特征。

---

① 张永玉：《英雄崇拜与理想人格的重塑》，《教育评论》，1996 年第 2 期。

六、对日、月的图腾崇拜

日、月是人类接触最早，而又最为神秘的自然现象，当然也就成了人类最早又最普遍的图腾崇拜。嘉绒藏族对这种崇拜更为热烈，有很多神秘而优美的故事和传说，有很多祭拜的仪式和活动。

嘉绒藏族石碉楼外墙上都用石灰或白泥画上日、月组成的吉祥图案。灶房四周的墙裙上也画上以日、月为主的吉祥图案，每年“代如”之前都要重新描画。大嘛呢旗的旗杆上也用木板制作日、月图案进行装饰。嘉绒藏族的碉房一般都是坐西向东或坐南朝北，想方设法都要面向太阳升起的方向。在平日的煨桑活动中也充分表现了对太阳的无限崇拜，早晨太阳刚刚升起，老者就开始面向太阳煨桑祈祷。下午也是太阳刚刚落山就开始煨桑祈祷。嘉绒妇女的桃花头帕上也有太阳、月亮图样。在纪念阿尼各尔东的节日“代如”中，用麦面制作太阳、月亮、星星的图腾同阿尼各尔东的像和武器图腾供奉在一起。

七、猎神崇拜

嘉绒狩猎者普遍有猎神信仰。他们供奉的猎神有娃娃猎神、五猖、梅山和单纯的猎神。这些猎神信仰，因地方又存在差异。邻近汉区（康定金汤、鱼通、孔玉、泸定，雅安跷碛）和与汉族杂居的嘉绒山民供奉五猖、梅山的居多；嘉绒聚居区（丹巴、大小金川）多供奉娃娃神和单纯的猎神，并且这几种猎神信仰有时交融在一起，难分彼此。

娃娃猎神，是四个小孩子，两个穿绿衣，两个穿红衣，一般都是木头雕像，其神态顽皮，栩栩如生。传说这四个孩子本是孤儿，衣食无着，行将冻饿而死，后来天神收养了他们，并教授他们狩猎技艺。于是四个小孩子不仅活了下来，而且凭着精湛的狩猎技艺声名远扬，并被上天封了神位。嘉绒狩猎者对待娃娃猎神的态度，完全像人们日常生活中挑逗戏弄小孩子一样，其口吻也多是调侃的。比如，今天某打山子（嘉绒藏族对猎人的称呼）

要上山打猎，他会对着娃娃猎神的牌位说："小娃娃们，今天跟我一块儿上山放狗（打猎）去，保佑我打到菜根子（猎物），我吃肉，请你吃卵米子（睾丸）。"用嘉绒藏族的话说："在家如父母，出门如兄弟。"在供奉娃娃猎神时，猎人常将捕获的盘羊的角、野鸡的头、獐牙、獐下颌骨等置于神龛上。他们认为这些东西既好看，又好玩，最讨娃娃猎神的喜欢。供奉娃娃猎神的猎人上山狩猎，如果捕获到獐子，并取得麝香，则必须要杀一只大红鸡来祭猎神坛位。具体做法是，采下几羽公鸡羽毛，沾鸡血后贴于猎神牌位的神龛横木或岩石上。也有供猪头肉来祭的。

嘉绒地区供奉猎神都有一个规矩，即所供奉猎神的神龛必须低于自家房屋的屋脊，而且猎神神龛不能置于自家房屋附近，决不能将猎神供奉于家中。据说猎神很小气，稍有不慎冒犯到它，猎神便会兴风作浪，危害家畜。所以嘉绒山民常将猎神供在离家一里远的山崖洞中，或在离住所畜圈较远的空地搭一小凉棚以供之。上山狩猎，嘉绒猎人常将獐子的下颌骨作为猎神的附着物，钉在帐篷内祭祀，如帐篷拆迁，则必须将獐下牙颌骨取下，置于火中烧掉。

嘉绒藏区迎请猎神分为两种：一是请供，如某人想供猎神以助猎物丰收，便到老猎人或端公（巫师）那里拜弟子，请求赐予他密咒及法术，经老猎人或端公同意后，请供猎神的猎手必须在家中静坐七七四十九天，诵念法师教与的咒语。咒语大意是表明请供者皈依猎神的诚意，乞求猎神显灵助猎。猎人每念四十九遍咒语，烧一次纸钱，念满一个月，烧一次架码钱（将纸钱一组对角折合）。在念咒期间，请供者忌食酒肉，忌沾腥臊之物。如此四十九天后，请供者立的猎神牌位便有了灵验。另外一种迎请猎神的办法是偷供，藏族认为偷来的猎神最为灵验，但事先必须打卦，请问被偷猎神的意愿，如看卦相，猎神答应，则迎请者便可径自去偷请，嘉绒山民认为如此偷到的猎神可保偷请者一家六畜兴旺，上山捕猎也会一帆风顺，丰收不断，如若看卦相，猎神不愿移动神龛，则后果不堪设想，猎神会惩罚偷请者。

嘉绒藏民的猎神信仰，由于地处多民族融合聚居区，不仅有本民族土生土长的成分，而且也吸纳并发展了羌、汉、彝等民族的狩猎文化，这也决定了它的复杂性和典型性。

图腾崇拜是藏文化的中心，原始宗教的祭祀和巫术活动都是围绕着图腾来进行的。巫师进行巫术活动，必须利用图腾来进行。形成图腾的原因很复杂，是人类社会初级阶段对自然现象认识的遗存，有认识上无知的因素，更多的有思想情感的因素。

第二节　对自然物的崇拜

一、云彩

嘉绒藏族喜爱用云彩组成各种各样的图案来装饰房屋，龙和山的图案中都要以云进行衬托，除房屋装饰外，在器皿的装饰上也经常运用云。唐卡上，云是不可或缺的自然物。

对云的崇拜与对天的崇拜相联系，云是天的一个组成部分。晴天、阴天、雨、雪、雷、电、冰雹都由云的变化而形成，云也是不可捉摸的，云的变幻也是一种神灵在起作用。人们把彩虹也归到云的范畴中，彩虹也是一种吉祥物。

二、水

水由于与人们生活的紧密联系，动物生存的需要，植物生长的必须，嘉绒人也特别崇拜水。山泉的源头都设有石砌小塔，塔上放置有白石，插有嘛呢旗，近旁的树上也挂有各色嘛呢旗。河边、海子边都设有煨桑的地方，都放置有白石，遇天旱，人们都要到这些地方煨桑求雨。春节大年初一黎明前，人们都要去背一桶水，认为这一天天亮前背的这一桶水是圣水，可护佑一家人一年平安。

三、哈达

嘉绒藏族最崇尚的礼品是哈达，献哈达是最为隆重的礼仪，洁白的哈达给人一种圣洁祥和的感觉。哈达崇拜与白石崇拜有一定的联系，实际上都是白色崇拜的载体。白是最单纯最原始的一种色彩，这与嘉绒藏族的生存环境和生活方式有很大联系。嘉绒藏族生活在高原大山之中，蓝天上飘动的云是白的，山顶上的积雪是白的，牛奶是白的，酥油是白的，盐是白的，因而特别喜爱白色，把白作为一种吉祥的色彩，嘉绒人喜爱的马是白的，作为图腾的狮子是白的，固定的用白石作吉祥物，活动的用哈达作吉祥物。

哈达崇拜与水崇拜、云崇拜有一定的联系，哈达的轻飘像白云，哈达托于手上的流动似水，因而在哈达上也凝聚着多种自然崇拜。

四、孔雀、白马鸡、金鸡

嘉绒地区孔雀、白马鸡、金鸡是主要的吉祥鸟，它们经常被用来装饰家具和器皿，墙裙上也喜欢画它们的形象。它们也经常在民歌和锅庄歌词中出现，形容和比喻美好事物。

近现代在嘉绒地区是没有孔雀这个动物的，但人们对孔雀的概念并不模糊，其形象是鲜明真实的。这受惠于外地的影响和传统形成的认识。孔雀的尾毛插在瓶中放置于神龛上供奉和欣赏。嘉绒锅庄中有一酒舞很盛行，它是以孔雀饮水为原型进行创作的。酒歌中也有颂扬孔雀的，民歌中经常以孔雀比喻美女。

白马鸡生活在嘉绒地区的大山林中，对白马鸡的崇拜与白色崇拜有关系。嘉绒传统藏戏中，军士的头盔都要插白马鸡毛，在历史上嘉绒军士的头盔上即插白马鸡毛，以鸡毛的多少来区别将士的等级。

金鸡是嘉绒地区鸟类中色彩最丰富、体型也很美观的一种，因而就成了鸟崇拜的主要对象之一。

对鸟的崇拜与对天的崇拜是紧密地联系在一起的，天是神秘的，鸟能在天空中飞行也是神秘的。天是神界，能在天空中飞行的鸟也就成了神。对鸟的崇拜而产生了对蛋的崇拜，嘉绒地区的神话传说和民间故事中的不少英雄人物和神，一般都不是母体所生，而是从天而降，或是从大海中升起，或是从蛋中变出。把蛋同天、海同等看待，这更加强了对鸟的崇拜。

五、柏桠、青稞、格桑花

嘉绒地区笃信苯教，苯教认为万物有灵。植物给大地带来生机，是人类生存的基础，因而对植物也极为崇拜，对植物崇拜的吉祥物主要有柏桠、青稞、格桑花。

对柏桠的崇拜，是对树的崇拜。柏树枝是煨桑的主要材料，寺庙和人户都经常备有，从不短缺。柏桠还用来调节空气，遇有什么恶浊的空气，烧上一点柏桠可调节空气中的气味。遇有一些小病也要烧上一点柏桠去病。柏树有很重的树脂，解放前不少地方用它来照明。在敬山神和水神的地方，都要种上一些柏树。

青稞是谷物崇拜的吉祥物，供奉在菩萨面前的谷物中大量的是青稞，配以少许的杂粮。煨桑时烧的谷物也主要是青稞。嘉绒地区是一个农业区，农作物的品种很多，青稞也不算主要作物，但人们还是青睐于青稞磨炒的糌粑。

格桑花是花崇拜的吉祥物。气候温和，适宜植物生长的嘉绒地区，花的品种很多，格桑花也不是花中最美的，但格桑花那金黄的颜色是嘉绒藏族最喜爱的颜色之一。嘉绒藏族除喜爱白色外还喜欢红色和金黄色。这与他们信仰的藏传佛教有很大的关系。寺庙的装饰中红色和黄色最为耀眼夺目，喇嘛的服装也以红色和金黄色为主，嘉绒地区的自然环境中配以红色和金黄色才最鲜艳。

格桑花的崇拜又与嘉绒地区的宝物崇拜相联系。金子是宝中之宝，格桑花的颜色与金子的颜色相一致，这又增加了格桑花的珍贵感。

六、红珊瑚、金、银

嘉绒藏族对宝物崇拜极强烈。红珊瑚、金、银是宝物崇拜的吉祥物，在嘉绒人眼中的金和银，首先是它们的宝物价值，然后才是他们的货币价值。

红珊瑚作为吉祥物，含有对水的崇拜、对色彩的红色崇拜、对宝物的崇拜。这是由它的生长环境、色彩和稀有决定的。嘉绒藏族喜欢用红珊瑚做项链，盛装时在胸前挂上数串红珊瑚项链。在头饰、胸饰、腰饰、首饰、耳环上都要嵌以红珊瑚。在寺庙中佛像雕塑的头饰、臂饰、腰饰、靠背、宝座及灵塔上都要嵌以无数的红珊瑚。寺庙乐器的装饰上也要嵌上一些红珊瑚。有的寺庙还供奉有红珊瑚树。

红珊瑚崇拜也是水崇拜，红珊瑚生长于海中，海是水汇聚的地方。海是神秘的，海中的生物都带有灵气。

金由于它的贵重和美丽的色彩，成为嘉绒藏族最为崇拜的吉祥物。在银质的头饰、胸饰、腰饰及银质马鞍器物中都要用金进行点缀，金属铸制的佛像，表面都要镀上一层金。用金制作的佛像是最为宝贵最为灵光的，用金汁书写的经文为最宝贵的经书，在唐卡和壁画上用金钩线和用金画装饰物。

银子是嘉绒地区最为普遍的宝物吉祥物，银子作为吉祥物使用非常广泛，喜欢用银制作各种装饰品，用银制作各种器皿，用银装饰各种器物，用银制作各种宗教用品，用银打制活佛灵塔，用银装饰宗教乐器。银腰带是嘉绒妇女最喜爱的用品。用银色来形容景物的美丽。用银器接待客人是待客最隆重的礼节。

苯教在嘉绒地区的传播很广很深，自然崇拜也就非常流行，后来虽然有藏传佛教的传入，苯教在嘉绒的势力仍很强大，藏传佛教为了求得生存不得不吸收一些苯教的仪轨，自然崇拜是主要的，自然崇拜的表现形式是多种多样的吉祥物。

第四章　嘉绒藏族的人生礼仪

人生礼仪属于民俗学范畴的社会民俗事象，“在人的一生中，在不同的生活和年龄阶段所举行的不同的仪式和礼节”[①]。在世界范围内，许多民族都有各自的人生礼仪。藏族人在其一生中，也有许多重要的关口需要面对，这就牵扯到人生仪礼的问题。人生礼仪是指人在一生中几个重要环节上所经过的具有一定仪式的行为过程，主要包括诞生礼、成年礼、婚礼和葬礼。它是一种世俗仪式，一般又称为“通过仪式”，也就是帮助个人通过种种生命过程中的“关口”，使之在自己的心理上以及与他人的关系上能顺利达成。在同一民族中，往往因受远古文化的影响，受邻近其他民族的民俗文化的渗入，也会表现出自身强烈的地域特色，嘉绒藏族的人生礼仪便是如此。

第一节　男性的诞生礼

诞生礼居于人生四大礼仪之首，是人从所谓“彼世”到达“此世”时必须举行的一种礼仪。它作为人类社会生活的重要内容，涉及许多文化现象。几乎每一个民族都传承着一套与妇女产子、婴儿的新生息息相关的民俗事象和礼仪规范。一个婴儿刚一出生，还仅仅是一种生物意义上的存在，只有通过为他举行的诞

---

① 陶立：《民俗学概论》，中央民族学院出版社，1987 年，第 200 页。

生礼仪，他才获得在社会中的地位，被社会承认为一个真正意义上的“人”。

嘉绒藏族的诞生礼多是和当地的古碉与人们的尚武精神联系在一起的。嘉绒藏族在清乾隆以前，这种礼仪十分普遍，而且非常隆重。凡家中添丁进口，便开始挖基动土、备石、备泥、伐木，准备修建碉楼。同时，还将一块毛铁埋在碉楼旁的地下。届时，村寨内左邻右舍、亲朋好友都要来帮忙，主人会拿出自酿的咂酒、猪膘肉来款待来客。客人来到主人家，一是帮忙开挖碉楼地基，备石运泥；二是庆贺主人家喜得贵子。作为主人，一是为通告四邻，家中有了继承人，并为继承人举行诞生礼；二是凡当地修房造屋，都有换工的规矩，自然得按照惯例邀请邻里乡亲前来帮忙，以后，待别家举行男丁诞生礼仪或修房造屋时，以相同方式进行换工。在开挖碉楼地基和埋毛铁时，也免不了延请当地的“贡巴”[①] 或喇嘛念经、作法事，进行烟祭等，一方面为男婴的诞生祝福、祈祷；另一方面是碉楼建造时必需的宗教仪轨。

第二节　成年礼

一、男性的成年礼

在世界各民族的“人生礼仪”中，“成年礼”（亦称“成丁礼”）是一个相当重要的礼仪，通过了这项活动就表示由儿童跨入了成年人的门槛，成了正式的社会成员。不少民族在这项礼仪活动中，把改变发式作为很关键的一个程序。成年礼，既是未成年人的社会化过程之重要一环，也是社会和神灵对他们进行规范化、符号化的过程。其目的是为了让年轻人拥有正式社会成员的标志。

嘉绒藏族的成年礼并非待到成年时才进行，而是有一个相当长的过程。当男孩长到 1 岁时，碉楼就修筑一层，同时还将在地

① 当地民间的宗教职业者，相当于巫师。

下的毛铁掘出，延请铁匠锤炼一次，然后再埋入地下。男丁每长一岁，碉楼就增高一层，埋在碉楼旁的毛铁依然得掘出锤炼一番，直到男丁长到18岁，毛铁锤炼18次并制成钢刀。此时，便要为成年男丁举行隆重的成年礼。礼仪在碉楼下举行，乡亲们都要来参加，由本村寨德高望重的长者将制成的钢刀赐予成年男丁，男丁得当众登上已建成的碉楼，并向众神佛、长辈祈祷。成年男丁经过成年礼后，便可结婚成家立业。

清乾隆年间，清廷曾两次用兵大小金川，碉楼在火炮等热武器的攻击下，失去了早年坚不可摧的作用和功能后，逐渐退出了历史舞台。之后，这种习俗便也逐渐消退，成为历史。

二、女性的成年礼

嘉绒藏族女性出生一般不举行诞生礼，但成年礼却十分隆重，并且一直延续到现在。丹巴男性的成年年龄为18岁，女性的成年年龄为17岁，便成为一种成年的年龄界定。而公示的方式分别采取各自的成年礼。

嘉绒藏族女子的成年礼一般以自然村落为单位，举行的时间一是需请喇嘛或贡巴择吉日，二是需在农闲的时候。参加成年礼的成年女性不等，可集体，也可单独举行，其原则是女子必须足17岁；若已足17岁，吉日与农事繁忙，也可延期。

成年礼当日，村民们和亲朋好友都聚集到碉楼下。参加成年礼的女子一大早就得梳洗打扮，梳辫十分讲究，前额左右须各辫三条细发辫，额际系一道由珊瑚和绿松石镶嵌、中有一颗大蜜蜡，形似发箍的珠宝带，头顶上两辫交盘，上面串满了由金、银制作，并镶有珊瑚、绿松石、蜜蜡的发箍；两辫交盘的发尾须缠绕在脑后一根长40余厘米、粗约3厘米的发簪[①]上，此为女子成年礼上所必戴的标志性饰物。双耳坠耳环，项系为数不等的珊瑚、玛瑙等珠串；身着盛装，光彩照人。当参加成年礼的女子来到人们中间，由村中德高望重的长辈作主持，宣布礼仪开始。当

① 即内地所称的“笄”。

桑烟袅袅时，人们共同向成年女子祝福，主持人、成年女子父母或亲属分别向成年女子献哈达，成年女子也分别向主持人和父母回敬哈达，同时，分别向主持人、父母、亲朋好友敬酒。礼仪到高潮时，人们便时而男女排开对歌，时而围起圆圈，跳起锅庄，尽情欢娱。

嘉绒藏族在其发展演变过程中，形成了自己独特的人生礼仪民俗。嘉绒人十分讲究人生礼仪，对于新生儿的诞辰、出门和取名等等，都有一套自己的礼俗。

第五章　嘉绒藏族的民俗文化之一

民俗，即民间风俗，指一个国家或民族中广大民众所创造、享用和传承的生活文化。它起源于人类社会群体生活的需要，在特定的民族、时代和地域中不断形成、扩大和演变，为民众的日常生活服务。民俗是人民传承文化中最贴近身心和生活的一种文化——劳动时有生产劳动的民俗，日常生活中有日常生活的民俗，传统节日中有传统节日的民俗，社会组织有社会组织的民俗，人生成长的各个阶段也需要民俗进行规范，在人的精神意识领域也有民俗。嘉绒藏族在其历史形成过程中，也形成了自己独特的民俗。

第一节　高碉文化

嘉绒藏族的先民，即前身——嘉良夷，是古碉文化的缔造者之一。早在古蜀蚕丛时代，岷江上游就出现了石碉建筑的雏形；嘉绒藏族部落之间战事频繁，是这种具有军事防御功能的石碉建筑存在与发展的社会基础。高碉最早见于史籍是《后汉书·西南夷列传》，《隋书·附国传》记载说："土俗与附国同，言语少殊，不相统一"，"无城栅，近川谷，傍山险，俗好复仇，故垒石为巢而居。其巢高至十余丈，下至五六丈，每级丈余，以木隔之。基方三四步，石巢上方二三步，状似浮屠。于下级开小门，从内上通，夜必关闭，以防贼盗”。[1] 这种建筑在《后汉书·西南夷列传》中称为“邛笼”，后为嘉绒藏族所继承，称之为“碉”或“高碉”。可见，在公元6世纪的隋朝，嘉绒藏族就以擅长建筑高碉而著名，高碉成为其文化特征。在隋唐文献中，还因其嘉绒先民垒石为居而造会意字“碟”：“嘉良夷……俗好复仇，故垒石为碟而居，以避其患。其碟高至十余丈，下至五六丈。”[2] 由此而来，学者指出：“中国之碉，仿之四川，四川之碉，仿之嘉绒。”[3] 古碉是中国西南地区分布的一种塔式多层乡土建筑形式，[4] 具有鲜明的民族文化特征，嘉绒藏族缔造的古碉，已经引起当地有关部门的高度重视，目前正在积极申报世界文化遗产。有的已经被列为国家、省级重点文物保护对象。如位于丹巴县中坡乡等地古碉群，在2006年6月已经被公布为国家重点文物保护单位，金川曾达碉、壤塘宗科乡日斯满巴碉楼、马尔康松岗碉为省级保护单位，受到保护，说明了嘉绒古碉的巨大文化价值。

据调查，嘉绒地区的高碉形式多样，功能齐全。按其形状可分为四角碉、五角碉、六角碉、八角碉，最多的达十三角，其中以四角碉最为普遍。四角碉多为正方形，五角碉为四角碉的变体，即在四角碉四面的某一面增加一角，以支撑该墙面，防止碉身倾斜倒塌。六角碉、八角碉的内部皆为圆形。从使用的建筑材料上大致可分为石碉、土碉、土石碉三类。若从功能分类看，大致可分为家碉和寨碉两类。家碉以户为单位，依房而建；寨碉以村或部落为单位，一般建于道路要塞、山梁高处。寨碉又根据其作用可分为战碉、官寨碉、界碉、风水碉、烽火碉、要隘碉等类型。而民间则又有房中碉、经堂碉、阴阳碉、姊妹碉、公碉、母碉等称谓。

---

① 《隋书》卷60《附国传》。

② 《隋书》卷60《附国传》。

③ 马长寿：《嘉绒民族社会史》，原载《民族学研究集刊》第5期，1944年10月。此据周伟洲编《马长寿民族学论集》，人民出版社，2002年，第130页。

④ 多尔吉（德泰·多尔吉）：《嘉绒藏区碉房建筑及其文化探微》，《中国藏学》1996年第4期。

战碉是现存古碉中最常见的一种，多修建于寨内及附近出入村寨的要道旁、交通要隘、渡口、关卡等地，是一种军事防御性建筑。碉的底层一般用于战时储藏粮食及各类物资，二层以上均建有战争所需的瞭望、射击孔。战时由内向外，居高临下，易守难攻，是古代战争中最有效的军事防御工事。清乾隆年间，两次金川战役久战不胜，就是为此类战碉所阻。据史料，金川战役结束后，清中央政府为了预防类似战事的发生，曾将金川地区的部分嘉绒人押解进京，强令其在北京香山修建了一批仿嘉绒战碉，供清兵演练攻碉战术，目前香山仍保留有几座当时的碉。

官寨碉是专为土司、守备修建的，一般建于土司官寨、土屯守备衙署内或附近；个别建于官寨主体建筑一侧，与官寨主体建筑连为一体，且内部相通。官寨碉一般为两个，以相互呼应。官寨碉既是土司、守备权力的象征，也是土司、守备平时祭祀神灵和占卜的神坛，战争时又是其土司官寨成员的临时避难场所。

烽火碉和要隘碉，一般都建在视野十分开阔的山梁或谷岔口、要道旁，以作为警戒用。倘若发现紧急情况，便可以烽火为号，以便及时通报，避免因遭突然袭击而措手不及；抑或可向友邻寨落发出求援信号，及时予以援救；若有战事发生，烽火碉和要隘碉便成为第一道防线，直接投入防御战之中。

界碉一般建在部落与部落、土司与土司，或是村寨与村寨之间自然分界线不明显的地方，作为界标，以避免边界争端或纠纷。

风水碉即用于驱邪镇魔之碉，仅见于八角碉一种类型。风水碉一般很少，往往一个村寨，或是一个部落、一个土司辖区内只建一座。

若按碉的所有者划分，又可分为寨碉和家碉两类。

家碉，就是以一户人（一个家庭）为单位修建的碉。修建碉的一切支出（含投工投劳、费用物资等，投工投劳是在村寨的人户与人户或亲戚与亲戚之间所采取的换工形式）均由这个家庭承担，古碉一般与家居房屋紧连，所有权归建碉户所有，平时多用以家庭的物资储藏和防卫。若发生大的战事，才投入到集体的防卫与战斗中去。

另一类为寨碉。寨碉一般以部落、土司或村寨为单位修建。修碉时由部落首领、土司或寨首发布命令，在其所辖范围内择地形而建，建碉的投工与经费、物资全部由集体共同承担，碉修好后由部落首领、土司或寨首指派辖区内的寨民坚守。寨碉可以划分为若干功能的碉，如界碉、战碉、风水碉、烽火碉、要隘碉等。在寨碉中，多数碉一碉多能，有的既是战碉，又是烽火碉和要隘碉。个别的寨碉则功能较单一。

寨碉为村共有，家碉是一个家庭或一个家族为了自己的安全，在毗邻住房或住房附近建造的碉。在过去，大多数地区拥有家碉的仅限于土司、头人，或有钱人。

在一个部落、一个土司或一个村寨区域内，由若干座家碉和寨碉有机地组合在一起，便成为高山峡谷地区抵御外来侵扰的一个完整防御体系，一座古碉就是一个火力点，若干古碉便形成一片火力网，在冷兵器时代，因古碉坚不可摧，易守难攻，故有“一夫当关，万夫莫开”之奇效，其防御性和战斗性均能得以充分体现。千百年来，因袭相传，久盛不衰。

至于民间所称的房中碉、经堂碉、阴阳碉、姊妹碉、公碉、母碉等，均可归入家碉和寨碉两类之中。这些古碉名称的来源有的与当地民俗事象有关，有的则还有相应的传说故事。

丹巴是嘉绒藏区中高碉文化最为发达的地区。各种形式、各种功能的高碉，几乎都能在这一地区找到。丹巴也是目前古碉数量最多、分布最集中、保留最完整的地方，其数量在全国居于首位。有“高碉的故乡”“千碉之国”之称。丹巴人对高碉的钟爱也远远胜于其他各地。据调查，在丹巴的中路和梭坡两乡有一特殊风俗，“凡本地人，家里只要生了男孩，就开始为其建碉，如果男孩长大成人，家碉还未修好，就不能结婚成家”。所以，在当地几乎是户户有碉。且几乎稍古老一点的房屋，都有一碉耸立其旁。

各种古碉的修建技术基本相同，均先掘取表土坚硬的深土层，平整地基后便开始放线砌筑基础，再逐层向上修砌。其建筑材料全部取自当地的天然石料、黏土以及木材。修建古碉时，砌筑工匠仅依内架砌反手墙，全凭经验逐级收分。有的古碉一般砌至1.40米—1.60米，即要进行一次凿平，然后用木板平铺作墙筋，以增加墙体的拉结力，增强墙体的稳固性，防止墙裂，有的古碉则看不出加筋痕迹，而是在砌筑过程中，特别注意墙体交角处石块的安放，这些石块既厚重，又颀长，俗称“过江石”，以充分保证其墙体石块之间的紧密咬合程度。其余部分，则十分注重石块摆放的平整度。还要注意上下和内外石块之间的错位，禁忌对缝，细微空隙处则用小石块和黏土填充，做到满泥满接。在古代，修建古碉时，无论是家碉还是寨碉，均需集体出工，众多人手才能完成。家碉修建时所需的人手，通过换工来实现；而寨碉修建的人手则由部落首领或土司指派而定。男性一般承担砌筑墙体，上山砍伐木料、备运石料等技术性强和重体力劳动；女性承担备、运泥土，背水、和泥等辅助性劳动和杂务。一座古碉，少则数月，多则数年才能完成。古碉一般高二十余米，最高者达五十米，内部一般有十余层到二十余层。碉的入口处一般都高开大约一层楼的高度，当战事发生，人们通过独木梯进入碉内时，则独木梯收入碉内，碉门紧闭，敌方是很难进入碉内的。无论哪种形状的碉，各层都预留有射击孔，射击孔呈喇叭形，外狭而内宽，一来便于碉内弓箭手的射击，二来可以较为有效地防范攻碉之敌和缩小射击目标。在古碉的中部和上部还开有几个形似底层的碉门的孔洞，估计可能是碉内防卫人员的投石孔，同时也可以作为碉内人员的紧急出口。

嘉绒藏区有记载的与存世的古碉，数量巨大，类型复杂，分布地域广泛。嘉绒古碉具有鲜明的民族文化特征，具有战争、通讯预警、储藏、土司官寨、信仰、界线等多种功能和用途，集中反映了藏羌地区在当地的自然条件下从古到今的民族、社会、政治、经济、军事、文化、宗教、民众心理、建筑艺术等各方面的变化，被赋予了内容丰富的文化观念，因而又可称为“文化空间”，有着宗教文化信仰及艺术美学、科学、社会学、历史学、民族文化交流史、中国乡土地理、建筑史等方面的重要价值，成为记录这些时代藏羌地区各族人民生存状态难得的历史文化遗产。

古碉是在藏族本地居民的建筑基础上发展起来的，具有浓厚的民族特色和丰富的文化内涵。石砌及石结构的古碉建筑在中国古建筑中独领风骚，也是世界古建筑中的一朵奇葩，创造了中国乃至世界石室建筑、设防民居的奇迹，在“世界屋脊”的青藏高原上竖起了一座人类文明的丰碑，体现了嘉绒藏族高超的建筑技术与艺术水平。古碉群保存至今，是嘉绒藏族的建筑文化遗产，也是嘉绒藏族石砌建筑技术的非物质文化遗产。如今古碉已成为嘉绒藏区标志性的人文景观，与当地的自然生态人文社会融为一体，不可分割。

千百年来，古碉与嘉绒藏族同呼吸、共命运，成为当地藏族民众生产、生活中不可分割的重要组成部分——民俗事象。这些民俗事象有的原来存在，但在近代古碉的功能退出历史舞台后逐渐消失；有的却一直伴随着遗存下来的古碉，而至今犹存。这些民俗事象，有的已经成为历史之谜，但却会勾起人们的无限遐想；有的又明明白白在昭示人们：去了解过去的未知。现在古碉多已作为房屋的一部分，它们见证着日常生活与英雄叙事之间的关系。在嘉绒藏族历史上，生活与战争从来都是一体的。各个家碉之间，组成一个错综复杂而又彼此呼应的军阵。在冷兵器时代，碉楼丰富了村庄的意义，使它们变成雄关险隘，变成征讨者无法逾越的屏障。

伴随着高碉文化，嘉绒藏族的民俗文化，基本可以分为饮食民俗、服饰民俗、宗教信仰、居住民俗、婚姻民俗、生育民俗、葬俗、节日民俗、游艺民俗等9项民俗事象，内涵十分丰富。

第二节　嘉绒锅庄[①]

嘉绒锅庄起源于公元8世纪，是史书中最早见诸文字记载的

① 多尔吉：《说说嘉绒锅庄》，《中国西藏》，1993年第2期。

藏族舞蹈。据金川饶旦土司《土司志》所记：赞普赤松德赞执政时期，为庆祝苯教雍仲拉顶寺落成，组织民间歌舞表演。这个民间歌舞，就是寺庙附近的金川民间锅庄。在清代史书中对嘉绒锅庄有更详细的文字记录。

由于人们居住集中，其娱乐方式自然具备群体性。群体而歌，群体而舞，这种形式便是今人称之为的“嘉绒锅庄”。远古时期，人们要靠群体的力量才能生存，因而血缘、姻亲构成了社会的基层单位，人们共同狩猎、采摘，共同分食，每遇丰盛的猎物、果实时，人们围着篝火或烧有陶锅、陶罐的锅庄（三块石头顶一口锅）起舞欢唱，这种形式便称为“锅庄”。如今已演变为广场舞，场中有的燃烧篝火，有的摆放酒坛，其形式仍是圆圈舞。

嘉绒锅庄过去又称四土锅庄（过去人们称嘉绒地区为四土地区）。“四土”指今天马尔康县境内的梭磨、卓克基、松岗、党坝四个土司管辖地区，故人们称嘉绒锅庄为四土锅庄。历史上它曾一度与“西藏歌舞”“甘孜踢踏”“巴塘弦子”并列为我国西藏和其他四省藏区四大舞种。嘉绒锅庄源于苯教时期，苯教传入阿坝大约是公元 2 世纪，即吐蕃第九位赞普布德贡甲时代（东汉顺帝时期），由苯教始祖六大嗣承之一的汉族译师勒当芒波传来。

嘉绒锅庄主要流行于阿坝州的马尔康、金川、小金、理县米亚罗及黑水部分地区（州外还有雅安宝兴县、甘孜丹巴县）。嘉绒锅庄俗称“达尔尕”，系嘉绒地区最古老的一种民间娱乐形式。其歌词内容主要包括嘉绒民族的生息发展，历史上的各种征战，区域版图的变迁，以至四季气候的变化，春播秋收的时间，生儿育女的贺喜，男女之间的调情，修房造物的欢庆，等等。由于嘉绒人无文字，文字随佛教传入时，也仅为少数上层人物及僧人喇嘛使用，因而嘉绒人用嘉绒语作为相互交流的工具，用“达尔尕”来传递相互间的感情及信息。关于嘉绒锅庄的社会功能，早在清同治十三年（1887）的《章谷屯志略》中就有记载：“每逢喜庆辄跳锅庄，自七八人至一二百人，无分男女，附肩联臂绕径而歌，所歌者数十百种，首尾有定局，其中所歌在人变换之巧拙，其语有颂扬者，有言日月星辰者，有论阴晴风雨者，又念稼穑之艰难者，有谓织衽之辛勤者……有男女相爱欢悦者，有互相赠答者，有互相讥讪者……”千百年来嘉绒藏族世世代代以锅庄为乐，以锅庄为伴，人们在锅庄中倾注了他们的感情，喜、忧、悲、苦以及欢乐和希望。可以说“达尔尕”是嘉绒藏族生活中的百科全书。

由于封建农奴制社会等级观念相当严重，那些所谓达官显贵在公共场所出现，老百姓都要弯腰躬身相迎，不能目视，只能唯唯诺诺，毕恭毕敬，久而久之，这种形体动作被带入锅庄律动之中，加之大型集会都有土司、头人参加，因而嘉绒藏区几乎所有锅庄都有共同特点，即上身前俯，弯腰，双腿微曲，出现前靠后蹲的动作，双手胸前摊掌，男女舞姿端庄、含蓄和虔诚。嘉绒锅庄分为“达尔尕底”（大锅庄）和“达尔尕仁”（小锅庄）两种。

大锅庄是在一定范围、一定场合，有专人组织、专人编制而进行的一项带有敬仰崇拜意味的歌舞形式。其属于礼仪性和颂扬性舞蹈，主要在迎送达官显贵、活佛高僧，并于重大节会时表演。表演时整个舞蹈场面人多，气势壮阔。表演习俗是，过去由僧人焚香净场，或由村寨中德高望重的长者致颂词后，男女舞队按班辈而立，随着手拿串铃的领舞者，先歌后舞，随着歌唱的节拍，顺圈而舞。舞蹈程序是，先跳一段颂扬喜庆的舞，然后跳颂扬土司头人、达官显贵以及祝贺寺院官寨、房屋修建落成的舞蹈，最后在祝吉祥如意的舞蹈中结束。大锅庄边舞边唱，曲谱受形体与律动的影响，旋律要随着舞蹈的庄重而严肃，韵律要随着舞蹈的情绪而伸缩，所以节奏多以八分音符和四分音符节奏的轻、重、缓、急作为推动舞者的情感动力，整个舞曲给人抑扬顿挫、铿锵有力的感觉。

与大锅庄不同，小锅庄的形式则带有随意性，它是嘉绒先民们用以抒发思想感情，消除沉重劳动带来的疲劳和痛苦的舞蹈。流行于整个嘉绒地区，其中马尔康、金川、小金、理县米亚罗地区最具特色。小锅庄不拘时间、地点，属于民间自发性的娱乐活动，最能充分体现藏民的真实感情。歌词多以劳动、生活、爱情及自然风光、飞禽走兽、花鸟虫鱼等题材为主。只要有 2 人以上，便可相向而舞，举手投足间，人生的得失成败、功名利禄如过眼的云烟，唯有善待生命、知足常乐留驻心间。小锅庄热情奔放，主要表现男女之间的喜悦之情，因而其唱腔曲调多体现在轻松明快方面。小锅庄内容丰富，形式多样，以娱人娱己的特有功能覆盖了嘉绒藏区的村村寨寨。

“达尔尕仁”是劳动群众创造的艺术结晶。“达尔尕底”便是在此基础上发展形成的，可见舞蹈历史之悠久。达尔尕底的舞蹈动律与达尔尕仁有相同之处，这是由于“得夏”将民间舞蹈按一定程序编排后而形成了“达尔尕底”，两种舞蹈虽有相似的特点，但因内容和形式的不同，故在舞蹈风貌上又各具自己的特色。新中国成立后，劳动群众成了国家真正的主人，这种舞蹈更为广大藏民所喜爱。“达尔尕仁”最能充分体现藏族人民的真实感情，表演时，歌词与舞蹈为间接的关系，但也有直接的联系，例如《莫雅切桶》（孔雀戏水）在舞蹈中就有大量的模拟孔雀嬉水的动作。“达尔尕仁”表演时，由于没有封建礼仪的束缚（小锅庄一般在没有尊者长辈在场时表演），因而青年男女尽情地欢跳，有的甚至通宵达旦。

1. 大锅庄的分类

大锅庄是嘉绒锅庄的主体，内容极为丰富，大体上可以分为以下几类

（1）歌颂家乡

嘉绒藏族同其他民族一样，特别看重自己的家乡，各地都有歌颂自己家乡的锅庄，把家乡描绘得无比美丽可爱，如：歌颂松岗的《仁呷玻让》，歌颂草灯的《这里这公》等。对家乡的崇拜中含有一种对祖先的崇拜、对神灵的崇拜，带有一定的宗教色彩，与一般的乡土观念有联系，但有很大的提高，富有神圣性。

（2）对美好生活的颂扬

嘉绒藏族受宗教思想的影响，对物质生活的要求并不高，希

望生活和平、安宁、祥和。认为人来到世上一切遭遇都是神安排好的，对财富的来源则讲究用正当的劳动去获得，一切不义之财不去贪图。在锅庄中颂扬生活幸福美好的方面特别多，如《吉祥的日子》《拥青阿尔贡》等。对美好生活的颂扬总是与歌和舞及吉祥的祝愿连在一起，用歌和舞表示欢乐的心情，用吉祥来表示对未来的祝福，并常用金子、银子、珊瑚来比喻财富的丰富。

（3）歌颂山川大地

嘉绒人民对山和水有一种特殊的感情，有一种原始的自然崇拜。这里有对大地给予的一切的感激，有对大地神秘的崇拜，有从生产生活中产生的感情，有对神圣之物的崇敬，如：《色以染波朗》《罗玛依》等。并以海螺、象牙、珊瑚、金、银、花来形容山川的美丽富饶。

（4）歌颂上层人物和英雄人物

传统上，嘉绒锅庄中有不少歌颂土司头人的，土司头人中也出现过不少英雄人物，如带兵帮助西浦抵抗外来侵略的，带兵在虎门抗击英国侵略的头人阿木稚、哈里克等。对这些人物的歌颂是发自内心的，也有的是在土司头人的权威下人们违心地进行颂扬，也有的是人们在颂扬的背后另有目的。

但是，对麦尔多和阿尼各尔东等英雄人物的歌颂则出于单纯的敬仰，含有对英雄的崇拜和对祖先的崇拜。对他们的崇拜不但发自内心，还把他们理想化，把他们比喻为神仙下界，战无不胜，天下无敌的圣人。如：《郭东特青哈依贡烦索》和《德瓦拉戈》等。对宗教领袖的颂扬也是非常神圣的，如《贡塘却拉》就是颂扬甘肃拉卜楞寺的贡塘活佛的。

（5）歌颂爱情

大锅庄中歌唱爱情、小锅庄表现爱情，一个重于理性，一个重于情感。一个为各方人士所接受，一个只适宜于年轻人和平民百姓。大锅庄歌颂爱情的崇高、专一、神圣，宣扬爱情带给人的幸福和美好，如《扎西啦》和《斯甲波德基》等。

（6）歌颂其他美好事物

嘉绒藏族喜爱一切美好的事物，这在大锅庄中有充分的表现。他们歌颂大树，赞美优美的器物，赞颂格桑花。如《斜果克慬》和《朵尔足忠则》。《朵尔足忠则》是赞美瓷器的，是一个很有特点的锅庄，可以算是锅庄中的代表作，阿坝州曾根据这一锅庄创作了一个很有影响的舞蹈《欢乐的山寨》，获得过国家奖。

（7）两个独特的锅庄

大锅庄中有两个独特的锅庄《当波啦》和《牵多》。《当波啦》的主要特点表现在歌词，对一年十二个月每个月节令的特点、大地的变化、人们的心理都进行了简洁地描述，充分体现了在长期的生产实践中，人们对年历的认识，它与中国传统的阴历相一致，表现了嘉绒人民的智慧，对年历没有科学的认识是不能写出如此简练、准确而精美的歌词的。这一锅庄是嘉绒锅庄中最长的一个锅庄，跳这一锅庄有一定的难度，年轻人是很难掌握整个歌词的。

《牵多》的特点主要是在舞蹈上，突破了大锅庄的传统律动，加进了一些模仿鹰和孔雀饮水、戏水的表演，能充分体现舞蹈者的舞蹈才能和舞蹈功力。在大锅庄中，用身、手、嘴进行象形表演的独此一个。歌词具有祝酒歌的特点，算是大锅庄中带有激情的，制造热烈气氛的锅庄。

2. 小锅庄的分类

小锅庄是在大锅庄的基础上发展起步的，充实和完善了嘉绒锅庄，使嘉绒锅庄形式多样，内容丰富。小锅庄在舞蹈上的随意性，加强了嘉绒锅庄的民族性和地方性，在内容上大致可以分为：

（1）表现青年男女爱情的

嘉绒藏族自古以来就崇尚自由恋爱，民间文艺中就有不少表现爱情的作品。锅庄中，大锅庄主要歌颂爱情，小锅庄主要表现青年男女的情感，一般取材于男女间的求爱，相互欢闹等。在舞蹈的形式和歌词的唱法都打破了大锅庄的格局，男的一组，女的二组，男的问，女的答，或女的问，男的答。形式没有一定之规，舞时领舞者可以随意发挥。

（2）对社会上一些丑恶现象的讽刺

嘉绒藏族吃苦耐劳，真诚好客，积善行德，对社会上的一些丑恶现象深恶痛绝。在小锅庄中对一些不良现象进行了讽刺，《岗给喇嘛》运用讽刺的手法，对那些不守教规的教徒进行了巧妙的讽刺。其歌词大意是这样的："岗给喇嘛你去哪里，去看美丽的姑娘。啊呀呀，不如去看河边的点水鸟，美丽的尾巴闪闪烁烁。"歌词中没有使用一个贬义词，但岗给喇嘛的形象是那么鲜明，可恶又好笑，滑稽而丑陋。《染灯达洛》用间接的手法讽刺一些头人。

千百年来，嘉绒藏族世世代代以锅庄为乐，以锅庄为伴，在锅庄中倾注了他们忧、悲、苦，以及欢乐和希望。锅庄就是生活，生活就是锅庄，锅庄是嘉绒藏族生产生活的真实写照。

第三节　民居与饮食

一、民居的构造

由于民俗形成的条件之一与自然地理环境分不开，受环境条件与社会条件的影响，便形成同是藏族聚居区，或者同是嘉绒藏区，也是"百里不同风、千里不同俗"。所以历史上划分嘉绒藏族之本部为今大小金川，丹巴、马尔康地区为中心，其地民居别具风格。

藏族的民居类型中，平顶房在藏族聚居区最为普遍。清《西藏志》有载为"前后藏各处房皆平顶。砌石为之，上覆以土石，名曰碉房，有二三层至六七层者"①。嘉绒藏区的民居包含这些类型特征，但又具有地方性特色。同称碉房，而又与《西藏志》所记载之碉房有着形和内设上的大不同。藏式民居大多一宅一院，房子多为四层，底层为畜圈，二层为厨房、贮藏室和锅庄房，三层作居室、经堂。四层被称为"拉吾则"。由于三层

① 陈立明：《西藏农区的民居》（上），《中国西藏》，2002 年第 1 期。

和四层的面积逐级递减，因而在二层和三层的屋顶上分别形成“L”形平台，可供晾晒粮食和家人休憩。房屋下部多为泥石结构，外表涂以白色，或者白色与石头原色相间；上部为纯木结构，漆为红色，檐头的绛红色色带下，再涂黑色色带。房屋的帽形顶层“拉吾则”，从侧面看，均是月牙形造型。从宗教意义上讲，它们代表四方诸神；从形状上看，很像牦牛头，代表着嘉绒藏族的牦牛图腾崇拜。四角角顶除安放白石，以作诸神的象征进行供奉外，角后还专设插入嘛呢旗的钻有孔洞的预留石插板；后方中部还设有用作煨桑的松枝。“拉吾则”的含义是曾经建造碉楼的地方，它暗示着这里本应是碉楼的位置。

嘉绒藏族的房屋多为土石木结构，有些地区缺石，就以土木建造。即当地土墙房和石墙房之分称。土石木结构的房屋，一般选宅基地在向阳的山坡上，多在岩石稳固的山脊梁上。有的在依山傍水的突兀巨石之顶上建筑，若是宅基不牢，必须把墙基挖至底层牢固层（有的深挖数米）为止。然后以较大而抗压强的石片把基脚墙砌牢，一般基脚墙比房体墙宽厚一倍或三分之一以上，以便承受高达数米乃至几十米的高墙压力。石墙是以片石、泥土（多为黏性强的黄泥土，有的还加入一些韧性强的毛和牛劲草之类，搅拌在泥土中勾缝。修筑高碉，据说还有用糯米和动物血搅拌代替泥浆勾片石缝之后黏性特别强，胜过现代用水泥的勾合坚硬度）相砌，泥土起镶嵌片石稳固、粘接作用。有的还加木条为墙筋，一切为起稳固作用。在砌石墙时，很讲究技巧和片石间大压小、长压短，片石间错落压缝，不能有对缝。屋体多以方形（四角）为主，也有三角形、五角形的。建造中很讲究房体墙角。有的房屋高数十米，而墙角像一杆直立，线条笔直不曲，墙角的质量是整个房屋砌墙质量的保证，墙角笔直未变形，标志着整个屋建片石之间缝隙勾合好，承压均匀，调泥适度，片石之间的结合更牢固。

建造房屋有两种方法：一是边砌墙桶（外壳），边按设计几屋几层的计划，按每层计划高度，将屋梁木横架在内隔楼墙上，把伸向立体桶墙一方的木架头部砌包在墙体内。这种办法既方便，对主墙和内屋层又都起着相互牵扯、固定作用，从而更加牢固。另一种是把石墙砌出一个大屋空桶架后，用穿木结构在屋内分隔楼层房间。此种外壳主墙与之内设屋室楼层可相互牵拉，对防御地震确有特殊功能，一旦遇震不致因主墙倒塌而房屋垮塌。

嘉绒藏族的居室从设计和规模上看，有明显的等级区分。以小金县八角地区为例，一般平民的房屋是三层。底层是畜圈，因历史上其地兽害严重，牲畜夜间归牧后，都关在密闭的房屋底层。第二层分隔房间不一致，一般是右前方开门，多以中间隔一长方形屋室，正中设一火塘，上置大铁三脚架，并架上锅，是该房内的厨房，称为“锅庄”。锅庄进门处安碗橱和储水缸（多以木制或石板镶嵌成的方形水池），多是靠近墙边。右侧靠墙处习惯安一张床，是家中老人的卧具。一般火塘常年有火种。除去煮饭熬茶和取暖时加柴燃烧外，多以塘中厚厚的火灰把燃烧未尽的柴烟头深埋起来，数小时，乃至一两日后拨开火灰，柴烟头都变成火红的炭火块，架上柴枝，即刻便可点燃。这样保持火塘四季不断火种，有的人家更讲究，若火塘断了火，意为不吉利。无论是接待客人，或是家人劳动归来，都是围坐在锅庄周围，形成一个大半圆圈。男人盘腿而坐，女人多半跪半盘腿，以便于往火塘中添加柴枝和在铁三脚架上安锅熬茶煮饭。火塘上方（一般为右上方），制作一个方形的黄泥柱墩，名叫“卡普”（上方之意）。男人坐在卡普的右方，名叫“卡石枯”；女人坐在左方，叫“卡石梯”，上方添加柴火处，多为进门方向，叫“加升达”。“卡普”的左面一般雕塑或放用石雕刻的碗，用于敬祖。每当吃饭时，把尚未开吃前的饭菜盛入碗中，分别敬左边的女性祖先和右边的男性祖先，表示后辈每餐都请他们回来共同进餐。平时绝对不允许把污物和脚伸向“卡普”。靠向“卡普”的地方，只能是尊贵的客人和家中长者才能坐卧，一般客人坐左边，主人坐右边。房屋的第三层一般都设有经堂，经堂开着窗户，保持明亮和空气清新，地面镶有地板，擦得很干净，靠窗户的一边吊有两面直径二尺左右的大鼓，鼓面上用五色油漆绘有盘龙飞天等图案花纹，靠里边的墙壁上画有壁画或挂上绸料画制的唐卡画，正中供奉着本家所信仰的宗教主神佛像，面前摆放着盛满清洁泉水的铜制“敬（净）水碗”，一般是七碗横排于神桌之上，以及若干铜制酥油灯。佛的两侧各有一个六七尺高的木架，上面摆放经书和宗教法器等。比较贫穷人家的第三层，也有不设经堂佛殿的，有的只作为储藏室，堆放物品。

过去，土司、头人等所谓的大富人家的房屋规模设计较大，层数较多。其中土司的房屋第一层为监狱，第二层是黑头（娃子）的住处，第三层住有传令员和管家，以及专为土司制作衣服的工匠等，第四层为土司和太太、子女们的卧室，装饰十分讲究，为宫殿式设置，平民不能进入，内侍可随行出入，千总、土户、头人未经土司召唤许可也不能进入，属下百姓只能在楼梯口跪述完所要陈说的事情后，回头下梯。有的土司设第五层为经堂家庙，一般土司将四层上的正中央作为经堂，并住持有喇嘛、活佛，常为土司念经祈祷，多数住持都是土司近亲，弟兄或表兄为僧的，他们既是当地大寺院的住持活佛、喇嘛，往往又是土司家的住持僧人。有的土司自身就是僧人，政教合一双管齐下。

嘉绒藏族的房屋顶层，与大多数藏区的平顶房有异。一般顶层还是盖土，有的土厚盈尺，但四方墙角必建成三角形，高突出房顶平盖一两公尺，形成四角相对，好似一颗印的四角，有四座塔立着一样。又因房顶四角类似碉的顶峰造型，所以古史书或今人习惯称其为碉房。据调查，这种平顶房上修碉角，始自清乾隆用兵金川之后，因嘉绒藏碉对抗清军进剿，形成很大障碍，清王朝禁令嘉绒大小金川等地再建战碉。此战前仅今金川县卡撒一个乡境内，据《金川案》记载就有战碉三百余座，战后基本毁灭。嘉绒藏族传承藏碉建筑技艺，特别战碉在防外侵和抗击官兵镇压方面，起了很大作用。故把房屋顶的造型，按战碉的顶形而建，以示怀旧和留念。

由于碉作为屯兵备寇之用，嘉绒藏区历史上多是居室依附于碉而建者较普遍。有的因武备需要，居室与战碉相通。战碉下面有的还四通八达，类似近代“地道战”，是碉的地下战备构造。由此，多有人把碉和房相结合称为“碉房”。

总之，嘉绒藏区的房屋居室别具一格，是独特的建筑艺术，尤以碉房造型奇、美、险、牢，而各具风格。

二、民居的装饰

民居的装饰很多，室外如大门、山墙、屋檐、窗户，室内如天花、梁柱、神龛、床柜、桌椅、地毯，制作精美的木雕装饰，画上各种优美图案以及墙体上唐卡画的搭配，绚丽动人。嘉绒藏族民居装饰艺术所含的精神内容十分丰富，古老的图腾、避邪的符号、吉祥的图案等等，都能在其中得到反映，体现了本民族文明与文化诸多方面的精神内核。

1. 室外装饰

嘉绒人聚居于群山之间，世代住石碉房。他们就地取材，墙体多用石块或石板砌成，有高大、稳固、自然的视觉效果，色彩鲜艳夺目，装饰金碧辉煌。

沿山势而建的藏寨散落在雄伟险峻的大山之中，一排排错落有致的房子，鳞次栉比。每个不同图形、线条的门窗组合在一起，既丰富多彩又显得极为协调，犹如镶嵌的宝石，红绿、黄蓝、黑白、金银等尽在赭红的石木碉房中，这种浓烈和率真的色彩语言有着中国文化的渊源。在中国早期壁画中就能看到这种色彩。如今有不少花布也在有意无意间加入到这“装饰搭配”中，就像马蒂斯说的：“无花果叶每片都不一样，但总的看来还是无花果叶，一眼就能认出”[①]。

碉房为石木结构，矩形平顶，梯形体，高约三五层，强调整体美，在长期的发展中形成了较为固定的形式。所有顶层外沿都涂有红、黄、黑、白四种颜色，这也是嘉绒藏寨的一大特征。顶层常设为经堂，房顶有经幡和煨桑塔，屋檐、门窗悬挂白色帘布帷幔（蓝白装饰图案）；门楣、窗棂、房顶四角放置白石。碉房四面墙壁均用石灰涂边，窗户周围也勾白边，墙上画有内涵丰富

① 陈训明编译：《毕加索、马蒂斯论艺术》，湖南美术出版社，2000 年，第 79 页。

的图案，具有特殊意义和装饰作用，体现了嘉绒人的价值观和审美观，代表着嘉绒人的追求与愿望。图案具有宗教意味，如金刚结、胜利伞等藏传佛教八吉祥图，是藏族崇尚的吉祥平安幸福的标识；又如万字符是火和太阳崇拜的象征。图案也与图腾有关，墙边和门窗边框涂的白色图案，细看是变形的牛头。传说嘉绒藏族祖先来自牦牛部落，他们崇尚白色。每年秋末冬初各家都要粉刷寨墙，在屋旁竖经幡，用石灰作画，雪白的墙壁透过树丛，在阳光的照耀下分外醒目。此时的山寨便焕然一新，充满美和希望。

屋顶堆放整齐的玉米棒，院墙上挂的玉米串串金黄，还有门前屋后以及院子里种的艳丽小花。民居中几乎都绘有壁画和唐卡。西藏绘画发展的基础是壁画，随着佛教的弘扬，“唐卡”这种便于携带和悬挂的卷轴布画也日趋普及。画师们绘制琳琅满目的壁画，还有大大小小的唐卡，形成了丰富多彩的艺术宝库。藏区寺院宫殿的宗教画久负盛名，而民居壁画也具有自己的风格和情调，吉祥图案、鲜花彩鸟、“蒙人驯虎”“印僧献宝”“和睦四友”“长寿六仙”是其常见内容。[①] 画师们张开想象的翅膀，充分发挥巧夺天工的技艺，运用线条和色彩，在墙壁和布面上塑造出神仙皇帝、平民百姓以及遍布牛羊的雪域美景。

2. 室内装饰

在嘉绒藏区，千姿百态的民间雕刻，如木雕、泥塑、石刻、面塑比比皆是，风格素朴清新，令人赏心悦目。门窗大都有装饰雕刻，并施以彩绘，在艺术表现上是最具吸引力的，尤其是装饰纹样中所表现出来的节奏和韵味，更是别具一番活泼、瑰丽的风韵和一种神秘感。[②] 工匠们通过艺术创作强化了民众对宗教的信仰，他们根据空间和装饰部位的需要设计图案，巧妙地处理各部位图案，达到实用、美观的效果。有些楼房民居还在大门之上雕刻龙狮等动物形象，图案异常美观，以此显示豪华尊贵。二楼宽

---

① 廖东凡、耿军、卢小飞：《漫游西藏》，拉萨，西藏人民出版社，1998 年，第 220 页。

② 周志：《印度的装饰艺术》，《装饰》，2004 年第 8 期。

大明亮的客厅雕梁画栋，天花板饰以几何、花草纹样，墙上绘有传统的吉祥四兄弟六长寿图，藏柜上画的是八仙过海，佛龛上雕龙刻凤，四根鲜红的方形房柱，上面是神兽珍禽，下面是卷草浮云，而且大多是镂空加彩，主调金色。窗户雕刻精美，装饰很有特色，喜好大红大绿、金碧辉煌，有着浓烈喜庆的热闹气氛。繁缛精致的纹饰和变化多端的线条，活泼而富有动感，色彩对比强烈（纯色对比），尤其是藏蓝、纯白两色的选择，不仅是最佳的色彩搭配，也是藏民族崇拜的色彩。在藏族人心目中，白色是美好的象征，是善的化身，代表纯洁、温和、善良、慈悲、吉祥；而蓝色却多少含有对湖泊的敬仰之情。从中可以了解到藏族开拓果敢、豪爽率直、嫉恶崇善的性格特点。这种强调人与自然统一结合，正如中国古典美学中认为的：艺术美，在于主体情思与客观景物的交融合一，这种审美和艺术，源于自然又超越于自然，如同诗人欧阳修“花开鸟语辄自醉，醉与花鸟为友朋”所吟咏的，嘉绒藏族民居装饰艺术之所以这样丰富多彩，是与他们热爱生活、热爱大自然紧密相连的。

除建筑木雕外，藏柜藏桌木雕是当地木雕艺术的主流。当你一走进藏族人的家庭，便会被一件件雕花镂卉、玲珑剔透的藏柜藏桌和藏式神龛所吸引。藏式家具用松木、杨木、核桃木制作，不仅造型独特，而且有丰富多彩的木雕图案，人物、花卉、虫鱼、鸟兽无所不包。“吉祥八宝”“双龙献珠”“莲花和彩凤”“金鹿和法轮”“金龙和云彩”“孔雀和鲜花”则是家具木雕的传统主题，也有些是大花大叶以及整枝花的形式，利用抽象、变形、夸张等装饰手法创造出一种类似内地“彩花式”的新图案，制作工艺精湛，深为藏族同胞所喜爱。藏桌雕镂四边的挡板、藏柜雕镂上部的柜门等等，其中神龛雕镂得尤为精致神奇。而飞翔的龙，起舞的狮，依附于门柱之上，更显得气势非凡。藏式家具极其注重色彩，有的着色浓艳，整个房间显得富丽堂皇；有的全部用金粉刷制，使四处金光溢流，充满神圣气蕴，让人置身于神话般的境界。

藏族人把卡垫当作坐垫或卧具，是家中不可缺少的用品。它具有素朴清新的特色，正是这些无处不在、灿烂缤纷的艺术品，使藏区变得流光溢彩。五颜六色、装饰性很强的氆氇，藏族人用来制作妇女的坎肩、围裙和挎包，或者镶嵌在藏袍边上。它的色彩非常鲜艳，颜色有时多达 20 种，就像西藏高原雨后的彩虹。随着物质条件的改善和装饰意识的增强，现代人还用氆氇装饰客厅的墙壁。

3. 寨墙图案

图案是藏族文化的重要组成部分，其中嘉绒山寨碉房墙上的图案独具特色。

嘉绒人居于群山间，为抗御冬日严寒、夏日炎热和各种兽害，世代住石垒碉房。碉房四面墙壁均用石灰涂边，窗户周围也勾白边，墙上画有图案。这些图案并非信手涂抹，而是有其特殊意义和作用，是嘉绒人在漫长的历史发展过程中形成的价值观和审美观，代表着房主人的追求与愿望，体现了嘉绒藏族文化自身的特点。

寨墙上图案有宗教意味的，如金刚结、胜利伞等藏传佛教八吉祥图，这是藏民族崇尚的吉祥平安幸福的标识；如密宗金刚橛，是一种十分厉害的法器，意为牢固、锐利，能摧毁一切，妖魔鬼怪见此物都望而生畏，表现房屋主人希望他的居所如金刚，牢不可破，能抵御灾害和危险；如“卐”图案，这是藏传佛教最具代表性的符号，意为太阳、火焰，据说是释迦牟尼三十二相之一。苯教也有此符号，但旋转方向与其相反，即“卍”，代表永恒、坚固、无穷无尽，民间则指兴旺发达、繁荣、吉祥，如谁家墙上画有这种图案，这家肯定信奉苯教。

嘉绒藏族民间历史上盛行原始苯教，崇拜世间万物，相信万物皆有灵：自然、自然现象、动植物等一切看得见甚至看不见的。

寨墙上图案与图腾有关，四面墙边和门窗边框涂的白色图案，仔细看是变形的牛头图案，也有盖房时直接将图案镶砌在墙上的。传说嘉绒藏族祖先来自牦牛部落，他们崇尚白色，以至于白牦牛、白马、白色石英、右旋白海螺、白塔等都是吉祥物，都作为图腾崇拜。从其内涵看，白色是雪山的象征，雪山是神灵，晶莹、圣洁、神秘，令人敬畏。

嘉绒人认为如此寨墙图案能召唤佛光灵气、驱鬼辟邪、禳灾降福、佑护生灵。而这一幅幅精美的图案，美化了他们的生活，使碉房成为一座座精美的艺术馆。

寨墙图案内涵丰富，折射出嘉绒藏文化的风采，作为藏文化的一块方石，它也在不断汲取、不断整合。藏族强调人的内心，注重个人内省，通过修行摆脱一切苦难，达到宁静愉悦美好的境界。随着时代的变迁和与外界的交往日渐频繁，他们也在变。其宗教信仰、风情习俗、歌舞艺术、衣食住行等文化因素也都与其他民族、其他地区的文化有了交融，并在潜移默化地发生变化，寨墙图案也有了新内容。如五角星、“双喜”字、“福”字、“富”字，也作为吉祥图案画在墙上，显示他们追求光明美好、幸福美满、物资丰富，同时也反映了房屋主人的生活状况和生存心理。

每年的秋末冬初，是各家粉刷寨墙的季节，家家户户请喇嘛诵经看风水，喇嘛根据所算结果提出所应画的图案。房主人则煨桑烟祈祷，在屋旁竖经幡，用石灰作画。这时的山寨真是焕然一新，充满美和希望。

三、民居的经验和启示

嘉绒藏族民居的风格和特色，是藏族人民在住宅建设中长期积累起来的宝贵财富。随时代的发展，其功能、形制、技艺、用材等方面已有很多不适用于今天，但其中有些环境空间处理手法，如能去粗取精，恰当地加以利用，于今天的环境设计依然有可供借鉴之处：

（1）适应气候，利用自然

藏族居于高原地区，寒冷多风。为避风保暖，民居多选择背风向阳地基，住宅的门窗都开向南或东南，利用太阳能，北面和西面大都不开窗，并在晒台修挡风墙，风大的一方墙较高，风小的一方墙较低，无风的一方敞开，趋利避害，创造出温暖舒适的环境空间。

（2）随势赋形，融入自然

势是周围地貌的景势，形是建筑的体量、形状。形要随势，指建筑形象要与环境景色相协调，与自然相和谐。协调和谐的根本在于建筑与环境的相互尺度对比关系，也就是它们体量上的对比关系。体量大而高的建筑在相对尺度上会夺山之势，体量小而低的建筑会显山之雄。在布局上，建筑集中的总体量必显大，分散的体量必显小。民居正是通过分散的布局来与山川融为一体，把山势衬托得更加雄奇。

（3）形神统一，粗犷自然

神是环境空间的精神气质，形神一致是指建筑的风格与环境空间的神韵相协调。青藏高原素有“世界屋脊”之称，其山势博大、雄奇、粗犷。民居的主要材料源于当地，建筑与山石肌理协调，和自然产生认同感，风格质朴，外形高大、挺拔、苍凉，其精神气质与当地地貌环境保持一致，高度协调。

（4）因地制宜，争取空间

藏族民居选址在不平坡地，利用高差错落地形，灵活多变地组织自由空间。其形态结合地形，伸展自然，衔接灵活，可横可竖、可高可低，形成“借天不借地，天平地不平”，即在起伏地形上设计建筑尽量少接地，减少对地貌的损害，力求向上部发展。在有限地段的面积条件下，采用撑弓、悬挑、吊挂的手法，向周围争取延伸，形成大量晒台，扩大使用空间。

（5）重视屋顶——第五立面的形态设计

在山地环境中，由于坡地起伏，从高处能看到低处建筑的屋顶及群体形态，具有鸟瞰图效果景观。藏寨民居的屋顶结合地形和地基形状，高低错落，变化丰富，俯视景观优美。

（6）巧妙使用内天井庭院

内天井是相对于大空间分隔出来的小空间，藏族民居为了解决通气、采光、采暖，在住宅中部或偏后处开辟小天井。从二层直通屋顶，面积约十来平方米，它创造了独有的安静和隔离环境，减少了外界的干扰，使住宅获得平静、无风、透光、通气、暖和的室内环境空间。

(7) 民居作为住宅空间，其储藏空间的设计安排很合理

首先是空间大，有专门的储藏间，有的还不止一间。其次是设计灵活，大的一般在锅庄房后面，小的有的在楼梯上空，有的在碉楼下部，方便实用。

(8) 注意环境绿化

民居的不少住宅与苹果园相结合，夏天浓荫满屋，冬天阳光明媚。藏民在住宅向阳背风的方位，种植落叶果木，既改善了小气候，又使封闭单调的住宅变得生动有致。

以上这些都是藏族人民在长期的建筑实践中总结出来的宝贵经验，适应了当地的生活习俗和自然环境。这些经验，有的可用于山地空间的营造，有的可用于风景区建筑的设计，有的可用在住宅空间的安排，对继承传统、推陈出新有重要的意义。

值得一提的是，由于时代的变迁和与外界交往的日益频繁，嘉绒人无论在生活还是在文化方面都与其他民族和地区发生了交融与变化。藏族民居也有了新内容，甚至能看到不少“新潮”“时尚”的东西：街头网吧、咖啡馆的出现自不用说，大门口贴上了红色对联和各种门神，还有各色花布点缀着门窗、家具，表现出他们对生活和审美的新追求，同时也反映了房屋主人的生活状况。

在欢乐的节日，在热闹的街市上，会看到三五成群的妇女，腰系鲜艳夺目的“邦典”，更加衬托出其身段的秀美。从广义说，它是功用和装饰一体的，已经融入到生活，融入了家居环境。民居和人的装束打扮相映成趣，不难看出，藏族人民非常热爱生活、热爱自然，他们与民居融为一体，成为一道瑰丽多姿的风景。

四、饮食方面

嘉绒藏族以麦为主食，青稞、豌豆、胡豆、土豆为辅，喝酥油茶、藏瓜汤，吃圆根酸菜。“烧馍馍”颇具特色，这种食品主要由小麦面、青稞面、玉米面制成，节日中还特意在表面画上太

阳、月亮、星辰等花纹后放入青冈柴火灰中烧熟后食用，特点为泡、酥、脆、香，备受称赞。

一些嘉绒藏族还经常食用“足玛”“炸果子”等，足玛是藏语音译，为青藏高原野生植物蕨麻的一种，俗成人参果，形色如花生仁，当地春秋可采挖，常用作藏族名菜点的原料。炸果子即一种面食，和面加糖，捏成圆或长条状后入酥油锅油炸而成。他们还喜食用小麦、青稞去皮和牛肉、牛骨入锅熬成的粥。

嘉绒藏族过去很少食用蔬菜，肉食以猪肉为主，牛羊肉为辅。猪肉分别加工成香猪腿、香肠、猪膘等食用，也常作为礼品赠送。嘉绒藏族食用牛、羊肉讲究新鲜，在牛羊宰杀之后，立即将大块带骨肉入锅，用猛火炖煮，开锅后即捞出食用，以鲜嫩可口为最佳。民间吃肉时不用筷子，而是将大块肉盛入盘中，用刀子割食。牛、羊血则加碎牛羊肉灌入牛、羊的小肠中制成血肠。最常见的是从牛、羊奶中提取的酥油，除饭菜都用酥油外，还大量用于制作酥油茶。酸奶、奶酪、奶疙瘩和奶渣等也是经常制作的奶制品，作为小吃或与其他食品搭配食用。在藏族民间，无论男女老幼，都把酥油茶当作必需的饮料，此外也饮奶茶。酥油茶和奶茶都用茯茶制作。茯茶内含有维生素和茶碱，可以补充由于食蔬菜少而引起的维生素不足，帮助消化。藏族普遍喜欢饮用青稞制成的青稞酒。在节日或喜庆的日子里尤甚。

藏族的炊餐具自成一体。在藏族地区，家家都备有酥油茶筒、奶茶壶。大部分地区的藏族都以干牛粪为燃料，以铁三脚架为灶。

第四节　茶文化与酒文化

一、茶文化

茶是嘉绒人民生活中的主要伴侣，将酥油和糌粑用茶来稀释，用茶来搅和。茶是平时饮用的主要饮料，人们用茶来解渴，劳累一天后用茶来解乏，用茶来提神。著名藏族医学家宇妥·云丹贡布所著《四部医典》中也有这样的叙述："以肉食为主的藏人饮用茶水后，奇迹般地解决了胀肚问题。"茶叶中含有多种维生素、茶生物碱、茶多酚等，饮茶后许多毛病都不治自愈，于是嘉绒人将茶视为吉祥物。有的地方把每天的用餐时间称为早茶、午茶、晚茶、夜茶。家中有来客先敬上一碗茶，朋友聚会烧上一壶浓浓的茶，一边喝茶一边聊天。嘉绒本地不产茶叶，茶主要由外地购入。[①] 每年秋收后，男子们赶着马帮，驮着土特产和药材到外地做生意，购进盐巴、马茶、布匹等日用杂货。嘉绒人以其精美的茶具、独特的饮茶习俗、别具特色的熬制方法将茶文化发挥得淋漓尽致。

（1）茶的种类

嘉绒地区的茶主要有马茶、砖茶、碗碗茶。

①马茶：马茶由老茶叶和小枝条加工而成，用竹编进行包装，一包一般为50斤。烧制时抓一些茶叶放于锅或壶中，掺水放于火上熬。煮开十来分钟后就可饮用，茶水成咖啡色，色越浓味也越浓，色越浅味也越淡。下一次又可掺水再熬，然后把茶叶取出在臼中捣碎后再熬，直到再也熬不出什么色和味为止。也有的熬之前就捣碎，出门一般都是带捣碎的茶叶。

②砖茶：用纸包装，茶质比马茶高一点，一包有5斤，是细沫黏合在一起，用时掰一块下来揉细放于锅或壶中熬。

③碗碗茶：制出的茶像碗故名，用时掰一小块放于锅或壶中熬。

（2）熬制好的茶类

①清茶：是马茶、砖茶、碗碗茶加水后在锅或壶中熬制后的通称，成咖啡色，清香可口，能提神解渴，是嘉绒地区最为普通的饮料，习惯上也通称马茶。嘉绒地区的早餐一般由清茶伴酥油、糌粑、烧馍馍和酸菜。

②奶茶：清茶熬好后把渣滤掉后再加进鲜奶，没有鲜奶就用奶粉调制，品类比清茶高一等，既有清茶的清香又有奶子的香

---

① 正如《茶颂》中所唱的一样，全从汉地运来。历史上称为"茶马互市"。

味，是休闲时的饮料佳品。

③酥油茶：酥油茶是大多数地区藏族人通用的一种上等饮料，嘉绒藏族也不例外。这种茶的制作比较讲究，有专门打制酥油茶的桶，由木或竹制作，把熬好的清茶滤掉渣，倒入桶内，再放上一块酥油，掺入鲜奶或奶粉，有的还要加一些核桃仁和花生仁的细末，在桶内进行搅动，搅动十来分钟便可饮用，这种茶一般是闲暇时间慢慢享用。

④油茶：把干猪肉切成小块，放于大铁锅中炒，炒出一些油后，把去掉茶叶渣的清茶倒入锅中煮，放上盐，伴着馍吃。这种茶油很多，一般是在紧张的劳动之前或之后，以补养体力或解除疲劳。

⑤泡茶：解放以后，随着交通的发展，人员的流动，外地各类品牌的茶也流入嘉绒地区，这种茶不但在城镇机关中饮用，而且在乡下农户中也饮用这种茶。有的以这种茶待客，作为一种时尚。

（3）茶具

①茶锅：寺庙和集体熬茶时都用大铜锅，寺庙中熬茶用的大铜锅大到有的可以装上几十桶水。茶在锅中熬好后再盛到壶中，通过壶再倒入碗中。

一般家庭有专用熬茶的铜锅，圆筒形，自带锅盖，两边有耳，熬好后盛到茶壶中备用。现在不少人户用铝锅替代。

②茶壶：一种是盛茶和熬茶两用，这种壶一般为铜质，有嘴，有提手，有盖。盖、嘴上有精美的图案进行装饰。平时盛满茶后放于火边备用。

一种为只能盛茶，有铜质也有铝质，壶肚大，有把手，有一长嘴。装饰在把手、盖、嘴上。这种壶主要用于待客。

③茶碗：比普通的饭碗稍小，有外地产的瓷碗，本地制作的银碗，在木质碗内镶银，外表用银打制的图案装饰。

④酥油茶桶：专门打制酥油茶的桶，竹质或木质的圆筒，半人高，用铜做扣，用铜或银打制的图案装饰。内有一根木棒，下端安有一圆木板，打制茶时，一手按筒，一手握木棒，轻轻上下

搅动，把茶、酥油和其他附加物搅和在一起。

⑤茶桶：一般只用于寺庙，是一种铜质的小桶，用不同色的铜打制的图案做扣进行装饰。小僧人提着这种桶和瓢去给众僧人掺茶水。

⑥茶瓢：铜质的，可以折叠，便于出门时携带，瓢口一般有网以过滤茶叶。

⑦茶盅：一般都由内地引入，可盛各种茶水。

⑧茶盘：为木质结构，分为长形和方形，方形小于长形，周高内低，表面用色彩进行装饰，涂上桐油或清漆。节日和待客时才用。

⑨茶桌：木质，分长条和方形。高约 80 厘米，桌下设有抽屉放置茶碗。表面用彩色图案进行装饰，上有桐油或清漆。

（4）茶与生活

每天早晨，家庭主妇一起床，首要任务是烧上一锅浓浓的茶，然后再去做其他事。茶烧好后盛到茶壶中，在桌上放上酥油、糌粑、奶渣、酸菜，一家人才围在桌边吃早饭。

中饭和晚饭后都要喝茶来养息。

外出劳动或游山玩水，一到目的地，首先也要支起石三角，烧上一锅浓浓的茶。家中来客首先要敬上一碗浓浓的茶，然后才敬酒和吃饭或做其他事情。朋友相约聚会，也烧上一锅浓浓的茶，一边喝茶，一边聊天。红白喜事，都要专门安排人烧茶和上茶，只要有来宾，马上就有人去上茶，并随时给客人添茶。集体活动，也专门安排人烧茶水，从开始到结束茶水都很充足。

喝茶是嘉绒地区一种不可或缺的生活方式，在喝茶的问题上人们也花了不少心思，在茶的制作上也表现了嘉绒人民的智慧和创造。喝茶既是生理的需要——解渴，也是消闲和社交的一种方式，人们喝着茶，讲着故事，谈着趣闻乐事，听着音乐，看着电视，享受着生活的乐趣。同时，加强相互间的联系，加深相互间的友情。

茶是一种基本生活资料，平时生活离不开茶，逢年过节、设宴、集会更少不了茶。由于茶与生活的这种特殊关系，茶也成了一种待人接物的礼品。工程开工、群众集会送去一包马茶作礼品，寺院念经送去一大包马茶作为施舍。

对宗教极为虔诚的嘉绒人民，还把茶当作祭品，茶烧好后，先在火塘边洒上几滴茶敬灶神。野外烧茶时，也要在石三角上洒上几滴茶敬山神。敬菩萨和祭先祖，也舀上一瓢茶，一边洒一边念祭词。

茶在嘉绒藏族饮食文化中占有重要的地位。男女老少一日数餐均离不开茶，还把茶作为馈赠的礼品、祭祀的贡品，并且在民间广泛流传着关于茶的颂歌、山歌、谚语等。解放后，随着交通的发展，人员的流动，特别是近几年，内地的茶文化也同其他商品一样，涌人嘉绒地区，茶馆、茶铺、录像茶室、音乐茶厅比比皆是，这更丰富了嘉绒地区的茶文化。

二、酒文化

嘉绒藏族生性豪放、乐天、热情，酷爱酒，男女老幼都喜爱酒，亲朋聚会，迎亲送宾，集体组织活动，各种节日都少不了酒，但绝不酗酒。解放前，由于嘉绒藏区交通不便，主要饮用本地自制的酒。本地自制的酒分为三种：一种为经过蒸馏出来的白酒；一种为发酵一段时间后酿出来的黄酒；一种为发酵后一直装在坛子中，插上竹管饮用，称之为坛坛酒。解放后，随着交通的改善，外地的酒开始涌入嘉绒地区，嘉绒地区的酒类品种越来越丰富。春节和看花节是嘉绒地区用酒量最大、酒品种最多的节日，每家每户都备有多种酒自饮和待客，酒类非常丰富，来客都是先倒一碗酒招待。

1. 酒的制作

酒的原料一般为玉米、麦子、青稞，其中青稞为最好，酿出的酒味好、量多。因此一般把藏族的酒誉为“青稞酒”，又称为“藏啤酒”，是藏族人最喜欢喝的酒，度数只有15度—20度，口味酸中带甜，喝起来不辣口，但后劲很大。

白酒的酿制：原料在冷水中稍加清洗，把杂物去掉，在大锅中煮到可以食用，然后脱水冷却，把酵母弄细和匀。装到大锅中盖上毯制品或毡制品，让它有一定的温度发酵，发酵后装到坛子中稍加些水继续发酵个把月。又把大锅置于灶或三脚架上，把发酵好的原料倒进锅里，放上无底无盖的圆蒸子，蒸子中有一棍，中有一圆盘，一头挖有槽直伸蒸子外方木，方木的槽口放上一坛子接酒。蒸子上再放一口锅，锅内放冷水，冬天放冰块，使锅一直保持低温，在下面烧大火，使原料不断地发出蒸汽，蒸汽遇到冷锅变成水滴到槽里，经槽流出滴到坛子里，这种酒嘉绒语称“阿拉”。

黄酒的制作：同样把原料清洗后放到锅里煮，发酵后放进坛子不再进行加工，坛底边有一个小洞，把塞子拿开，从小洞中流出黄颜色的水来，这便是酒。取出一道后再稍加些水，放上数日又可以取，这样反复数次，只是越到后面酒味越淡，这种酒嘉绒语称“卡机”。

坛坛酒的制作：煮和发酵的过程与前两种一样，只是放进坛子后不再取出，饮用时把盖子揭开，插上竹管，便可通过竹管吸饮，饮到一定程度再稍加些温水，如此反复，一直到酒味很淡为止。这种酒嘉绒语称“卡木达”。群众性集会主要用这种酒，其他的酒只是作为辅助。

2. 酒具

嘉绒藏族酷爱酒，因此对酒具非常讲究，酒具可分为盛酒用的和饮酒用的。

盛酒用具：

坛子：用黄泥烧制而成，圆柱形，两头小中间大，底边有一小眼，用塞子塞紧，取酒时把塞子拔开，酒从里流出。坛子上面有口，酒或原料从口中灌入，然后用石板打制的圆形盖子盖上，用灶灰封严实。

罐子：一般也用黄泥烧制而成，成扁圆，上有一小口，口刚好能让玉米芯塞紧，酒从口中灌也从口中取，两边有耳，套上带子可以提，也可以背。

野牛角盛酒器：用野牛角的壳制作，尖角一头做口，有塞子和盖子，底部用木板做底，用银打制的环形图案进行装饰，很精美。两头有耳，套上带子可以背，套于马鞍上也很方便，是去野外的最好用具。

酒壶：有铜打制的和银打制的，只是质地不同，形状都一样，有嘴有盖有把子，铜质的壶还用银打制的图案进行装饰，银壶也打制有精美的图案。

饮酒用具：

小酒罐：用黄泥烧制，形如青蛙，故名“卡西巴”。罐口用玉米芯塞上，中间插一麦秆，用于吸酒，可揣于怀中，随时饮用都很方便。

小酒壶：也用黄泥烧制，形如抱鸡婆棉鞋，可装三两左右的酒，有把儿，可把酒放在火边温热，然后插上麦秆吸酒，嘉绒语称“博足”。

酒碗：历史上嘉绒地区都饮自己酿的酒，度数一般都比较低，饮酒一般都用碗，比吃饭用碗稍小一些，碗有多种，瓷碗为外地购进的小瓷碗；银碗为木碗内镶银子，外镶银子打制的花边。

随着社会的发展，外地的各种酒具也大量流入，现在所能看见的是瓷酒杯和玻璃酒杯。

3. 祝酒词

嘉绒藏族是一个全民信教的民族，饮酒时也不忘对神灵和祖先的祭拜，所崇拜的神灵非常丰富。神灵随宗教的产生而产生，随宗教的发展而不断丰富。祝酒词中有苯教的痕迹，也有佛教的影子。祝酒词有固定的格式也可临场发挥。对图腾的崇拜，对佛祖的颂扬，向神灵的祈求是固定的。而对山川的赞美，对现实生活的祝愿则充满了激情，语句优美，用词生动。

祝酒词运用非常广泛，根据不同场合和不同内容可分为吉祥颂词、婚礼颂词、饯行颂词、丧葬颂词几大类。吉祥词又可分为：吉祥词、介绍词、祝愿词。婚礼颂词也可分为：出嫁词、迎宾词、送宾词。吉祥颂词、婚礼颂词、饯行颂词表达人们对神灵的崇敬和对美好生活的向往、追求、祈福之意。丧葬颂词的主要内容是赞扬死者生前的功绩和希望死者的灵魂得到安宁，早日投生，并祈求护佑后代平安兴旺。

致祝酒词都由德高望重的男性长者担任，起着一种开场白的作用。致词的形式根据道具不同有两种：一种为被贺人献一条哈达给致词者，致词者左手端着酒碗，口中念念有词，用右手拇指和中指蘸酒敬天敬地，敬四周神灵，再把酒敬给被贺人。如果是集体聚会，没有具体对象，那么致词人先喝一口，然后一人一口往下传。

再一种为坛坛酒作道具，被贺人献一条哈达给致词者，致词者胸挂哈达，手持竹杆（吸酒用具）或站或半跪，口中念念有词，用竹杆向天、向地、向四周抛撒酒糟，接着邀请被贺人先喝三口，然后大家依次喝。如果没有具体对象，致词者先喝三口，接着众人轮流喝，次序一般依地位，地位相同的依年龄。

4. 敬酒歌

顾名思义，是一种劝人喝酒的歌，一般都出现在喜庆之事酒兴正浓的时候，是进一步营造喝酒气氛的手段。敬酒人端着酒碗走到被敬人面前，把酒碗或酒杯中的酒倒满，然后敬酒人唱敬酒歌，其他人随声附和制造气氛，唱完敬酒歌，敬酒人和被敬人把杯中的酒喝干净。敬酒歌节奏感强，音调高亢，开头的格式是固定的，下面的可随意发挥，有很强的感染力和煽动性。一唱起敬酒歌，整个场面气氛就会变得非常热烈。现在一般的宴会都要找一对能歌善舞的人向主要客人敬酒。酒过数巡，敬酒者端着酒碗，提着酒瓶，离座前去敬酒。唱敬酒歌劝酒一是为了礼节，二是为了制造气氛。

5. 锅庄与酒

嘉绒人爱跳锅庄，也喜爱喝酒，酒和锅庄是相辅相成的，跳锅庄有酒，才有吸引力，才能营造气氛。喝酒时喝到高兴时，人们也会不约而同地牵着手跳起锅庄。

嘉绒人跳锅庄，一般都是场院中间烧起一堆篝火，火边摆上坛坛酒及其他酒，大家先喝上几口才开始跳，跳完一曲停下来，端来一碗酒从头开始一人喝一口往下传，或到坛坛酒边喝几口，然后才接着往下跳，如此往复。

“千多”在嘉绒锅庄中是一个独特的锅庄，它以酒碗和酒作道具，舞者要用嘴把放于地上茶盘中盛满酒的碗叼起来一口喝干，众人一边帮腔，一边跳。跳锅庄的人，人人都要这样做。其他锅庄中也有赞美酒和劝大家喝酒的内容。

跳锅庄时酒起着一种独特的作用，锅庄除了它本身的吸引力外，酒起着一种召集作用，一些对锅庄没有多大兴趣的人，去跳锅庄或看锅庄都是冲着酒去的。可能是由于气氛的关系，有的人是自己带着酒到跳锅庄的地方喝。随着酒量的增加，锅庄也跳得越起劲，到后来醉得嘴不灵，脚不灵，东倒西歪的，还起劲跳。

6. 酒与现实生活

酒在嘉绒藏族的生活中占有独特的地位。嘉绒藏族的家庭从不缺少酒，任何时候，任何场合都能拿出酒来招待客人和自饮，饮酒也很讲究。

每天劳动后，人们一坐到桌边总喜欢取出一瓶酒，你一口我一口慢慢喝，以解一天的疲劳。在这种情况下喝酒很随意，相互并不劝酒。吃过饭如有兴趣又继续喝。

节日的早晨，人们喜欢在锅里放上酥油，煎上几个蛋，放进青稞酒，一人盛上一碗或半碗，慢慢品尝。

农闲时，人们喜欢相约在一起，大家凑一点钱，买几瓶酒、下酒菜和糖果，烧上茶，边喝酒，边喝茶，边闲聊，喝到高兴时便唱敬酒歌相互劝酒，都喝得醉醺醺后才散伙。

家中有来客，人们也都喜欢取出一瓶酒，倒上一碗酒、一碗茶招待客人，客人离开，还会送上一瓶酒作礼品。出门归来后拜望长辈或好友，也会备上一瓶酒作礼物。

春节是一年中最大的节日，这个节日中酒占有很重要的地位，白酒、青稞酒、甜酒、坛坛酒、啤酒应有尽有，数量也很多。从年夜饭开始，酒从不离饭桌。耍狮子龙灯的队伍来到门前，主人便端出几碗酒来致谢。为组织大家跳锅庄，集体还组织了不少散酒和坛坛酒助兴，围着篝火和坛子酒跳上几天几夜锅庄。

清明节，酒是供品，祭完祖，以酒和茶来消磨时间。亲朋串帐篷也是喝喝酒、喝喝茶，聊上一阵子。

端午节，嘉绒地区也兴喝熊黄酒，传说这一天喝熊黄酒可以祛病消灾，上山防蛇咬。

看花节时，人们都备上丰富的酒类，相会在帐篷或草坪上，大家喝酒聊天，以酒助兴跳起锅庄。

代如节，酒作为一种主要供品，进行各种纪念活动时都用酒来维系。

参加庙会时，不少人怀揣一小酒罐，边看跳神边喝酒。遇有熟人，大家你一口我一口传递着喝。

修建房屋，开工这一天的晚餐要给工匠们提供丰富的酒，晚上燃起篝火，摆上坛坛酒，请近邻来跳锅庄庆祝。从开工到完工，每晚的酒是不能断的。亲友们也要送坛坛酒以资助。修建结束后也要摆坛坛酒，跳锅庄来庆贺。

嘉绒藏族的婚礼中，酒也占有极重要的地位，提亲时必须带上几瓶酒作为礼品，女方家也以酒肉款待提亲人。迎亲这一天，迎亲的人在新郎家集中，新郎的亲人端着盛满酒的龙碗，热情接待所有来宾。新娘家中也摆着坛坛酒，茶盘中放着盛满酒的龙碗，招待迎亲和送亲的人，最为殷勤的是新娘的父母，走到每一位来客面前敬酒表示感谢。新娘被迎到男方家，男方便设宴招待来宾，除了每一桌本身摆上酒外，新郎新娘要到每一桌前敬酒，敬酒的顺序按身份和年龄。晚上便在院坝中升起篝火，摆上坛坛酒跳锅庄庆贺。新郎的父母不时端盛满酒的龙碗去敬客人，婚礼的第二天，新郎新娘带上酒去拜望长辈。

如果新郎新娘家相距较远，路经另外的村寨时，这一村寨中新郎新娘的亲友便在路上摆上桌子和茶盘，让迎亲的队伍稍加休息，以酒和茶进行款待。

人去世，家人首先要筹备酒，邻里亲朋来吊唁以酒款待。邻里亲朋也以酒、钱、印嘛呢旗的布作为吊唁的礼品。守灵人以酒壮胆和打发时间。送葬这一天，送葬人都要喝上几口酒才起程，下葬时边喝酒边安葬，下完葬也要喝上一阵子酒才往回走。这一天家人要设宴，主要亲人到每桌前敬酒向来客表示谢意。客人边喝酒，边说上几句安慰的话。

在嘉绒人看来，酒又是一种保健品，可以舒筋活血，解除疲劳。酒是一种药，可以治拉肚子和肚子痛，蚊虫叮咬可以用酒去毒消肿，伤口可以用酒消毒，酒还可以除湿。酒是待人接物的媒介，调解纠纷要请人喝酒，迎送客人以酒作礼。酒是一种祭品。祭神祭祖都要有酒作供品，无论何种酒，享用之前都要祭神。酒是日常生活的添加剂，高兴时喝喝酒使人更加高兴，苦恼时喝喝酒使人忘却苦恼，平时调节单调的生活，使生活更加丰富多彩，天冷时喝喝酒又可增加一些热量。

嘉绒人对酒的热爱，已把饮酒升华为一种文化。精致的酒具传承了黑陶高超的制作工艺，丰富的祝酒词和喜庆吉祥的酒歌道出了嘉绒人善良、豪放的天性。嘉绒藏族离不开酒，创造了丰富的酒文化，酒又充实和丰富了嘉绒人的生活。

第五节　服饰文化[①]

藏族地区范围辽阔，各地区具有鲜明特色的区域性文化，共同构成了丰富多彩的藏族文化。服饰，是一种物质文化。藏族服饰习俗的形成同藏族居住的青藏高原的自然环境及气候条件有着密不可分的关系。生产、生活方式对服饰的形成和发展也有影响。藏族服饰习俗的传承，往往与本民族的历史、文化发展史紧密相连，体现着民族的集体智慧，蕴含着民族的审美意识和审美情趣。

但是，藏族分布地域辽阔，直接影响服饰发展的诸多因素，在藏区各地有一定的差异，因此，在服饰式样、色彩、原料、制作、穿戴佩带等方面具有鲜明的地域性。嘉绒服饰可谓藏族服饰及其文化中的一朵奇葩。

---

① 多尔吉（德泰·多尔吉）：《嘉绒藏族服饰文化调查》，《中国藏学》，1993 年第 2 期。

1. 嘉绒藏族服饰的类型

民族服饰无论多么复杂，具体到每个人的衣着，都分布在人体的各部位，并由此产生了相应的称谓系统。下面以衣着为纲，分别介绍各类服饰的式样、色彩、原料、制作、穿戴佩带及其民俗。

（1）头衣及其习俗

头衣有两类，即帽和帕子。

男式帽类有：狐皮帽、金顶帽、礼帽。其式样、制作、色彩多与其他藏区相同。不同的是狐皮帽由幼女或青年妇女戴，礼帽只能由男士戴。阿坝州的大小金川、理县的部分地区，老年男女头戴一种用黑色棉布卷成圆形的帽子，这也许是受近邻羌族影响所致。嘉绒地区，老年男性中还流行戴一种便帽，即用一条白色（底色）毛巾裹头而成。

女式有帽和帕子。帽因制作原料而有异，分别叫“差日杰”（羔儿皮帽）、“其瓦杰”（狐皮帽），面子一般为丝绸、灯芯绒、棉布。羔儿皮帽由幼女和已婚女子戴，很少有年轻姑娘戴。这两种帽子既美观又实用。戴帽的方式随气候而有所变化。时逢天气暖和，可将羔儿皮或狐皮卷曲向外，显得美观大方。

巴热，俗称“花帕子”。丹巴格什扎、巴旺一带，因制作原料不同，分别叫“卡斯儿巴热”（棉布帕）、“杰高巴热”（金丝帕）、“斯布玛巴热”（平绒帕）。棉布帕有黑白两色，通常白色只有年轻姑娘或少妇戴。平绒帕仅有黑色，一般在节日盛会或走亲访友时戴，可谓盛装之一。棉布帕和平绒帕边沿均用彩线束边，年轻女子或少妇戴的帕子中间和四角还用彩线绣有花卉鸟类图案，精致而美观。每逢节日盛会，远观戴花帕子的妇女翩翩起舞，酷似一只只孔雀开屏，竞相争艳。

金丝花帕，只在节日跳舞或喜事等场合戴，象征着富贵，也是节日盛装之一。

（2）体衣及其习俗

体衣是民族服饰的主体，有的民族服饰，上下体衣泾渭分明；有的民族服饰，上下体衣合为一体。嘉绒地区藏族服饰包括前面两种体衣类型，但是，从整体上来观察，上下体衣分化，可能是近代服饰演化的结果。上下体衣为一体，才是传统服饰的主体。

就体衣类型而言，因性别不同，体衣式样、色彩、制作均有明显的差别。下面分别加以介绍。

其一，男式体衣及其习俗。

综观藏区各地男式服饰，式样、色彩、原料、制作工艺大同小异。只是穿戴式样、肥瘦和长短稍有差异而已。很显然，男式服饰演化不及女式，这也是民族服饰的共同特点之一。

男式体衣因原料不同，分别叫“克江”“差日”“莫普入”“其巴”“斯达通”。

“克江”，分别以棉、毛、涤纶、灯芯绒、平绒为原料，其色彩有灰色、乳白色、黑色等等。随着现代工业的发展，为“克江”制作提供了价廉物美而丰富的原料，致使克江式样广泛流行于春夏季节的各种场合。给人以大方、朴素、轻便、淡雅之美。

“差日”，其里子为羊羔皮，毛短而纯白为上乘。面子分别用丝绸、毛料、棉布，其色彩有红、灰、黑、蓝等。袖口、领口、襟沿、下摆边沿常用花色氆氇加以装饰。在秋冬季节时常成为男士们的节日盛装，给人以庄严、华贵之感。

“莫普入”和“其巴”，均用氆氇制成。莫普入用上乘黄色“碴值”为原料，工艺十分精致。仅在节日、婚宴等庄重场合穿着。莫普入的好坏是确认男士经济地位的重要标准。其巴，也是用灰色或黑色氆氇制成，但其质料、工艺远远不及莫普入，领口、袖口、襟沿、下摆边沿也常用花色氆氇束边装饰。

上述几种男式服饰属长式，类似古代汉式袍服，长度一般与人的身高基本相同。穿戴式样可以随气候变化，天气暖和，可以单臂外露，袖子垂下，也可放下双袖，在前面打上一结，便于活动。

“斯达通”，属上衣类冬装。以羔儿皮或厚型毛料、氆氇为原料，常与克江、其巴搭配穿着。

长袖衬衫，分别以丝绸、涤纶、棉布为原料，白色居多。这种衬衫多在节日穿着，长袖助舞兴，舞姿也显得潇洒自如。

其二，女式服饰及其习俗。

嘉绒地区藏族女式服饰以无袖裙类为主，有袖或无袖长式褂子和前后围也极为流行。

无袖裙类，俗称“百褶裙”。因原料不同，分别叫“卡斯儿”“斯各”“玛格”。

“卡斯儿”，用棉布制成，属春夏季服饰。无袖，肩部有两叶肩耳，朝外凸出。上体部分质料为浅蓝色，下摆为深蓝色，下摆中间加有花色丝绸。

“斯各”，主要用料为氆氇，属秋冬装。上体部分用蓝色棉布，也有两叶肩耳，下摆用白色或黑色氆氇制成，下摆中间加有十字氆氇。

裙类款式、制作基本相同，只是质料有别，在不同季节穿着而已。下摆中间的丝绸或花色氆氇，均为“装饰物”，具有一定的审美价值。

“玛格”，丝绸制作而成，一般有粉红、深红、蓝色、绿色。仅在节日跳舞时穿戴。给人以艳丽、雍容华贵之感。

褂子有有袖和无袖之别。在甘孜州道孚县，阿坝州马尔康县、大小金川、理县比较流行，主要以蓝色、黑色棉布为原料，随着现代织布业的发展，其质料和色彩也有所变化，出现了毛制品和丝绸制品。阿坝州大小金川、理县的褂子款式、色彩、制作方面明显受毗邻羌族的影响。

前围和后围，也是嘉绒地区流行的女式服饰，尤其在甘孜州的丹巴县颇受青年妇女的青睐。分别以黑色或蓝色棉布、黑色灯芯绒或平绒、蓝色或绿色丝绸为原料，边沿常用浅蓝色棉布或绿色丝绸束边。后围还有黑色或灰色氆氇制品，但只在秋冬季节穿戴。棉布、灯芯绒、平绒制作的后围，还用彩线绣有花卉或鸟类图案。特别是姑娘和少妇的前后围，其刺绣工艺精致，充分显示了嘉绒藏族妇女的智慧与才能，丰富而发达的民间工艺也由此可见一斑。前后围着装，便于在田间劳动和长途跋涉，也不失其美观，是嘉绒妇女的便装之一。

皮制长、短褂，采用民间硝皮方法，将兽皮加工成皮料，缝制而成，有的还在背部中心钉有一小块红色皮子作装饰。这种皮褂，结实而耐寒耐磨。可以席地而坐，防寒防潮。林中穿行、田间劳动，也不易破损，颇受猎人的青睐。由此观之，这种服饰的产生最初也许以功利目的为主，但是，随着社会经济的发展，人们的服饰也明显增强了审美意识，有些皮制服饰，尤其是野生动物皮制品，也成为妇女们走亲访友和节日的便装，逐渐提高了皮制品的经济价值和审美价值。

“那塘”，类似古代汉族武士的披肩。多以氆氇为原料制成，红白线条相间。近代也出现棉制品。一般由年轻女子或少妇佩戴，披在肩上，再用钉在上面的带子系住即可。仅在节日跳舞时佩戴，显然，以满足人们审美意识为主要目的。

腰带，嘉绒藏族体衣大多上下体衣合一，为了防寒和便于装束，必须在腰间系一根带子。带子用料有丝绸、棉、毛（土毛料），色彩十分显眼。好比现代室内装饰中的花瓶，在整个装束中起着画龙点睛的作用。

从上述的各种体衣来看，体衣的原料、色彩、式样之间有着密切的关系。嘉绒服饰的原料以皮革和土机制作的氆氇为主，而该地区民间几乎没有印染业，所以，服饰色彩往往受到原料的约束，自然毛皮色居多。此外，服饰穿戴式样、配色也十分考究，也具有嘉绒服饰的区域性特征。

（3）足衣及其习俗

足衣多为靴类，以皮革和氆氇为原料。皮制品除了采用土法硝制的皮革缝制，也常采用染色的皮革，红黑色皮块相间缝制而成。氆氇制作的靴子，也离不开皮料，制作方法和式样与皮制品基本相同。就足衣民俗的性别表象而言，男女靴只在款式方面稍有差异。靴带，是足衣中不可缺少的部分，以彩线、羊毛为原料，用土机制作而成。靴带既护脚防风，也是装饰足衣的物品。

（4）装饰或佩饰及其习俗

装饰或佩饰是为满足人类的审美意识要求而逐渐形成和发展

起来的。装饰可分为头衣饰、体衣饰、足衣饰三类，也可总称为衣饰。

衣饰，因原料不同，可分为两种类型：其一，用彩线绣边或花纹制成。如花帕子或后围的花纹；其二，用花色丝绸或氆氇在领口、袖口、襟沿、下摆束边而制成的。如百褶裙、“那塘”（披肩）、腰带、靴带也多具装饰功能。

佩饰，就其式样、花色、原料而言，琳琅满目，变化多端。嘉绒地区的佩饰习惯以身体佩戴的部位加以归类。头饰，即嘉绒藏族妇女除了以发辫装饰自己外，还常在发辫、耳部、颈部佩戴各种装饰物，如玛瑙、珊瑚等宝石，金银饰物等。首饰，有金银象牙手镯和金银珊瑚戒指。这些装饰物多系人类爱美意识而产生的，但从一些民间传说中，也不难发现，诸如银或象牙手镯也具一些功利目的，即检验食物毒性、解毒、防身避邪之用。神盒，既有装饰美化的作用，也为了随身供奉护法神，求得保佑。由此可知，无论服饰或装饰（佩饰），没有纯功利目的，也没有纯审美价值，而是在功利目的和审美意识的双重作用下产生和发展的。

2. 嘉绒地区藏族服饰的特点

藏族分布地区辽阔，各地经济生活、生产方式、气候条件、自然环境有一定的差异。因此，各地服饰及其文化也各具特色。嘉绒服饰与牧区服饰相比，在式样、制作、质料色彩方面有如下特点：

（1）服饰式样独特

就服饰式样而言，嘉绒藏族男式服饰与牧区服饰基本相同。女式服饰式样种类远远超过牧区，而且，有些式样仅仅流行于嘉绒地区。如“玛格”“斯各”、披肩和刺绣品中的花帕子、前后围。这些独特式样的形成与该地区的自然环境、气候条件有着紧密的联系，也或多或少受到毗邻民族服饰的影响。

（2）服饰款式瘦型化

在很长的一段历史时期里，嘉绒藏族过着逐水草而居的游牧生活，居住在便于搬迁的帐篷里，服饰也具有游牧民族的特色。

服饰原料以皮革为主，式样也多为长袍，而且宽松。皮制服饰既能护身防寒，又结实耐磨。长而宽松式样，既可席地而坐，也可当卧具，还可随身携带生活工具和用品，适合游牧民族的生活方式。

嘉绒地区藏族在很早以前就开始了农耕生活，有了固定的居室。随着生产方式、生活方式及自然环境的变化，人们在继承传统服饰式样的基础上，改进了服饰款式，以适应农业社会的发展。因此，服饰款式逐渐向瘦型化方向发展。

嘉绒服饰款式与牧区相比，无论男女服饰，瘦型款式居多。因为田间灌溉、播种、间苗、收获或上山砍柴均要求活动自如，加之嘉绒藏族生活在狭谷地带，翻山越岭，如家常便饭，因此，诸多因素均孕育出适应生产劳动方式和便于翻山越岭的瘦型服饰。

（3）服饰式样丰富

前面已经说过，就服饰式样而言，男式服饰相差无几。而女式式样独特，品种也远远多于牧区及其他藏区。

裙类有“玛格”“斯各”“卡斯尔”。还有用氆氇、棉、丝绸制作的前后围。

褂类，有以棉、毛、丝绸、兽皮为原料的无袖和有袖褂；兽皮制的褂子又有长式、中长式、短式三种。诸如此类，多达二十余种。

服饰的多样化，除了与气候有关外，也因嘉绒地区出现多种劳动形式所致。

3. 嘉绒地区藏族服饰民俗的表象

服饰民俗与人们的经济生活和传统文化有着密切的关系。服饰的款式、用料、色彩与生活中的各种民俗事象有一定的联系。所以，我们在分析服饰文化诸表象，不能仅就服饰论其表象，还应当看到它与民俗的联系。

（1）纺织、刺绣民俗

随着现代纺织业的飞跃发展，供人们选择的服饰原料色彩丰富、品种繁多。如棉、丝麻、毛、涤纶等等。但是，人们在制作传统服饰时，往往惯用民间制作的原料，即使是在现代工业发达的今天也是如此。这也许是民族心理在服饰民俗上的具体表现。因此，民间手工业的发展水平，直接影响着服饰民俗的形成和发展，换言之，民间工艺，在一定程度上确定了民族服饰的式样、色彩和原料。

嘉绒地区，在服饰制作及皮类加工方面，能工巧匠多为男性，乃至有的年长男子以此为业，维持生活。用土机制作腰带或靴带，此种纺织工艺又是女人的绝活。女人一般在20岁左右，开始学习纺织，但非人人如此。从事制作和织布的年长者居多，由此看来，非一日之功。

刺绣，是嘉绒地区极为流行的民间工艺之一。这也是其他藏区没有或少见的民间工艺，由此产生了不同于其他藏区的服饰式样。如花帕子、后围。刺绣多由青年女子或少妇制作，以刺绣花帕子、后围为主。以精湛的手艺，精心绘制了花卉鸟类图案，与现代工艺品相比，毫不逊色。难怪年长妇女见之羡慕，男人们见之亦赞不绝口。

纺织、刺绣在嘉绒地区十分流行，但没有形成交换意识，仅满足于自给自足。于是，这些民间工艺的发展受到严重约束，也就不可能孕育出纺织工业或刺绣工业。但是，纺织和刺绣工艺，形成了嘉绒地区藏族服饰的特征。因此，在谈及嘉绒服饰之时，不得不留意于这些民间工艺。

（2）服饰民俗的性别表象

性别差异，是形成男女服饰差异的原因。此外，与男女之间不同的年龄阶段、生理特点、社会地位、社会分工，也有一定的关系。嘉绒藏族服饰民俗的性别差异原因也正是如此。

嘉绒地区个别服饰，可供男女通用。如“斯达通”、靴子。但是，大多服饰的式样、色彩、原料、制作均有明显的性别差异，尤其是体衣。男式服饰讲究实用，质料结实为主，款式变化少，色彩也比较单一。女式服饰式样多，色彩丰富而鲜艳，领口、袖口、边沿，乃至中间常用花色丝绸或十字氆氇加以装饰，有些服饰还用彩线制作精致的花纹。制作和穿戴佩带也十分考究，充分体现了女性喜欢并善于美化自己的天性。

体衣，无论男女，多为长式。但男式袖长，女式无袖或短袖，如裙类，一般没有袖子。这些差异与男女从事不同的劳动有着密切的关系。嘉绒地区以农业为主，男女有一定的社会分工。从人们的观念上来讲，男性从事重体力劳动（如伐木、耕地）和从事一些民间手工业劳动（如砌墙筑屋）。但是，从实际生活来观察，我们不难发现，男性从事的劳动种类和劳动强度，远远不及女性。从家务劳动到田间播种、间苗、灌溉、施肥、收获、打场、加工粮食，乃至上山砍柴多为妇女。完成这些繁重的劳动，要求服饰轻便，由此，形成了女式服饰短袖或无袖的特点。男性从事的劳动并未更多地要求改进传统服饰，因此，男式服饰仍旧继承了游牧时期长袖的特点。

不同年龄阶段，服饰的性别表象也有所差异。在幼年期和老年期，嘉绒藏族有些服饰男女通用。如羔儿皮帽一般由女性戴，但年幼或年老男性也可以戴。

（3）服饰民俗的年龄表象

不同年龄的服饰差异，除了年龄关系外，也与生理特征、社会分工和社会地位的变化有关。

随着年龄的不断增长，在不同年龄阶段，服饰民俗除有性别差异外，同性之间的各年龄阶段，也表现出一定的差异。嘉绒藏族男性除了在幼年期或老年期可戴羔儿皮帽之类的差异外，一般没有表现出不同的年龄表象。而女性却在不同的年龄阶段，有很大的服饰民俗差异。

青年妇女服饰色彩鲜艳，式样轻便，装饰丰富。中年以上妇女服饰色彩以原料的自然色彩为主，式样比较正统，有些服饰稍加装饰，但以耐用为主要目的。如花帕子、后围用彩线束边。

女式服饰式样，在不同的年龄阶段，也有所不同。披肩、绣有花纹的花帕子、后围，通常只有年轻女子和少妇穿戴。氆氇制作的后围和“卡斯儿”“斯各”，已婚并生育之后，才能穿戴。有些地方，临近首胎产期，要举行一定的服饰礼仪，并到神山拜佛，求得保佑。这些礼仪中，既包含着多生产人口的愿望，也以服饰的更换标志着女性的成熟，从而确立女性在家庭中的地位，即开始在婆家拥有一定的经济支配权和财产的管理权、使用权。

（4）服饰的季节表象

不同气候地区，服饰有一定的差异。即便同一地区，不同季节，服饰的式样、色彩、用料也有所不同。

在日常生活中，人们为了适应不同的气候变化，都是按季节选择服饰。嘉绒地区，海拔在 2000 米—3000 米之间，四季不太分明，但秋冬与春夏季节之间分明，因此，有些当地语言（如格什扎话）中，只有两季的概念。服饰也以两季为界加以选择。

秋冬季节，选择以氆氇和皮革为原料的服饰，色彩比较单一，以原料的自然色彩为主。如“斯各”“差日”。这些服饰具有护身防寒，经久耐用，实用价值高的特点。

春夏季节，选择以棉、丝、毛、涤纶为原料的服饰，选料面宽，色彩丰富而鲜艳，式样也多。如“卡斯儿”、前后围、花帕子、“玛格”“克江”等等。这些服饰具有透风凉爽、轻便自如、色彩醒目的特点。

（5）服饰的节日表象

嘉绒地区节日甚多。有宗教节日，也有民间节日。每逢佳节，男女老幼都要穿戴节日盛装，欢聚过节或走亲访友。因此，人们都备有节日服饰。

节日服饰，与平常服饰不同，原料以上乘皮革、氆氇、丝绸为主。有些服饰，除了精选原料外，还常用花色氆氇、丝绸加以装饰，用彩线绣制花卉、鸟类图案。工艺精、价值高。有些服饰，仅在节日穿戴。如“普日”“玛格”“那塘”和金丝布制作的花帕子。

每到佳节，嘉绒藏族男女老幼还十分讲究佩饰。头、颈、胸、腰、背、肩、手等处，玛瑙、珊瑚等宝石等饰物多达十几种，价值高达千万。所以，佳节不仅是庆喜，也是竞美比贵赛富，充分显示自己经济地位的大好时光。

嘉绒藏族服饰民俗的表象，除了上面谈及的着装不同，也表现在不同的劳动中，穿戴不同质料和式样的服饰。如上山砍柴、施肥、狩猎时，穿戴结实而耐磨的皮衣类。但是，由于经济基础、生产方式、生活方式等诸多因素，未形成一定的商品意识，职业化进程仍处于萌芽期，服饰民俗也就未形成分明的职业表象。

嘉绒藏族服饰是一种文化符号。从其整个历史变迁的过程来看，均衡稳定是相对的，而发展变化是绝对的，嘉绒服饰在远古时代变迁徐缓，相对稳定，到了近代以后，服饰变迁的进程明显加快。

现在，随着嘉绒地区交通条件的改善、价值观念的更新，人们与外界的接触和沟通日益频繁，除农牧经济之外还兼营多种经营，其生活方式逐步现代化。嘉绒藏区也有了现代服饰，这是嘉绒人现代生活方式和旅游经济相融合的结果。这种变化对嘉绒藏族服饰有着巨大的影响。传统服饰质料厚重、结构复杂显然已经不能适应现代生活的要求，“不舒服”“不方便做事”等常常成为不穿传统服饰的理由，“志书记载的上穿短褂，下穿百褶长裙的装束现在已看不到了”①。由于汉装轻便、省事、时尚，款式多样，符合人们的审美愿望和求异心理，因而受到青年人的广泛喜爱。改革开放后，伴随着旅游产业不断升温，给当地带来经济效益的同时也使人们对本土文化重新加以认识，当地人又重新穿戴嘉绒传统服饰。嘉绒服饰典雅大方、款式独特，自然成为一道亮丽的文化景观。在有的景点，还有出租传统服装照相的小摊点。不仅如此，嘉绒服饰作为宝贵的文化资源也受到社会各界的重视。在这种情况下，传统服饰相应出现了一些变化，服装质料更加现代多样，结构变得简约而方便，服饰搭配也更随意，穿着时有的只在外面套上嘉绒标志性的“三片”（头帕、前后围各一片）。当然，服装的选择与所从事的工作直接关联。另外，在特定的场域，如婚庆仪式、节日活动中的盛装，表达的是审美价值和文化内涵，因此，与日常装相比盛装的变化更为缓慢。在旅游景区，传统服饰虽然也是一种文化表达，但已非原生态的服饰文

① 西南民族学院民族研究所《嘉绒藏族调查材料》，1984 年。

化。

从文化地理学的角度来说。嘉绒由于处于文化边缘地带，因此自身文化丰富且具多元文化特点，在文化的选择上也具有相对的开放性。嘉绒服饰的变迁过程本身即是一个汉藏文化渗透融合的过程。服饰的变迁相对于历史长河来说是缓慢的，但就某一历史时段来说也存在快速的变革。当外来文化以其显著的优越性辐射和覆盖该一族群文化时，文化变迁表现为剧烈的变化，在这样的物质经济和文化背景下，服饰首先发生变革，这是文化变迁中的普遍现象。从此意义说，物质生活的服饰又是民族文化中最活跃最革命的因素。

总而言之，嘉绒藏族传统服饰的现代化是不可避免的，其服饰的创新和变革既是必然的选择，同时也应是适应社会变化的主动接受。

第六章　嘉绒藏族的民俗文化之二

第一节　庆典及节日文化

嘉绒藏族的节日缤纷多彩，不同的节日有不同的风情。

一、庆典

（一）祭祀庆典

新中国成立前土司头人和千户、百户及守备千总，多根据所辖区内百姓信奉的藏传佛教各教派，利用境内有名寺庙或自己的家庙，举行大法会等大的庆典活动，念经祈祷。在“三土司”区，这种盛典仪式举行的时间较固定，一般都在农历（含藏历）的正月初十至十五举行，念经期间土司头人或其家族中人要去参加，附近各村寨百姓亦前往布施，上功德，并安排跳神，之后跳虎狮舞，把喇嘛用泥或酥油糌粑捏成的各种鬼怪送至规定的地方焚烧，称为送鬼或送瘟神，最后各村寨依次由领舞者领头跳锅庄，参加跳锅庄的男女身着盛装，尽情歌唱娱乐。在明正土司章谷土千百户辖区内的各村寨，这种祭祀庆典举行的时间又不一致，但举行的仪式大同小异（教派的规矩不同）。

（二）锅庄庆典

锅庄是各部藏族群众性的娱乐活动，更是新年、庙会期间必不可少的内容，各部藏族因语言、服饰、生活习俗等差异，又形成了独具风格的唱腔、步式等。据史料载："夷俗每逢喜庆辄跳锅庄，自七八人至一二百人，无分男女，附肩联臂，绕径而歌，所歌者数十百种，首尾有定局，其中，所歌有变换之巧拙，其语，有颂扬者，有言日月星辰者，有论阴晴风雨者，有念稼穑之艰难者，有谓织在任之辛勤者，有肖鹿麋之俪俟者，有状牛羊之溅湿者，有诮惰而称勤者，有男女相爱悦者，有互相赠答者，有互相讥讪者，有叙离合忧思者，有怀野田草露者，徐以足以疾徐轻重为节，呕哑嘲折，虽难为听周折，转旋颇堪寓目，亦歌舞中别派也。"所以每逢喜庆节日，人们穿上盛装，欢聚一块儿喝青稞酒、咂酒，并由有经验者引歌领，手摇响铃或手捧哈达、鲜花站在队列前，其余众人手拉手排在领队后面，分男女两队围成圆圈，分班合唱，顿地为节，且歌且舞，少则几人，多至数百人，舞步由慢到快，动作由简单到复杂，最后在热烈欢腾的快板中结束。锅庄内容有祝福人们幸福吉祥的，有讲述藏族古老历史和历代英雄为民造福的功绩的，有祈祷神灵保佑六畜兴旺、五谷丰登的。[①]

二、节日

（一）嘉绒藏历年

人类自诞生之日起就是在对大自然的探索和对大自然的斗争中得到发展的，人们除向大自然索取衣食住外，也向大自然索取精神上的乐趣，在生产劳动的间歇松弛一下神经。在秋收之后开春之前有一段闲暇时间，为了调整劳累了一年的身心，享享一年辛勤劳动得来的果实，便在冬末春初产生了一个重大的节日，嘉绒语称"罗色"，即新年的意思。这个新年与汉族的春节时间一致，这是巧合还是相互影响，因无文字记载而无从考证。嘉绒藏族文化底蕴十分厚重。在众多的嘉绒藏族文化中，又以年俗文化最为独特。

---

① 引自凌立：《丹巴嘉绒藏族的民俗文化概论》，《西北民族学院学报》（哲学社会科学版），2000 年第 4 期。

自古以来就有过嘉绒藏历年的习俗。过嘉绒藏历年不同于内地汉族过年，也有别于其他藏区过藏历年。相传嘉绒藏历年是纪念嘉绒地区代代相传、家喻户晓、驱妖伏魔的英雄人物阿尼各尔东而沿袭下来的节日，它具有浓厚的地区和民族色彩，是当地民族风俗最集中、最典型、最彻底的反映。

嘉绒藏族特别看重这个节日。这个节日时间最长，物资最丰富，活动最多。新年刚过，心中又在记挂着下一个新年。平时得到稀有食品，都要想方设法留到过年。秋收结束，男人们赶着马帮，驮着药材、农牧产品到外地出售，并筹办年货；购进做新衣用的布匹丝绸，添置装饰品用的珊瑚、翡翠、象牙以及过年时放的鞭炮，吃的大米、白面、糖果。腊月初八日以寨子为单位，集体筹集麦子、豌豆、胡豆、黄豆和猪、牛的骨头，煮上几大锅，全体动员打扫卫生，整修道路，午饭晚饭大家一起喝粥。腊月八日以后开始用石灰重描房屋内外的吉祥图案，赶制新衣服、新鞋帽。妇女们酿制咂酒，赶洗衣被，炸油果子，炒瓜子和玉米花。家家户户宰杀年猪和牛羊。出门在外的人都要想方设法赶回来过年。年饭是一年中最高级别的佳宴，全家人和主要亲戚朋友围着炉灶从依年龄大小依次盘腿而坐，但首席空着，那是留给神仙阿尼各尔东的宝座。吃的除猪头、香猪腿和丰富的菜肴外，还有馍馍、包子或饺子，无论大人或孩子，都要努力吃饱，等阿尼各尔东神称重时，才够分量。

大年三十这一天，早早地在房顶上升起了煨桑的烟，房顶插上“龙达”（经幡）。吃过早饭便开始打扫房前屋后，门窗贴上吉祥符，受汉族影响较深的地方门上贴上对联，挂上红灯。妇女们忙着煮肉、切菜、蒸馍，准备年夜饭。下午三四点钟，人们再一次进行煨桑，经堂里点上香和酥油灯，持续到初五。门前放上一串火炮，一家人便围坐在一起享用一年之中最丰盛的晚餐。进餐前先要敬阿尼各尔东神，再念一段经，大意是：请阿尼各尔东神回来，把所有妖魔的头打烂，把所有妖魔的心挖出来，把所有妖魔的手脚打断……然后是敬自己的祖先和去世的亲人。神坛下面盛粮食一斗，里面摆着用面做的碉房、猪、牛、羊、马、鸟、鼠等，用几根小竹棍顶着大小不同的面花表示太阳、月亮和星星。再下面摆着一坛咣酒和一个小簸箕，里放着各种食品：菜肴、主食、核桃、石榴、橘子等水果，都是供品。酒坛里插着咣酒的麦草 13 根。敬神者必须是家中长者，敬神时其他人就吹海螺、唢呐，敲鼓、钹、铙等，口念“阿尼各尔东神”，人们盼望他回来。入夜要狮子龙灯的队伍到每家每户门前拜年，每到一户，主人都要放上一串火炮，锣鼓声和鞭炮声交汇在一起，把年节的热烈气氛造到高潮。火塘里烧着熊熊的火，桌上摆着糖果糕点，饮酒喝茶守夜。深夜人们再一次放鞭炮，有的还要鸣枪迎接新的一年的到来。黎明前都要到沟河边去背一桶新水求一年的吉利。

大年初一这一天，是不能用扫把和刀子的，屋子在夜里就要清扫干净，饭食也在守岁时准备好。这一天人们都不串门守在家中，只是上午十点左右每户有一人到圣地去煨桑祭祀山神，感谢山神的护佑，祈求新的一年风调雨顺、六畜兴旺。晚上篝火熊熊，邻近村寨的人集中比较宽阔的场地打火仗。参加打火仗的人分为两队，一队将点燃的棍子甩过去，另一队又甩过来，直到某方的火全部熄灭为止。但是无论如何都必须是约定的一方以失败告终，因为他们扮演的是妖魔卡巴洛绒，胜利的则是降妖英雄阿尼各尔东。妖队的火一熄灭，胜队的人便手执石块朝着预先选定的大石包呐喊冲锋，争先抢击。这大石包便是妖王卡巴洛绒。

初一开始，每天都是一种动物的节日，看这一天天气的好坏，可预知这一动物这一年顺不顺。马过节的这一天晚上还要组织小孩要马灯。每种家畜过节的这一天，都要喂一些精饲料以庆祝它们的节日。这也可说是原始苯教万物有灵的遗存。

初二，人们便开始走亲访友，设宴请客。青年们组织起来到各家各户或到邻村舞狮，筹物筹款用于集体跳锅庄。

初七这一天，为人过年，这一天是过新年的又一高潮。这一天对神灵的祭拜比平时还要虔诚，吃的东西也要丰富一些。到此是新年娱乐活动的一个转折。以户为单位的分散活动结束，开始集体跳锅庄，一直跳到大年十五。新年跳锅庄成了人们赛服装的时机，人们的穿戴一天一个样，一个比一个华丽，谁也不甘示弱。人们聚在一起谈论的是谁的衣服华丽，谁的装饰昂贵。

跳锅庄时，场子中央烧起大火，火周围摆着酒坛和糖果，人们围圈而跳，每跳一支锅庄下来，圈内圈外每人都品一口酒，每天都要跳到深夜。

大年十五这一天，人们称之为“罗色萨约”，意为新年结束。这一天的晚餐也格外丰盛，吃饭之前要祭祖祭神。天黑开始耍狮子、龙灯、马灯。然后跳锅庄，一直到黎明。

（二）看花节

看花节是嘉绒藏区特有的节日。六、七月间，嘉绒地区正是山清水秀，漫山遍野覆盖着绿装，草坪上开满了鲜花。庄稼长得很茂盛，草已经锄过，但离成熟还有一段时间，经过春耕锄草的一段紧张劳动之后，人们需要松弛一下精神，享受一下大自然的美好时光，出现了“看花节”。“看花节”是现代人的称谓，嘉绒语叫“若木纽”，以村为单位到草坪上野营。

据传“看花节”，源于苯教的山神崇拜，苯教起源于象雄。嘉绒地区的苯教历史源远流长，至今不少地区还笃信苯教。苯教是一种拜物教，是一种自然崇拜，认为每一种自然物都有神灵。嘉绒藏族特别崇拜山神和水神，在自然景色美丽，气候宜人，又没农活可做的时候，人们相约去拜祭山神，后来这种活动固定下来，内容逐步充实完善发展变异成了现在的以寻求欢乐为主的“看花节”。

看花节第一天，人们带上祭神用的物品到山神前祭祀山神，焚香烧柏枝，插嘛呢旗，由一名德高望重的人念祭词，祈求神灵保佑六畜兴旺、人类幸福、庄稼丰收，把酒、食品、谷物敬献给山神。然后大家围着嘛呢旗转，转的同时把龙达（印有牛、马、羊及经文的小纸片）撒向空中，高呼“拉甲罗”。敬完山神，把敬神剩下的酒拿来围坐成一圈喝，喝到高兴时便手牵手跳锅庄。喝完酒回到山坡或草坪上搭起帐篷，支起简单的锅灶，在野外玩耍 7 天—10 天，有的长达半个月。

看花节可算是嘉绒地区的饮食节，人们把自己最拿手的食品带到看花节上，有非常丰富的食品。有商店购买的白酒、曲酒、甜酒；有自制的本地白酒、青稞酒、坛坛酒；有各种糖果和自己炸的油果子；有腊肉、猪膘、香猪腿、风干牛肉等，还要到林中采摘许多菌类、野菜；饮料、泡茶、马茶、奶茶应有尽有。

看花节也可说是显示家底的时机，人们暗中比赛谁家的帐篷大，谁家的帐篷华丽。帐篷内摆满了各种轻巧精美的用品，地上铺着华丽的织毯。人们穿着最好的衣服，佩戴着最贵的装饰品。

看花节也是体育运动会，青年们抽空自由组合进行老鹰捉小鸡、跳马、赛跑、摔石子等活动。集体还要组织赛马、摔跤、射箭、拔河等。注重的主要是参与，一般都不排名次。

看花节是一种丰富的旅游文化活动，人们自由组合，有漫步于林间草坪上的，有喝着奶茶讲述古老故事的，有饮着酒唱着山歌的，有看电视、放录像、听收音机的，有些现代派的年轻人相约在草坪上跳迪斯科，集体还组织看电影，跳锅庄。

看花节是亲朋聚会的好机会，人们放下沉重的农活、繁杂的家务，带着轻松愉快的心情来到秀美的自然怀抱之中，忘却了世间的一切烦恼。或亲友相邀喝茶饮酒闲聊，或朋友相约叙谈各自的经历和见闻。

看花节使青年男女们得到更大的解放，处处飘荡着他们的歌声和笑声，他们或三五成群，或三三两两漫游于林间花丛中，嬉戏于草坪上。同时也是他们抒发爱情、寻求伴侣的大好时光，一双双一对对，在月光下谈情说爱，互赠信物，海誓山盟，播下爱情的种子。

看花节结束，人们又要到山神前煨桑祭神。起初的看花节主要是为了祭神，但随着社会的发展，看花节的内容充实、发展、变异，成了今天人们休养身心，游山玩水，进行文化娱乐的节日。这时的煨桑祭神，除了它本身的宗教意义外，还含有开幕和闭幕的意义。

(三)“代如”节

嘉绒藏族的有些节日是为纪念历史上的重大事件或英雄人物演变而来。

嘉绒地区的宗教源远流长，早在公元前2世纪就有了苯教。原始苯教是一种拜物教，进行血肉供，杀牲祭神，给生产造成损失，给人民带来痛苦。后来象雄地方一个叫旦巴兴饶的人对原始苯教进行了改革，把杀牲祭神改用糌粑捏制的俑像祭神，人们称改革后的苯教为“雍仲苯”。雍仲苯和原始苯教的斗争是激烈的，吐蕃由于赞普的支持，雍仲苯取得了统治地位，原始苯教徒纷纷外逃，大部分逃到嘉绒地区，与嘉绒地区的原始苯教和地方势力相勾结，对吐蕃形成了威胁。吐蕃布德贡嘉赞普为了巩固雍仲苯在吐蕃的势力，派阿尼各尔东统领吐蕃军队到嘉绒镇压以原始苯教为基础的地方势力。阿尼各尔东率领士兵英勇奋战，摧毁了一切旧势力，为雍仲苯在嘉绒的传播立下了汗马功劳，成了嘉绒地区家喻户晓的英雄。为纪念和颂扬阿尼各尔东，人们把他的事迹编成故事、戏剧、锅庄、民歌、唐卡、龙达，代代流传。还有纪念阿尼各尔东的日子，嘉绒地区的“代如”就是从他的纪念日演变而来的。各地举行的时间不一，大致都在农历十一月前后，据传是根据阿尼各尔东经过该地的时间而定的。过节时间一至三天不等，以家庭为单位进行庆祝，不举行集体活动。

“代如”的准备时间较短，节日头天，人们把房屋打扫干净，墙上用石灰或灶灰画上日、月、星和八宝图案，屋内的墙裙上也画上以雍仲图案为主的吉祥图。家庭主妇用麦面烧制阿尼各尔东及他的马、长矛、盾牌的模型。

节日这一天，人们特意把脸和手洗干净，在房顶上煨桑，点燃柏枝，撒上三荤三素糌粑。在灶房正中的神位上摆放用麦面烧制的偶像，点上香和酥油灯进行供奉。火塘四周铺上垫子，条件好的铺上藏毯，一家人席地而坐。端出酥油、糌粑、香猪腿、青稞酒。家中的老者口念祭词，把食物一一抓上稍许供奉给阿尼各尔东。然后边吃、边讲故事和唱歌，美美地吃一天玩一天。太阳快落山时又到房顶上煨桑，然后把麦面制作的像取下来，每人分吃一点，如有人外出还要留一份，或分一些给不过这一节日的亲友，以祝大家吉祥平安。

“代如”规模不大，却极有声望。全嘉绒都知道这个节日，但不是都过。据传只有阿尼各尔东经过的地方才过这个节日。

“代如”的一切活动都围绕阿尼各尔东进行，供奉阿尼各尔东及他的战马和武器的塑像，讲阿尼各尔东的传说和故事，唱歌颂阿尼各尔东的歌，跳颂扬阿尼各尔东的锅庄。

嘉绒人民之所以这样热爱阿尼各尔东，是因为阿尼各尔东所代表的雍仲苯在当时是一种先进的思想，他把人民从原始苯教的残酷血肉供和生产力的破坏中解放出来。使嘉绒社会大大前进了一步，并为雍仲苯在嘉绒地区的传播打下了坚实的基础，到今天嘉绒不少地区还笃信苯教，苯教寺院的香火一直很旺。

（四）“斯格仁真”节

原始苯教时期，嘉绒地区有一个祭年的活动，原始苯教的最大特点是泛神论，信仰对象极为广泛，几乎对大自然的全部事物和现象表现出了极大的崇敬和膜拜。在所有信仰中其崇拜的是“年”神，认为年神可以给人带来幸福和不幸。因此在旧年结束，新年来临之际都要进行祭祀年神的活动，后来演变为一节日。

元朝时期，嘉绒地区开始纳入中央政权的行政管辖下，朝廷根据各土司的势力和对朝廷的贡献，给予不同等级的封号。为了庆祝获得朝廷的封号，就把祭年的这个活动借用过来加以改造，成了嘉绒地区的一个重大节日“斯格仁真”。

由于是庆祝活动，主要由官方进行组织。部分百姓以服差役的形式出力外，其余的都是旁观者。因此只有土司所在地才开展这一活动。

虽然是庆祝活动，但由于人们笃信宗教，加上又是从祭年的宗教活动演变而来的，因此保留了浓重的宗教气氛。土司属下的喇嘛们都要集中于土司的官庙内，念十天大经。佛像前摆列着精美的酥油花，供台上点着香和酥油灯，煨桑的浓烟从早到晚不断。人们虔诚地向寺庙供奉钱粮，以求神的保佑。寺庙给进供的人一些吉祥结和用酥油、奶渣、人生果做的“错热”。一早一晚人们都抽空围寺转经，老人们则从早转到黑，有些围寺磕长头。

进入第二阶段，主要进行各种文化活动，首先是祭祀和羌姆的彩排，在喇嘛的平时着装上腰加彩带，不戴面具跳“羌姆”。第二天继续祭祀，在场地上用石灰或灶灰画上吉祥图案和做跳“羌姆”的准备工作。第三天正式跳“羌姆”。第四天是民间艺术表演，开场是傩戏形式的“野牛舞”“狮子舞”“老虎舞”。然后是藏戏阿尼各尔东的片断“得斯杯”和小剧“老夫与少妇”“阿里阿太”“猎人与猩猩”等。接着是杂耍“耍猴子”“耍桌子”“耍坛子”“耍枪”“耍弓箭”“耍棍子”“摔跤”等。

最后是跳锅庄。第五天是送鬼，进行完祭祀仪式后，抬着大型的妖魔模型和用糌粑捏成的俑像，以扎巴仪仗队开道，百姓跟随，在法号声伴奏下直到河边，然后把妖魔鬼怪丢到河中或烧掉，整个活动才算结束。

“斯格仁真”可以说是由官方组织的一种综合性的文化娱乐活动，即有宗教的祭祀仪式，“羌姆”表演，又有民间的戏剧表演、杂耍表演、群众性的锅庄舞表演。

（五）四月八日“打擦查”节①

嘉绒藏族是一个英雄的民族，曾经为保卫祖国领土的完整，做出过重大的贡献。鸦片战争时，嘉绒藏族派出一支部队到厦门参加抗击英军的战斗，嘉绒将士英勇作战。一次由于协同作战的官军放弃了原定的作战方案，使嘉绒军队腹背受敌，最后全军覆没。为纪念嘉绒将士，据说厦门还塑有嘉绒将军南木镶的塑像，刻有碑文记叙嘉绒军队的事迹。

英军侵犯西藏时，十三世达赖喇嘛降旨嘉绒前去支援，嘉绒又派出了自己的子弟，嘉绒将士浴血奋战，协同西藏军民收复过江孜，据传在江孜的寺庙里供奉有嘉绒士兵的武器。乡亲们对将士的出征非常担忧，将士们为安慰乡亲，提出为纪念过去牺牲的将士，为即将出征的将士祈福，在他们出征的这一天打擦查。从此嘉绒地区四月八日这一天都要打擦查。

打擦查的地方一般都选在村外地势较好的草坪上。打擦查前人们都踊跃地去背一些黄泥和整理打擦查的场地，表示自己的虔

---

① 参阅张昌富：《嘉绒地区的四月八日“打擦查”》，《西藏艺术研究》，1997年第4期。

诚之心。打擦查这一天，人们吃过早饭，穿上整洁的衣服，带着打擦查用的模具、锄头、桶、干粮，到打擦查的场地。煨桑后人们分头行动，有背水的，和泥的，运泥的，有把泥捏成粗形的，倒模子的。每年轮流有两三户人家主持这一天的活动。其任务是供应这一天的茶水、酒、酸菜汤和豆腐汤。

四月八日打擦查，表面上看是一种宗教活动，其实含有深刻的政治意义。它是为了纪念牺牲了的将士和为即将出征的将士祈福。时间长了，只延续了它表面的仪式，却忘却了它深刻的意义。

（六）“斯么兰”的庙会

嘉绒地区笃信宗教，有的节日就直接起源于宗教。赞普布德贡甲时期，由斯多巴兴饶进行改革后的雍仲苯，从吐蕃传到嘉绒地区。后来佛教高僧麦若扎那和查果阿旺扎巴为佛教在嘉绒的传播做了很多工作，但佛教的传播很缓慢。乾隆帝打金川后，把嘉绒地区最大的苯教寺院，金川安宁的雍仲拉顶寺，改为佛教寺院，更名为“广法寺”，藏传佛教的各教派才在嘉绒得到发展的转机。各教派为了立足，适应当地属民的心理，吸收了较多的苯教仪轨，苯教在同佛教的斗争中为了生存，亦进行了不少改革，吸收了一些佛教的仪轨。苯教在嘉绒分布颇多，因此嘉绒地区的神佛也特别多。

五六月份要举办叫“斯么兰”的庙会，嘉绒语“斯么兰”为“吉祥”之意。活动以寺庙为主，一般五天。前三天念经，第四天是羌姆的彩排，第五天跳羌姆，是一个大型的宗教节日。念经跳神之时，百姓都爱去敬献钱物，以求祛灾保丰收、保平安。数目较大的钱物在念经时上庙里捐，有的施舍一天或一顿的饭食给僧人，寺庙则回敬吉祥结或酥油、糌粑，奶渣、人生果做的“错热”以祝吉祥和表示谢意。哈达和少量的钱物在跳神时，由场外向场内抛掷。跳完神就是镇鬼祛邪。

农历五六月是嘉绒地区最好的季节，绿树成荫，果满枝头，田苗茁壮，牛羊肥壮，一片丰收在望的景象。在这样的时候举行庙会主要是为了酬神，向神灵表示谢意。岁末年初也有一个大型庙会叫“出基”，其仪式与“斯么兰”相似，时间相异，含义亦有所区别。因为是岁末年初，这时的庙会主要是为了祭年，这与苯教有很大的关系，苯教所崇拜的对象是世间万物，如天、地、日、月、土、石、山、水、星辰、雷电、草木、飞禽走兽等等。把世界划分为三个部分，即天、地、地下。在苯教的多物崇拜中，尤为崇拜“年”神，说它栖息在森林岩石中，平时又游荡在山顶和山谷间，若冒犯他将会带来不幸。佛教和苯教在斗争中相互融合，把苯教对“年”的认识继承过来。“出基”就是苯教的一种祭年活动的延续，希望年神赐给一年的风调雨顺，六畜兴旺，万事如意。

（七）“燃灯节”

藏历十月二十五日，是宗教改革家宗喀巴的忌日。这天，夜幕降临，佛像前点满了酥油灯，在寺庙和官寨的房顶上，窗台，阶梯；农家的房顶、窗台上摆放着一盏盏由圆根制的酥油灯，处处是灯的海洋，非常壮观，这就是宗教节日“燃灯节”。

14 世纪前后，由于地方封建势力割据，连年战乱，教派林立，僧人不守教规，喝酒斗殴，玩女人，风气糜烂。特别是当时萨迦、噶举派等的上层分子，是掌握地方政权的农奴主。他们享有特权，占有农奴、庄园，残酷地剥削和压迫人民，严重地违背了佛教宗旨，很不得人心，遭到人民的强烈反对。为了维护封建统治阶级的利益，振兴佛教，宗喀巴决心进行宗教改革。宗喀巴吸收各教派之所长，加以充实丰富。提倡遵守戒律，阐扬显密关系，规定佛学次第，确定僧人的生活准则，完善寺院的组织系统和僧人的学经程序。为区别于其他教派，规定头戴黄帽，格鲁派就此形成，威信日增。宗喀巴创立的格鲁派又得到统治阶级的支持，发展很快，成了藏传佛教的一个大教派，给藏区带来了相对稳定。宗喀巴本人在宗教界，在人民心目中享有崇高的威望。他圆寂的忌日，也成了宗教节日。

（八）墨尔多山神生日节

丹巴县岳扎乡巍然矗立的墨尔多是嘉绒藏区和西藏、青海、甘肃等藏族人民共同敬奉的神山。相传墨尔多神是农历属马年七月十三日诞生的，距今已有1300多年的历史。清代墨尔多的后裔，曾率领嘉绒土兵，支援西藏抗击外来侵略者，为祖国的统一立下了赫赫战功，因而受到藏族人民的尊敬和崇拜，故每年的农历初一至十五日，远近各族群众和僧尼，都要来朝拜墨尔多山神。据载：清乾隆以后，朝廷官员也奉圣谕，每年春秋两季朝山，带酒、肉等饮食，上山游览、祭祀，耗费银两由懋功屯务厅列支。从古到今，因县境内各民族杂居和信奉各种宗教等因素，每年祭祀墨尔多山神的活动逐渐成了本地各民族的传统节日活动。尤其是党的十一届三中全会以来，落实了宗教政策，墨尔多山神节，已由过去的单一宗教活动逐步发展为如今集庙会、集市、转经、朝山和旅游于一体，各族群众都踊跃参加的传统节日。

（九）朝山会

嘉绒藏族的祭祀活动很多，其中每年农历五月初四举行的朝山会是宗教色彩极浓和展示其原始、古朴和神秘色彩的一项活动，主要在四姑娘山一带。每到这一天，四姑娘山朝山坪上插满经幡。四面八方的藏族人便会身着盛装，背上青稞酒、牛羊肉、烧馍馍，到朝山坪朝拜四姑娘山。届时，成百的喇嘛聚集在这里，由一位德高望重的大喇嘛引着他们在朝圣的地方打坐、诵经。诵完经，喇嘛们便吹着莽筒，敲锣打鼓，围着朝山坪转上一圈，他们的身后还跟着虔诚的信众及满天飘撒的“龙达”，他们都有着同一个心愿，祈求四姑娘山神赐予安静祥和、五谷丰登的好生活。宗教活动一完，大喇嘛便坐在高高的宝座上，为前来朝圣的人们开光祝福。各个山头也开始跳起欢快的锅庄或开展民族体育活动，如：赛马、摔跤等，整个朝圣之地洋溢着无比欢乐的气氛。

四姑娘山地区的嘉绒藏族人民把四姑娘山的四座巍然屹立的山峰视为山神，每年农历的五月初四这一天，当地的藏族群众都要组织隆重的朝山祭祀活动，朝拜四姑娘山，祈求神山赐予幸福吉祥。祭祀活动的地点就在风景优美的四姑娘山锅庄坪。

朝山会上要举行大型的煨桑仪式。当地群众都不约而同地穿上节日的盛装。嘉绒藏族的服饰颇有特色，除了腰肥、袖长、襟长以外，还佩戴一系列附加装束，以及各式各样镶有珠宝、金、银的腰佩。嘉绒藏族男青年头戴毡帽或者自制的皮帽，身着大领衣，胸前挂银制噶乌（内装有佛像经文的护身佛盒），腰间佩有火镰、腰刀，脚穿自制的皮鞋。女青年们头搭黑土布帕子，边上绣着各种花纹，顶佩珊瑚珠，发辫有金、银、松石辫箍。腰系有绚丽花纹的腰带。脚穿自制绣有花纹的精致布鞋。在他们的身上无不体现藏族人民的勤劳和智慧。煨桑仪式结束后，在锅庄坪开阔的平地上，举行传统的赛马比赛、摔跤比赛和马术表演。嘉绒藏族小伙子们在驰骋的骏马上翻滚跳跃，姑娘们会情不自禁地为他们唱起山歌，表达自己的爱意，并为领先的小伙子献上洁白的哈达。姑娘们的歌声也打动着马背上的小伙子们，他们停下来聚在一起与姑娘们对唱起来，能歌善舞的藏族群众手拉着手、肩并着肩，纷纷跳起了锅庄。锅庄分为舞步平稳雄浑的大锅庄和舞步轻巧明快的小锅庄，人们载歌载舞，传递着喜悦、幸福和吉祥之情。而老人、孩子和中年人则拿出家里最好吃的食物与大家分享，孩子们则在鲜花盛开的草地上嬉戏玩耍。此外嘉绒藏族群众都会组织藏戏表演。活动期间，人们走亲访友，相互祝福，每个人的脸上都洋溢着欢乐和祥和，充满着对山神的敬仰和虔诚。

（十）端午节

端午节是汉、回或其他少数民族时兴过的节日。新中国成立后主要是民主改革后，随着各民族间习俗相互融合，不少藏族聚居区的藏族群众也逐渐时兴过此节。

（十一）中秋节

自清代至新中国成立初，中秋赏月敬神等传统节日仍为汉、回族时兴过的节日，藏族无此习惯，新中国成立后，随着民族传统习俗文化的交流，而今藏、羌等其他少数民族都过此节。

（十二）嘉绒藏区不同的年节

在嘉绒藏族中，年节文化也各放异彩。

过去，在嘉绒藏族聚居的土司区，每年的十月十三和冬月十三要过糌粑年。这个节日仅次于藏历年，头天晚上用面做个长馍馍，里面包上猪膘肉供奉起来，第二天早上吃糌粑喝茶。这一天尽量做些好吃的，男女都穿着最漂亮的服装，痛痛快快地唱歌跳舞欢乐一天。第三天，也吃糌粑（平时不吃）；熬茶，一般没有酥油。并且还吃冷烧麦面饼。第四、五天，送羊，熏烟祭坟。

党坝十一月十三也过年，敬奉“阿尼各尔东”神，据说此神是一男一女。十三日晚做长饽饽，其数目依家中男子人数，馍馍上顶做双角，十三日早晨用连麸面在灶房墙上画“阿美日各”诸神像，把长角馍馍放在盘内敬神。另设酒、面，生一盆火，架上柏枝，枝上放馍，并撒一些面，一点猪膘，由当家人跪在神像前祷告一家老少平安，牲畜健壮，庄稼丰收。然后喝四天酒，吃猪膘、馍馍，喝咂酒。不出门，不请客。

小金藏族冬月十三也过年。据说古时恶鬼（斯仑布）吃人，有一老妇生有一子，三天后便能吃能说。后来吃得多了，养不起，就送到山林中去捕食野兽。此孩长大后，力大无比，打死了恶鬼，群众要选他为王，国王也让位给他，他不肯，还是老老实实做自己的平民，为百姓除害造福。因此每月十二日、十三日晚，家家以面做羊头，家里有几人就做几个，十二日晚打扫厨房卫生后供在厨房内，另一面印日月星形，放置酒肉。到第二天早晨太阳升起的时候，各家在房顶熏烟祭奠这位英雄。在嘉绒的宅垄、汗牛、丹巴等地，都在冬月十三过年，纪念他，还专门念一种经文。

（十三）四月初一（有的是十五日）要上山熏烟封山

从此，不能上山砍柴、打猎，也不能带白色的东西上山，砍的柴、改成的木板也要用树枝盖好，以免惊动山神。这一天，每户要出半升粮食和核桃壳，到了山上，将粮食和核桃壳一起撒向山林敬山神和野兽。还要把从家里带来的鸡、羊、小猪赶入林里“放生”（藏语称“宅特尔”）。有的在敬了山神许了愿以后又带回家里饲养，但绝不能宰杀。

（十四）七月初七敬山神

每个寨子集体宰一头羊，带上烧馍馍、酒等，到山上去，把羊肉煮成汤锅子敬山神，向山神诉说当年庄稼的长势，同时告麻雀、老鼠糟蹋庄稼的状，求山神管好它们，不要糟蹋庄稼，继续保佑有个好的收成。

（十五）木郎节

木郎节是马尔康地区最为隆重的大型宗教节日。在阿坝地区，一年中每个寺院有两次这样的盛会。一次是农历六月十五日，另一次是农历正月初一至初三。节日期间，寺庙要举行跳神、晒佛等宗教活动。

（十六）“额尔冬绒”节

嘉绒藏族还要过独特的祭牦牛神的年，名叫“额尔冬绒”，时间在藏历的十一月十三日，乃是传说中嘉绒先祖“额尔冬爷爷”的生日。额尔冬爷爷在传说中的故事，与《格萨尔王传》很相似，由于他神通广大，能上天、入地、下水战胜各种妖魔，嘉绒人才得以平安。而额尔冬爷爷的原身（法像）即为牛首人身，所以过去每逢过嘉绒年时，土司、土官、守备、大头人家都要用面做一个2尺多高的牛首人身像，供于家中神主位上虔诚供之。

嘉绒地区的有些节日，又是由外地和其他民族的节日引申而来的。嘉绒藏族背靠广大的藏区，又是邻近汉、羌、回等民族，在长期的历史发展中各民族文化相互渗透、交融。特别是汉族文化影响较大，这有它的历史原因。在唐蕃战争中，嘉绒地区是两军拉锯交战的地方，自然汉藏文化也在这里同时传播。从元朝开始，嘉绒地区受中央政权的统治，土司受朝廷的封号，寺庙受朝廷的施舍。金川安宁的雍仲拉顶寺（现广法寺），居嘉绒寺庙的首领地位，元朝时就在成都设有办事机构，取名“五皮古柱楞寺”，朝廷给嘉绒地区寺庙的财物，在五皮古柱楞寺分发，各寺庙派人到成都古柱楞寺领取。形成了与汉区的密切交往，吸收了大量的汉文化。清朝时，乾隆皇帝对金川进行了近三十年的征讨，嘉绒各土司或支持金川，或依附朝廷，都卷了进去。清军战胜金川后，屯兵金川，又移去家属。由此汉文化又大量涌入。嘉绒不少地方过汉族的节日，如清明节、端午节、中秋节等。但仪式与汉区有所不同，有自己民族的地方特色。清明节时坟上的坟标和纸钱由嘛呢旗和龙达所替代，红烛由酥油灯代替，并有煨桑和喇嘛念经祭灵。端午节人们并不知道是纪念屈原，也没有赛龙舟的条件，变得面目全非，成了人们敬山神、水神的时刻。这一天人们要做糖包子，把鸡蛋煮熟染红。中午，儿童们带上糖包子和煮鸡蛋前去敬山神和水神。并采摘回许多野草回家洗澡，传说这一天的草都是药。晚餐也要喝雄黄酒，并在小孩额上点上雄黄，说这样能祛病消灾，成了一种对自然的原始崇拜。中秋节仪式和汉区一样，但内容有所变异。祈求团圆的成分减弱，祭月的成分加强了，在苯教里月是一种主要神。嘉绒人民总是很自然地把自己的宗教信仰同各种节日、集会、娱乐有机地结合在一起。民族间的交往丰富了嘉绒地区的节日生活。

嘉绒地区也要过现代的节日，如“三八妇女节”“五一劳动节”“五四青年节”“十一国庆节”，而且都很隆重。

嘉绒地区有不少回族居住，有的地方也有回族的清真寺，有回民自己的宗教生活、回民的节日。

第二节 藏戏

藏族除了歌舞外，和其他兄弟民族一样，有着戏剧、曲艺、器乐、故事、歌谣和谚语，其中，仅藏戏就有“西藏藏戏”“安多藏戏”“康巴藏戏”“德格藏戏”“嘉绒藏戏”[①] 五大剧种。嘉绒藏戏是目前官方史料中唯一一个有文字记载的艺术表演形式，从史料中来看，笔者认为，它属于藏戏范畴，是现代藏戏的前身。嘉绒藏戏主要流传在藏族方言区内即阿坝的金川、马尔康、理县、汶川以及雅安地区的宝兴、硗碛等地。剧本内容大都反映当地人民生活中发生的事件、民风民俗、传说中的英雄故事等。

① 1991年四川省民委、省文化厅联合召开的“四川省嘉绒地区藏戏问题研讨会”上，与会的专家学者一致认为金川党坝一带嘉绒地区上演的《老夫与少妇》《猎人与猩猩》等剧目属藏戏范畴，从而为祖国戏曲百花园中新增了一个剧种——嘉绒藏戏（以上剧种系根据藏区不同方言来划分的）。

表现的都是藏族对美好生活的赞颂和向往，故事多以善胜恶为结局。

一、嘉绒藏戏的历史

据考，嘉绒藏戏的历史，十分古老悠久。马尔康县政协副主席华尔丹活佛等经过多年调查论证，确认早在758年（唐肃宗治期）亦即藏历土狗年，赞普赤松德赞执政时期，在现金川广法寺就曾演出了嘉绒藏戏《阿尼各尔东》一剧。在金川饶旦土司的史书《土司志》中记载，赞普赤松德赞执政时期苯教大师顿巴兰卡师徒在戈空狮子庙，应饶旦土司之邀参加岭青宫与拉西雍仲“卍”字寺竣工典礼。为庆祝宫殿与寺院的落成，特地撰写了以降魔英雄阿尼各尔东英雄事迹为题材的大型“陆呷尔”（即嘉绒藏戏）《阿尼各尔东》和《泽让兰芝》剧本，并从部落中精心挑选演员，排练演出了《阿尼各尔东》一剧。[①]

另据藏戏研究者余斌等著文称：758年，藏历土狗年蕃夏尔嘉莫查戎祁侵部落（今金川县）第二十代首领芒卡尔·贡斯甲与祁侵下饶色康庙（今金川广法寺）著名法师费巴兰卡为举行部落新型宫殿“列维坡让伊哲”（今列维土司宫殿）和“雍仲拉斯顶楞”（今安宁广法寺）的落成庆典，特从部落的色康庙和嘎尔安寨中精选了能歌善舞的僧侣，组建了“嘉绒祁侵陆呷尔巴”（戏班），在民间歌舞和民间流传的历史故事的基础上，创编了《阿尼各尔东》剧目，并于当年牛月初十至二十五日在部落举行“斯格仁庆”（佛教供施法会）和宫殿落成庆典上演出（据青海民族出版社出版的《吐蕃传》331页载，藏历土狗年为758年，系唐肃宗李衡执政时期）。大量资料证明，嘉绒藏戏的创始年代约在8世纪，其始演地，乃是今“金川广法寺”（原名“祁侵下饶色康庙”当是一座苯教寺庙）。自此，嘉绒藏戏代代相传。

元至正二十一年（1360），嘉绒巴底部落（今丹巴县）第三

---

① 华尔旦本人亦于20世纪90年代，根据松岗土司泽旺扎查传中这两个剧本，修改加工排练了两剧并在马尔康公演。

代首领贡嘎多布为在墨尔多神山的西北部新建一座雍仲多吉楞寺院，由第一世活佛桑或者朗亲自编排了《阿尼各尔东》等戏，为修建寺院的民工们演出，同时在部落每年举行的藏历年活动中演出。明天顺二年（1459），甲卡戏班（今理县）根据一位女人的遭遇排演了《阿里阿太尼查阿》。清雍正五年（1728），穆坪戏班（今宝兴县）为思今部落首领独生儿子赴拉萨深造，编排了《学府白色的帐篷》等戏。清乾隆年间，嘉绒藏戏受到松岗第十一代部落首领苍旺扎甲、党坝第三代部落首领泽旺旦真和梭磨第九代部落土妇若马初的关注和支持，将民间流落的原戏班列为官方社团戏班，使嘉绒藏戏得到进一步发展。

嘉绒藏戏在历史上不断得到发展。清康熙四十三年（1704），党坝戏班著名戏师让索·格茹根据当地民俗创编了《老夫与少妇》。清乾隆十四年（1749），松岗戏班根据佛经故事编排了《泽让兰芝》（《六长寿》），并由苍旺扎甲等人创建了“斯布拉让让”剧场。清乾隆二十年（1755），梭磨戏班根据佛教道歌《米拉日巴传》，创编了《祁晓圭贡波多吉》，由第九代土妇若马初献给安多拉卜楞著名活佛旦白卓米，旦白卓米为增进两地宗教、文化事业的交流将此戏传播到安多地区。另据《清史稿》载：乾隆年间，清廷派兵平定大小金川叛乱后，清将阿桂将上千名俘虏（其中有不少嘉绒藏戏演员）押至京城，为乾隆帝演出。据《清宫史续编》中记载：“太和殿筵宴之礼，恭遇万寿圣节庆及元旦、国庆……内务府官员引朝鲜俳、回部、金川番童等呈百戏。……每岁除旧，赐外蕃蒙古王公等。……金川番童各献杂戏……”乾隆十分称赞嘉绒藏戏，认为：“阿桂所俘番童，有习锅庄及斯呷鲁者，即番中傩戏也”。《清史稿》（中华书局）则将金川艺童表演的藏戏称为“番子乐”，“金川之阿尔萨兰，司乐器3人，为戏师，身长七尺，披五色毛，番名僧阿拉喀……四角兽。番名得勒布，司舞6人。戴舞盔，番名达帽。插鸡翎各六，番名达莫乙。背缚腾碑，番名赛斯丹。带系腰刀，番名江格乙。左执弓，番名得木尼也，右执箭壶，番名相拉。盛箭五支，番名格必已”。此处所言者正是嘉绒藏戏。

二、演员（面具、道具）

嘉绒藏戏的剧中人物均系男性，女角为男扮女装（充分体现了源于苯教原始傩舞，傩祭时代的嘉绒藏戏的傩文化特征）。戏剧中的主要人物戴面具。角色身份也由面具来区分，如《老夫与少妇》《猎人与猩猩》等，从面具上便能一目了然地看出它代表什么角色。女角面具上饰有嘉绒民间妇女特有的绣花头巾、耳佩、项珠等，具有浓郁的嘉绒地方特色。剧目中的一般演员及配角不戴面具，但必须身着节日盛装。

在历史的长河中，嘉绒藏戏面具的制作经历了由简单到复杂，由粗糙到精美的过程。开始是简单的平面造型，在一张比面部稍大一点的椭圆形牛皮或羊皮上挖出眼、嘴的位置，然后用黑色画出鼻子、眉毛，老头加上白胡子便成。后来由于宗教面具的影响，逐步发展为立体的硬塑面具，一代代民间艺人在面具塑造上不断地进行艺术加工，使它不断完美，更加引人注目。

嘉绒藏戏面具的制作没有专业的，一般都是戏师自己动手制作，因此在制作上带有很大的随意性，戏师根据自己的欣赏要求，尽情发挥自己的艺术才能，形成了面具各地完全不同的地方特色。

戏师们在制作面具时，因地制宜，就地取材，用黄泥制作坯子，用麻布和纸浆糊于坯子上，待干后取下来，然后用颜料涂上彩，过去面上还要涂上桐油，现在涂上清漆，这样就不怕日晒雨淋，易于保存，还有一定的光泽。

动物面具受宗教面具的影响，进行了大量的提炼加工，形成了规范，各地的面具都大同小异，其特点是粗犷、神圣。而人物面具则没有形成规范，制作上有很大的随意性，各地都有自己的特点。稚拙、生动、朴素、自然是其共有的特点。

嘉绒面具可分为这样几种类型：

（1）野牛、狮子、老虎

这三种动物在嘉绒人民的心目中有着双重的含义，它们是动物的代表，也是神灵的象征，人们崇拜它们的威猛，像对佛祖一样，顶礼膜拜，表现了藏传佛教盛行的嘉绒地区，原始苯教的深远影响。野牛、狮子、老虎在嘉绒藏戏和其他集会中出现就是苯教多神崇拜的具体表现。它们的出场总是伴着鼓乐齐鸣，唢呐高奏，给人以神秘、庄重、热烈、奔放的感觉。

野牛嘉绒语称“布绒”，现在一般都翻译为“野牛”。实际上与野牛是有区别的，在嘉绒人民的心目中，“布绒”是一种吉祥物，是一种威猛的神物，是各种牛的代表，在现实生活中是不存在的，是人们依据牛的外形经过夸张加工来塑造的。嘉绒藏戏的演出离不开它，在过年过节，大的节日活动开场收场也都要戴“野牛”面具出现。春节期间许多地方还要上演带傩戏性质的“幸福种”，以示来年获得丰收。野牛的形象是经过夸张了的耕牛形象，两支挺拔的牛角，一对圆瞪着的大眼，嘴微张，牛角上挂满了五颜六色的彩带，用竹或树条编织出牛体，用毛织的毯子蒙上，再用毛或麻做成身上的毛，很沉重，舞时必须有两人，一人举头，一人弓身在尾部，随鼓和锣的节拍舞动和戏耍。

狮也作为一种吉祥物，在节日和各种庆祝活动时的主要节目中，嘉绒藏戏的开场、收尾和欢庆场面它都是主要角色。狮的出现比野牛多，除了节日和庆祝活动外，寺庙或民间进行募捐活动，都把它作为一种募捐工具，募捐时募捐队伍敲锣打鼓舞着狮子到每家每户门口，这家人就得拿出酒和果品给来者，然后把捐的粮食或钱款献给领头的人。过年时，嘉绒地区同一个年龄层次的人邀约在一起，舞着狮子到本村或邻村各户去募捐，把捐来的财物做这个集体的活动基金。狮的造型结构与其他地方的大同小异。狮的出现营造出欢快热闹的场面。

虎在嘉绒地区也作为一种吉祥物，是勇猛的象征，地位次于野牛和狮子，很少单独出现在节目中，只是在大的热闹场面才配合野牛、狮子出场增强热烈的气氛。除造型不同外，制作方法上与狮子相同。

（2）一般动物面具

一般的动物面具是戴在面上的，大小比人的脸部稍大一点，抓住各动物的主要特点，制作上比较随意。一般动物中出场比较多的是猴，猴也作为一种吉祥物，象征机智、勇敢、诙谐。嘉绒藏戏中山林是通过猴子的出现来表现的，人和动物的关系常用猴子来串通。猴在造型上特意夸张了眼，给人一种灵巧、诙谐的感觉，演员也经常临场做些滑稽动作，取悦于观众。

（3）人物面具

人物面具在嘉绒藏戏中用于正戏部分，在品类上有男女老幼之分，制作上比较随便，原始味和民间味很浓，充分体现了各地制作面具艺人的技术水平和欣赏习惯，因此地方性也特别强。比如马尔康县的呷南村和金川县的卡拉足虽属两个县，只隔一条大河，相距不过十来里，但同一类型的人物面具，人们只要一眼就能看出制作者的不同。

人物面具在造型上抓住各类人的主要特点加以塑造。其特点是贴近生活，比较自然。在用色上老头儿用得比较深，用深土红，一般的青年男子用肉色，主要人物和老年人用同一个色，可能是取庄重的意思，女人用一般的肉色，另外强调了面颜上的红色。制作上的随意和宗教面具的规范成了强烈的对比。给人一种自然、朴素的效果。

嘉绒藏戏面具是嘉绒藏戏的一个重要组成部分，加强了嘉绒藏戏的艺术效果，丰富了嘉绒藏戏的艺术形式，为演员充分发挥表演技能创造了良好的条件。

嘉绒藏戏面具随嘉绒藏戏的发展而发展，艺术效果也只有在嘉绒藏戏中才能得到充分的体现。由于嘉绒藏戏历史久远，且傩文化贯穿始终，所以流传至今的剧目一般都是三四人组合的小戏，因而目前保留的仅有祭师面具（舞狮人也戴此面具）、少妇面具、老夫面具、青年男子面具、小孩面具（戴面具的偶人）、野人面具、山猴面具。另外还有野牛、狮子、老虎等面具及全套行当。《阿尼各尔东》有十多套武士服饰道具（上插三四片鹰羽毛的头盔、刀、箭等）。有的道具已有近千年的历史。

三、丰富多彩的演出剧目

嘉绒藏戏历史悠久，剧目亦丰富多彩，其中有历史故事、佛经故事、人物传记、生活趣事。初步统计总数在四五十个。剧本结构分韵词和道白，韵词，嘉绒藏语叫“吾布现嘎斯”，精湛丰富，优美动听。贯穿全剧的道白当地语为“吾约斯陆”，是滑稽演员用来惹人发笑的插曲。

现将具有代表性的剧目（节目）故事梗概简述于后。

《吉祥颂》

白雪环绕的蕃夏尔嘉莫查洼戎地区，是吉祥的圣地。佛慧贯顶的人民，是英雄墨尔都的后裔。威震四方的雄狮，是雪山冰峰的山主。勇猛无畏的山虎，是林海雪原的威风。体大膘壮的野牛，是辽阔草原的幸福。

《阿尼各尔东》

远古时期，嘉绒部落受阴界魔首邓恰巴拉让的侵扰，部落陷入困境，苦难深重。慈祥的天王为解脱人间苦难，特派战神下凡降服地界妖魔。

战神下凡后，投胎到一对年过五旬的老人家中。老阿妈名字的第一个发音叫“各”，老阿爸名字的第一个发音叫“东”，于是他俩给这个孩子起名叫“各尔东”。各尔东生下来的第一天，就能吃一升粮，第二天吃了二升粮，第三天吃下了三升粮。老两口很穷，无力供养这个超常的孩子，只好送往部落首领处求生。可部落首领怕各尔东吃空他家的粮仓，强令老两口将刚出生三天的各尔东，丢进深山老林里。在荒无人烟的深山老林里，各尔东奇迹般地活了下来。他白日擒虎豹，腾云驾雾练硬功；夜晚树下烤鹿肉，平心静气修内功，终于练就一身好武功。

时过三年后，阴界魔首邓恰巴拉让等一伙妖魔白日藏在山洞里修魔法，夜里则袭山寨，每夜要灭掉一寨人。害得人们恐惧万状，苦不堪言。

大敌当前，部落首领束手无策，只好派各尔东的母亲上深山老林中去求各尔东来降妖救民。各尔东不计前嫌，为民除魔。为降妖除魔，他要求制作113斤重的铁锤、铁爪、铁链等。之后，毅然出山。黄昏，在庄严的校兵场上，火光彤明，兵马蜂拥，刀枪林立……各尔东驾星光从天而降，并率部落千军万马杀向魔地……两军交战，火光冲天，杀声震地，神军勇猛攻击，魔敌顽固死守。激战之际，各尔东大展神威，他用天兵神秘的“雄狮阵局”“金弓利剑”“闪光宝剑”术等6套绝技的战术武功和113斤重铁锤、铁爪、铁链，一举歼灭了妖魔，拯救了人间。

藏历虎月十三日，部落豪华的宫殿内，万民欢呼，普天同庆，欢庆英雄各尔东降妖除魔得胜利。

《曲斯古扎西》

相传在很早以前，位于嘉绒上游的德普部落首领的夫人生下双胞胎儿子。一个取名叫曲斯古扎西，一个取名叫任青扎巴。臣民议论纷纷说：“百姓生双是件喜事，王府得双是桩优事。”

20年后，两个儿子长大成人，由谁来继任首领的位子？不仅给年迈的首领带来烦恼，而且政教界、臣民中乃至两个儿子之间，引起了一场激烈的斗争。年迈的首领只好听取忠良的老管家的提议，决定两个儿子去夺回被山魔猫霸占的“长胜宝珠”，以此确认王位的归属。经过一场曲折的斗争，正义终于战胜邪恶。善良聪明的曲古扎西接任了王位，并与贤惠善良的姑娘成了亲。欲壑难填的任青扎巴，得到了应得的可耻下场。

《猎人与猩猩》

德达部落在远山的原始森林处，作恶多端的望天猩猩，仗恃身藏有“常胜山宝”，横霸山林，时时威胁着部落的安全。一个良辰吉日，部落勇敢的猎手，按照出山捕猎的传统习俗，一早请过经师打卦。日出东山，率部落猎手，奔袭猩巢，一举捕获了望天猩猩，并获得“常胜山宝”。从此，部落六畜兴旺，五谷丰登。《猎人与猩猩》是历史久远的剧目。藏族原始宗教擅长算命、打卦，巫师不但不忌杀生，还与专门打猎的三兄弟猎神一齐分食猩猩肉，巫师一手拿佛珠，一手拿刀的场面充分说明了该剧的原始性。而有一千多年历史的藏传佛教，则宣扬顺从和行善，戒杀生，《猎人共波夺尔基》就是宣扬佛教慈悲为怀的。共波夺尔基是一个猎人，在猎杀中遇圣人指点，从此放下屠刀，立地成佛，与《猎人与猩猩》宣扬的恰恰相反。另外《猎人与猩猩》剧目中，巫师等人吃完了猩猩肉，还将猩猩的雄性生殖器拿来敬天、敬地、敬神。这种原始宗教中才有的生殖崇拜（包括女性生殖崇拜）出现在剧中，充分说明，该剧形成于原始宗教时期。因为藏传佛教只有偶像崇拜（释迦牟尼、莲花生、活佛、高僧、喇嘛）。

《老夫与少妇》

该剧目主要描写一位山村老头娶了一个年轻美貌的姑娘为妻。老头年老体衰，眼瞎耳聋，无力劳动，一家人的生活重担压在了少妇身上，她多想有一个全劳力来帮她承担生活重担啊！这时来了一位壮年男子，担起了一家人的生活重担，并与少妇生下一个小孩。老头发现此事后，怒气冲天，指责少妇，少妇对老头诉说了原委，老头转怒为喜，欢迎壮汉成为该家庭的一名成员，于是大家手拉手跳起了欢乐的锅庄。该剧充分反映了远古时期社会生产力低下，需要群体的力量来维持生计以及女人在驯养和耕作较为稳定时期社会地位提高后形成的一妻多夫制。

《幸福种》

布谷捎信，大地回春，辽阔的山野，春意盎然，山清水秀，生机一派。勤劳的农夫扬鞭催马，驾驶金犁，翻起一层层肥沃的田土，播下一粒粒幸福的粮种……施肥、锄草，金秋麦浪翻滚；收割、筛打、装仓。唱起歌来跳起舞，丰收的喜悦满山寨。

《野人猎人捕山猴》

古木参天的老林中，一身长满青苔的野人，照常规的捕猎方式，十分笨重地安上捕捉山猴的索套，呆呆地捏着绳子不放，等着山猴上套。嗅觉灵敏的山猴，早已识破野人的索套，不仅不上套，反而戏要起野人，气得野人疯狂乱叫……恰巧，被上山捕猎的猎人碰见，他见野人的怪象可怕又可恶，捕不住山猴，笨重得可笑又可怜。最后，聪明的猎人费了九牛二虎之力教会野人使用猎枪击毙山猴，野人猎人共同捕获了山猴。

《幸福的派泉》

大自然养育的野牛，是大神赐给山民的幸福源泉。奶供山人食，毛施山人穿，耕犁驮运离不开它……日落西山，吉祥野牛扬起四蹄，飞动神角，从远山肥沃的草场归来，停在圈坝，等待主人挤奶。年轻的主人欢快、熟练地挤下一桶洁白如玉的乳汁后，为感谢祥牛的施舍，盛满一杯香奶。敬天第一杯，求大神发慈悲；敬地第二杯，愿大地五谷丰收；敬在场人第三杯，祝大家的生活像奶一样甘甜。

四、古朴奇特的表演艺术

嘉绒藏戏的演员过去大都是农牧民，他们以支差方式从事业余的演剧生活。其演出目的主要是为土司吉日庆典、官职升迁、年关节庆或佛教法会等服务。演出的内容大都为反映社会生活。演员是从能歌善舞的人中选调的。他们把民歌以及民族舞蹈、“四土锅庄”融入表演之中，形成生活气息浓厚、憨厚淳朴的民族特色，并具有浓郁的泥土芬芳的民族表演风格。从表演艺术因素来分析，嘉绒藏戏的表演有以下特点和特殊风格：

（一）嘉绒藏戏的角色。嘉绒藏戏不同于一般戏曲分生、旦、净、末、丑等角色行当，而是习惯以人物身份、等级定角色，如国王、高僧、猎人、武士等。由于嘉绒藏戏中，有动物出现，如《吉祥颂》（也叫《木茸》）中有牛、狮、老虎，《猎人与猩猩》中有猩猩和猴子等动物，这便形成动物的特型角色。

（二）别致的演出风格。嘉绒藏戏往往演出于旷野，以山、天为背景。演出前，在靠山的一边，挂起墨尔多山神的唐卡画。演出的仪式隆重，奏乐，鸣炮，并请寺庙高僧诵经祈祥。戏的演出分三个段式：

（1）开场。由面戴吉祥老人面具的“阿札拉”介绍剧情。通常表演《吉祥颂》以祝福观众。

（2）正戏演出，内容多为正义战胜邪恶。

（3）尾戏，祝福观众吉祥如意。届时，演员排成一排向观众撒青稞面，以示五谷丰登，年景美好。

（三）特殊的拟兽表演。以《吉祥颂》为例，演员装扮成野牛、狮子、老虎，在音乐伴奏下，走路、跪下、抓头、梳毛，模仿动物的形态。牛被嘉绒人视为吉祥物，它勤恳耐劳，奶、肉供人食用，毛皮供人穿着和装饰，牛骨可做乐器或生活用品。因此，牛被视为大山神赐给嘉绒人的幸福源泉。所以，牛出场时，披红挂绿，鼓乐齐鸣，气氛热烈。加之，“演员”对牛的特性非常熟悉，表演牛时，神态、动作逼真。

嘉绒藏戏的表演，虽来源于生活，也有一定的艺术加工，有一定的步态程式。如缓步，稳重如山，主要用于国王、高僧、年迈长者。欢步，如万马奔腾，主要为武士、青年所用。平步，平静舒缓，多用于女性角色。

嘉绒藏戏中的动物要佩戴动物形象的头套、面具（如狮子、牛、猴等）。表演人物时，亦戴代表人物性别、性格的面具。在《老夫与少妇》一剧中，所有角色都戴面具，其性别、身份，使人一目了然。如扮演猩猩，戴上面具则更显高大粗犷。戴少妇面具，则更有利于男扮女装的角色表演，使之更加真实、动人。戴面具表演是嘉绒藏戏的一大特色，更显其古朴神奇。

嘉绒藏戏表演的另一特色是，在表演中融入了嘉绒地区的民间艺术。如《阿尼各尔东》中军队得胜舞的场面。阿尼各尔东，是嘉绒人最崇敬的英雄。民间传说阿尼各尔东系天神下凡（一说是赞普派到弃绒的大将），专门降伏害人的妖魔鬼怪。他来到人间，练就一身武艺。勇敢地歼灭妖魔，挽救了山寨。嘉绒艺人在表演他得胜归来的欢庆场面时，采用了当地最具代表性的舞蹈“四土锅庄”，以构成得胜舞的内容。勇士头戴插着羽毛的头盔，身着铠甲，手持刀、箭等武器，踏着雄壮的锅庄步态，逆时针方向旋转、吼喊。这种健壮、优美，又具本土特色的表演，可以说是嘉绒藏戏艺术家的一种特殊创造。

在嘉绒藏戏表演中，有些属于杂耍性表演，往往被人忽视，或者误认为整个嘉绒藏戏只不过是杂耍、歌舞而已。从目前保留的录像中，看到有翻筋斗、跳桌子、耍刀等杂技性表演。这些节目，融于戏剧表演之中，非常引人注目，应看成是嘉绒藏戏的有机组成部分。因为藏戏往往演出于广场、晒坝，在演大型节目时，有演员上下场的间歇或换场的间歇。为使观众情绪不断，避免场地冷落，在这个时候，演出一些杂耍节目，不至于冷场空坐。德格藏戏中的“汉兵舞”，往往插在演大戏的间歇，或演员换装的空隙，铿锵起舞。它与整戏无关，但从演出整体看来，其娱人目的是非常明显的。

所以，在嘉绒藏戏艺人看来，此种演出方式，已成为演出的组成部分。而这也就是嘉绒人演戏自娱娱人的演剧特色之一。嘉绒藏戏的武打主要取材于藏戏民间军体与传统体育活动，有弓、剑、刀、矛、盾、枪、拳、棍，以及摔打等。全戏的演技技巧有“九技”“六功”等。

嘉绒藏戏的表演往往与舞蹈、唱腔音乐融为一体。以《吉祥颂》与《得胜兵舞》为例。在《吉祥颂》中，除小丑阿札拉外，其余是牛、狮、虎等动物表演“拟兽舞”。这里的音乐伴奏十分关键，如狮、虎出场时，绕场走动。少顷，神牛上场，这时唢呐、吹管、锣鼓齐鸣，在热烈的气氛中神牛披着红绸，头顶大红花朵，踏着凝重的步伐出场，俨然国王登殿，佛祖现身，威武无比。然后，在欢庆的音乐声中，神牛率领其他神兽绕场，拜天地、山神，祝观众吉祥。在《阿尼各尔东》“得胜兵舞”中，身穿戎装、手持弓箭、刀枪的士兵，时而排成单行，时而绕成圆圈，吼着雄壮、整齐的声音，踏着坚实雄壮的步伐，动作配以鼓、锣、钹的节拍和马蹄铃声，两个雄壮、威武、扫荡妖魔的神兵，活灵活现于观众面前。人物表演、音乐、舞蹈三者的严密结合，是古老、别致的嘉绒藏戏表演艺术的重要特色，也是嘉绒藏戏区别于其他戏剧的标志之一。

五、浑厚质朴的戏剧音乐

嘉绒藏戏的音乐古老淳朴，并随着时间的推移，逐渐丰富完善。有资料表明：唐肃宗二年（758）嘉绒祁侵戏班著名戏师赞巴兰卡，以原始宗教一钹一鼓和地区民间面具舞曲、民歌、说唱为基调进行首创，后经无数名师充实发展，形成了一整套较为系统而完善的藏戏戏曲音乐。8 世纪藏族语言文学大师毗若遮那在原赞巴兰卡原始苯教一钹一鼓打击乐和“阿尼各尔东拉伊贡颂色”唱曲基础上增用了佛教尼班派“班马佣”曲牌和“曲古赞里”“德普更让亚登”等唱曲。14 世纪嘉绒巴底戏班著名戏师桑古朗白编创了《吉祥颂》剧目中的“根当当格来”鼓谱和传统剧目《阿尼各尔东》《列拉索》等唱曲。15 世纪，夺列戏班编谱了“崇本达吉”等唱曲。16 世纪，甲卡戏班制作了戏曲唤呐“木多列”等。17 世纪，绰斯甲戏班引用了“大开门、小开门，将军跑马”等乐曲。18 世纪，梭磨戏班著名艺师高僧拉那、若巴与党坝戏班戏师让索格茹在甚脚院，借助地区传统的民间乐曲和器乐，在嘉绒民间舞蹈曲、民歌、情歌、劳动号子的基础上，创编了包括唱腔在内的一整套“陆嘎乐曲卡若莫”和《鼓经》《开场曲》《唱曲》《间隙音乐》《气氛音乐》等一整套适应戏剧特征，衬托戏剧气氛的嘉绒藏戏戏曲音乐。据《清史稿·乐志》记载：“金川之乐，曰‘阿尔萨兰’，一曰‘四角鲁’，用‘得梨’（形似唢呐），‘柏且尔’（铜钱）一、‘得勒窝’（形似手鼓）一。”嘉绒藏戏音乐，曲牌众多，形态丰富，是一笔相当丰富的文化遗产。

嘉绒藏戏的唱腔音乐主要取材于嘉绒民间山歌、舞曲、宗教诵经以及曲艺说唱等丰富多彩的声韵艺术。它根据戏曲的特征精心设计，形成了“正面人物唱腔”“反面角色的唱腔”“群众配角的帮腔”三种情绪性发挥较大的唱法。

六、演出习俗

嘉绒藏戏的演出，依传统习惯，一般由三个部分加上一头一尾的仪式程序组成。

所谓三个部分，即演出有开场戏、正戏、尾戏三个部分。开场戏由戏师出场介绍剧情。往往以演出《吉祥颂》《木茸》开始。正戏，即演出大本戏剧。如《阿尼各尔东》或折子戏《老夫与少妇》《猎人与猩猩》等。尾戏，往往演出象征胜利的“军士威”（《阿尼各尔东》“军士步”）或杂耍、武术等娱乐节目。

所谓“一头一尾”，是嘉绒藏戏演出习俗的特殊仪式。由于嘉绒藏戏大都是在佛教吉日、吉庆典礼等喜庆节日演出，演出中经常要伴以敬神祈福、迎候吉祥的仪式。开场仪式，庄严肃穆，极富浓郁的宗教祭祀色彩。首先在仪式场（演出场地的中心）堆砌三堆“煨桑”（松枝柏桠），同时，备好巨幅唐卡。宗教乐队端坐上方。仪式开始，先由吉祥老人点燃松枝柏桠煨桑。天空袅袅浓烟直上云霄。“煨桑”意为净天、净地、驱邪迎神。向天神报备，祈神落场，祈吉降福。此时宗教乐队高奏“煨桑钹鼓经”（吉祥如意曲），全体经师、喇嘛高诵“煨桑经”。同时，几位高僧立刻展开“墨尔多神山”的巨幅唐卡。在场人员亦全体肃立，拱手虔诚朝拜。整个开场仪式，在吉祥如意的乐曲声中，在高僧诵念的“煨桑经”中，在喜庆的鞭炮声、锣鼓声中，在众人虔诚的朝敬礼仪中，圆满完成。接着由吉祥老人（有的地方由“阿札拉”）上场致“开场白”，并演出《吉祥颂》，祝福吉祥。待正戏剧目演出结束后，要进行一个剧终谢幕仪式。届时，全体演职人员排成一队，面向观众，朝天抛撒青稞面或五谷、鲜花，祝福五谷丰登、吉祥如意。宗教乐队和戏班乐队高奏“欢送曲”，热烈欢送观众离场。整个演出，在吉祥欢乐的“欢送曲”中圆满结束。

嘉绒藏戏的演出过去一般是在宗教节日、土司升迁、官寨喜庆、寺庙落成时庆演。时间大都在阴历十一月十三日或夏季七至八月份，或佛教的斯格仁青法会期间，所以演出十分频繁。人们视演出为参加隆重的宗教活动，看演出是接受“教化”，故显得隆重庄严，人们对演出充满神秘感与神圣感，对戏班亦极为尊崇和敬仰。

七、乐器、道具、服饰

与京剧和川剧一样，嘉绒藏戏的乐器也十分丰富，并且独具高原风格。一般有铙、钹、鼓、锣、琵琶、环佩、镜、钟、铃、铛、瓦器、笛、箫、海螺、碰铃、唢呐、骨号、莽筒以及击掌声等。整个演出活动的器乐伴奏，由宗教乐队和民间乐队分别担任。乐队编制各戏班不统一。宗教乐队一般为 7 人—10 人。由司钹者担任指挥。乐曲为开场前的煨桑仪式、展唐卡仪式和结束时的吹打以及国王、高僧、大臣出场时演奏。不论宗教乐队或民间乐队，大都是以唢呐、莽筒吹奏主旋律，鼓、钹等打击乐打击各种鼓点作伴奏。

道具更是丰富，但又与日常生活和宗教密不可分。主要有，象征吉祥的明镜、奶酪、长寿草、木瓜、右旋海螺、牛黄、黄丹、白芥子、金刚轮、胜利幢、吉祥结、妙莲、宝瓶、金鱼、哈达、弓箭、矛、大刀、短刀、斧、锤、三叉戟、铁链、宝剑、水纹刀、短杵、盾牌、头盔、牛尾等。

服饰除了开场戏中吉祥老人和武士穿戴特殊外，其余演员一律穿嘉绒藏族古装和日常生活服饰，华丽多样，佩戴讲究严格。另外还有因剧情人物而定的面具。

八、嘉绒藏戏的艺人与戏班

嘉绒藏戏曾经涌现出不少的名僧艺师，如祁侵戏班的赞巴兰卡、若登姐姆；绰斯甲班的丹足、贤贤；党坝戏班的让索格茹、吉尔古、让布、列布多布、多罗尔依；松岗戏班的苍旺扎甲、泽让、生格；卓克基戏班的着着·大若；梭磨戏班的若马初、拉那、若巴；甲卡戏班喇嘛罗让，夺列戏班的索朗；穆坪戏班的旺尔甲；巴底戏班的桑吉朗伯、嘎都甲等。

嘉绒藏戏戏班，由各地土司组建，凡有土司的地方，均有一个官办的戏班。1959 年民主改革后，官办戏班解散，戏曲艺人在民间进行自娱自乐的表演，形成了大小不同的业余戏班。戏班一般在每年的供施法会或重大的吉日演出。

著名戏班主要有：金川县的祁侵、绰斯甲戏班；马尔康县的党坝、松岗、卓克基、梭磨戏班；小金县的赞拉、俄日戏班；理县的甲卡戏班、斯大大（属拉萨）戏班；汶川县的夺列戏班；宝兴县的穆坪戏班；丹巴县的巴底戏班、丹东（安多戏）戏班等。嘉绒藏戏没有专业剧团，但十分活跃。由于颇受僧侣的崇敬和喜爱，所以演出频繁，并代代相传，绵延不衰。

戏班相对稳定，如果有人要退出，需要自己去挑选接班人，并把自己知道的全部教给继承者。选择继承人的标准有四：第一，身体强壮；第二，擅长跳舞；第三，人品好；第四，有相对较好的文化知识。

当地藏族群众若不能到供施法会上观看祭祀活动和嘉绒藏戏演出，只要观看供在家中神案上的“郭董特青木刻版”面模，就当作看到演出了，认为同样也能驱魔除祸，吉祥如意。这种木刻板形状为郭董特青的半身坐像，上为头部，长方形半身内，分别标有天空、日、月、星辰、头盔、大刀、铁链、铁爪、铁砣、弓、箭等降魔器具和羚羊、牛等嘉绒藏族崇拜的吉祥动物，以及藤牌、“卍”字符号等避邪镇妖护身之物。

九、嘉绒藏戏独特的风格和特点

嘉绒藏族作为藏族的一个支系，由于自然环境和历史发展的因素，在语言、生活习俗上形成了自己独特的特点，这种特点影响着嘉绒地区的民间艺术，也发展成独特的风格和特点。

（一）嘉绒地区处于高山河谷地带，这里的人民多从事农业生产，土地分散，劳动强度大，田间时间短，不可能像牧区那样长时间地进行娱乐活动，一般的娱乐活动都与节气连在一起。嘉绒藏戏大都在一年一度的“斯格仁真”时上演。“斯格仁真”上有宗教舞蹈羌姆、民间杂耍，不允许藏戏演出时间太长。所以嘉绒藏戏一般都比较短小简练，从西藏和安多流传来的剧目在一般情况下都只是选取片断演出，少有大本大本的戏。

（二）戏班不像西藏和安多，大多由寺庙搭班演出，而是由土司指令土司官寨所在地的百姓（柯巴）组建。因此在内容和目的上不是重宣传，而是重娱乐，除流传的传统剧目外，本地剧目受佛教的影响要少一些，而保留了不少原始崇拜。

（三）嘉绒藏戏中的角色全由男子装扮，角色的身份由面具和服装来划分，面具夸张，服装考究，只有群众演员才不戴面具，服装只是现实生活中的新衣服，经过精心的设计，使现实生活中的普通衣服给人以特殊的效果。

（四）不少嘉绒藏戏的内容和形式都很诙谐，演员在演出时可以即兴发挥，使演出更加生动活泼，取悦于观众。但这又带来不足，那就是某些剧趣味比较低下。

（五）嘉绒藏戏的乐器，以鼓、锣、钹为主，有时加进笛子和胡琴，曲调吸收了锅庄和民歌的特点。

四川省阿坝州马尔康县党坝乡尕兰村村委会主任昌旺恩波说：“嘉绒藏戏是独具地方特色的艺术品种，滋生这种艺术的土壤是嘉绒藏文化的积淀。”① 嘉绒藏戏对研究嘉绒地区民俗、宗教、历史、文化等方面有着特殊价值，透过戏曲反映社会，可看出其文化背景，包括生产方式、生活习俗、审美情趣等特质。

1959年民主改革后，官府戏班解体，戏剧表演被艺人带到民间，于是出现了群众自娱性的藏戏表演，由于艺人分散到各个村寨，这些民间业余戏班人数少、戏班少，因而只能表演一些小剧目。

党的十一届三中全会后，藏戏艺术得到恢复和发展。首先是传统的剧目《木茸》《猎人与猩猩》《老夫与少妇》等得到恢复。随着人们生活水平的不断提高，人们的艺术观赏水平也得到

① 《嘉绒藏戏期待保护》，《四川日报》，《文化潮》2008年版。

了提高，古老的剧目已不再适应现代人的审美情趣。于是在马尔康县委、县政府的关怀下，经过县文化馆同志们的努力，在马尔康地区组织排练了具有现代艺术水准的大型舞台戏《阿尼各尔东》。演员来自嘉绒各地，其阵容之庞大，服饰道具之华丽，舞美音响之齐备，均堪称州藏戏表演之冠。但是这种人为的，在短时间内所创造的艺术，其生命力是脆弱的，这个轰动一时的大型现代舞台戏，只演了两场便夭折了。当然一个独具地方特色，并有两千多年历史的艺术种类，要在短短的时间内，彻底改变它的形式和内涵是不可能的，因为滋生这种艺术的土壤，是嘉绒文化的堆积，所以21世纪的今天，嘉绒人民仍表演着古老的戏剧，欣赏着古老的剧目。大型的现代化剧目《阿尼各尔东》只能说明嘉绒地区有了自己新创的戏剧表演形式，但它无法取代过去那种植根于群众之中的宝贵的文化艺术遗产。要知道区别或划分一个剧种，主要是语言和唱腔，之所以嘉绒地区至今仍保留着近两千年的傩文化而不受外来文化的影响，也就是语言和唱腔在起作用。安多藏戏源于甘肃拉卜楞，不远千里传至阿坝、红原、壤塘各县，而与这几个县相邻的嘉绒地区却与此剧无缘，另外西藏藏戏、德格藏戏都无法渗透进来，这就是语言、唱腔不同的缘故。嘉绒语属典型的地方方言，嘉绒方言在我国藏区方言中独具特色。据藏语言专家考证，嘉绒语言是在古藏语基础上发展起来的，并一直保留原状，所以嘉绒语一直保留着古藏语的发音法及前加音，这就难怪其他剧种无法在嘉绒地区立足，从而使嘉绒本地的戏剧得以保留两千年而不变。

第三节　舞蹈艺术

藏族是一个以能歌善舞闻名的民族，藏族歌舞在藏族文化中璀璨夺目。藏族歌舞除了具有舞蹈本身的意义之外，还具有宗教社会功能，如以舞蹈为载体而表现出宗教的社会控制功能、整合功能、行为规范功能、心理调节功能、陶冶情操的美感功能等。

通过舞蹈这一特殊的艺术视点来看待社会文化的作用与意义，是舞蹈向其背景文化纵深发展的主要途径，因为，对舞蹈文化的研究是必须以文化架构中的舞蹈作为其对象的，而“研究舞蹈艺术比研究其他艺术更能加深我们对艺术的社会价值的认识”①。

歌和舞总是紧紧联系在一起的，嘉绒藏族尤其如此，只要开口唱歌，人们就会情不自禁地舞蹈起来，嘉绒藏族的舞蹈如同嘉绒藏族的民歌，同样起源于生产劳动。有谚语为证：“不会唱歌的是头牦牛，不会跳舞的是根木头。”嘉绒藏族的民歌，跃进的旋律多，时而高亢，时而低沉，时而激烈，时而舒缓，跌宕起伏，节奏感强，调子总是极其精确地适应着某种劳动所特有的生产动作的韵律，而且每一乐句，形成一种自然而然的对应，仿佛天生为舞蹈而歌似的。嘉绒藏族长期处在封建社会，农牧业生产水平十分低下，劳动效率极低，每一种田间活路（如除草）都要几天甚至十几天，才能完成。为了减少劳动时单调机械动作所带来的疲乏与困苦，舒活筋骨，抖擞精神，使身体各部位得到活动的机会，每天生产之余，便唱起歌，跳起舞，庆丰收，祷吉祥。

嘉绒藏族舞蹈与他们的服装分不开，他们的舞蹈动作，以舞袖居多，藏民们只要把袖子一放下来，就可以跳舞了，表现出他们的朴实敦厚。

一、嘉绒藏族的舞蹈以大锅庄舞、小锅庄舞（弦子舞）和跳神舞最为流行，都具有独特的民族风格。

1. 大锅庄舞，藏语称“苟绰”。“绰”是藏语舞蹈的泛称，“苟”是圆圈之意，“苟绰”即围着圆圈跳舞的意思。据史载，其起源于古代的“盟誓”，它如今是藏地最广为流行的民间舞蹈，不论年节、喜庆或劳作后的闲暇，不论田边地角、草场空地，还是堂屋饭厅，男女老幼，甚至家中父子夫妇在茶前酒后亦携手唱跳为乐。在盛大的节日，如四土的若本溜节，更是全族大聚，畅饮狂舞，通宵达旦，数日不息。锅庄，以四土和巴底、大

① ［德］格罗塞：《艺术的起源》，蔡慕晖译，商务印书馆，1984年，第40页。

小金川、黑水最为精到，首屈一指，有藏谚云："巴塘的弦子，四土的锅庄。"

2. 小锅庄舞（即弦子舞），藏语为"谐"，是相对歌舞的意思。舞时围成圆圈，男女各站半圈，相对而舞，男领舞者弹着弦子（一种类似京胡的乐器），或吹笛或打琴铃等伴奏，顺势而转，跳的动作以舞袖为最多，长袖摇曳飘拂，步伐变化多姿，队形变化尤为多样，忽而如两条长蛇，忽而手牵手围成一个圆圈，忽而两队分开互相穿花，歌声深情舒缓，舞步轻盈优美，宛如群仙飘舞。小锅庄舞的歌词大多表达藏族人热爱生活及追求美好爱情的愿望。

3. "跳神"实际上是一种宗教舞蹈，深受藏族人民的普遍喜爱。参加"跳神"的都是寺庙的喇嘛，舞者穿戴各种神的服饰和面具，以铙、钹、鼓、唢呐、海螺等伴奏，跳一场休息一会儿，再跳第二场，这样连续直到终场，往往要延续几个小时。

"跳神"分单人、双人、集体三种形式，且内容丰富，各有固定的格式和要求，有的多达十余场，每场都要表现一定的情节，都有完整的结构。跳神的意义是为了驱魔逐邪，通过模仿一些动物的健美动作来表达人们的美好感情，或以想象出来的恶魔形象反映人们的反抗精神。

整个跳神舞蹈，既有激烈亢奋甚至疯狂暴怒的部分，也有行云流水般悠闲柔美的部分，难度均较大，没有强健坚韧的身体素质是无法胜任的。因此，跳神舞必须是寺庙的经过严格训练和考试的僧人才能学习。学习时，须先学习一至两个月的面具舞，打下基础，再用半年时间学习野牛舞，还要用两年以上的时间学习跳舞及其他舞技。学习跳神要进行严格的基本训练，特别重视速度、灵敏度、力量、身体平衡和柔韧的训练，从脚关节直到手指关节一共有十三处关节要进行训练，有垫步、奔跑、跳跃、后路跑，并结合左右扭腰的跨步走等练习形式，采用的器材有沙袋、沙背心、石墩、短棒等，时间一般早晚一次，早上从三点半左右直练到天明，晚上从天黑练至十点左右。

二、流行的舞蹈种类如下：

1. 达尔嘎底

产生于隋唐时代，在一定范围、一定场合，由专人组织、专人编制的带有敬仰崇拜意义的歌舞形式；其音乐有序列、层次，由固定内容与新创内容结合，有首有尾的固定舞曲，开始跳《德让斯嘎尔玛让波》和最后结束的舞曲《扎西学》，前者小调商调式，后者大调宫调式。

2. 达尔嘎任

舞蹈动作与达尔嘎底有相同之处，因内容和形式不同，在舞蹈风貌上又具有自己的特色。此舞不拘时间、地点，属民间自娱性舞蹈。曲谱多为七声大小调音阶，羽调式居多，徵调式和宫调式极少。

3. 俄卓

安多藏语的音译，流行于阿坝州牧区。歌词富有草原特色，以吉祥欢乐为内容。步伐以点踏、擦地、跺脚为主，是骏马扬蹄、擦蹄、跺蹄的逼真模拟。通常运用民族传统的五声音阶，少量舞曲出现变宫音构成六声音阶。清浊音极少见。以商徵式为主，宫羽调式次之。

4. 弓箭舞

流行于四川大渡河和岷江流域的嘉绒藏区，是藏族喜闻乐见的传统民间舞蹈。以前，嘉绒地区的民众都过嘉绒年（腊月十三日至十五日）。届时，土司头人就精选一批人在寺庙或官寨中跳弓箭舞，供欣赏消遣。后来，土司头人家中婚嫁、祝寿时，也跳弓箭舞以助兴。普通百姓 48 周岁之日跳弓箭舞是希望能够顺利度过人生 49 周岁这一凶年。从跳弓箭舞的场合可以看出弓箭舞是象征权利、福寿、和平的，由于各种原因，弓箭舞濒临失传，现在只在部分地方流行。

跳弓箭舞时，一般都由村寨里精选出年龄 16 岁—25 岁的 13 名男子组成，配上一击鼓者和两吹大号者。跳舞者身穿盔甲，头戴盔，背负盾，左手持剑，右手拿弓，腰配宝刀，一副古代士兵的装束。他们在一群身材魁梧的领舞者的一场开场舞后，便随着领舞者踏着鼓点，作拉弓、舞箭等动作，以逆时针方向踢踏跳跃，以腰旋转，舞姿矫健有力。每跳完一次，领舞者就介绍嘉绒地区的服饰等。更具体的舞蹈内容是：在一阵阵锣鼓声中，在由低到高的唤神声中，表演者们一个个单脚起跳行进，时而左脚时而右脚，头盔上的那10支羽毛不停摆动，手中的弓箭也变换着不同的位置，13人围成的圆圈，有时大有时小，像进攻又像防御。弓箭舞的内容丰富多彩，有表现古代嘉绒人征战场面的；有表现和平友谊的；有表现古代士兵们训练情形的。

弓箭舞不仅是百姓喜爱的舞蹈，而且深受官家的青睐。据史料记载，乾隆四十二年（1777），定西将军、大学士阿桂将一部分大、小金川的藏族艺童带到北京朝廷“万寺圣节正庆及元旦、国庆……”在太和殿与保和殿演出。[①] 古朴的弓箭舞既表现了嘉绒藏族群众热爱和平、反对侵略、维护统一的美好心愿，又体现了浓郁的地方民族风情。

5. 九寨沟藏族舞蹈

九寨沟县双河一带藏族舞蹈古朴、典雅，以假嗓高歌起步，众人连臂呈圆形起舞。音乐突出于切分音符，单切音、双切音、三切音、四切音与舞蹈动作交织，形成了特殊的韵味。

6. 祭祀舞蹈

“卡斯达温”，黑水方言为铠甲舞，是古代勇士出征所跳的祭舞，七八十岁的老人至十余岁的少年都会跳。表演时，头戴插有牛尾的圆形帽，穿牛皮制的甲衣，手持兵器。音乐的两条旋律向同一方向运动，高声部拖腔成直线，低声部以切分下行。

7. 哈玛

藏语音译，意为神兵舞。是传说中格萨尔王派来的神兵所跳之舞。表演者手持弓箭，头戴鹰毛头盔，身穿铠甲，无乐器和歌唱伴舞，以口令声进行表演。

8. 铠甲舞

铠甲舞是指穿着铠甲而跳的舞蹈。铠甲大约可分四种，即漆

---

① 参见本书对嘉绒藏戏历史的介绍。

牛皮甲、象皮甲、藤甲、铁皮甲，其中，漆牛皮甲使用最多，又大约可分为整片甲和千叶甲两种，其中又以千叶甲使用最为普遍。

（1）舞蹈过程

铠甲舞表演者所穿铠甲上身为背心式，无袖，背后挂有一铜铃；下身为裙式，上下连为一体；腰间配以色彩鲜艳的藏式布腰带和一把银鞘藏刀。所披铠甲均由约 8 厘米—10 厘米长、2 厘米—4 厘米宽的生牛漆皮构成，并用由熟牛皮做成的绳子将其串结在一起；一副铠甲 15 斤—20 斤重，部分漆皮上绘有图画，如身穿铠甲挥刀的武士以及祥云、矛等。整个铠甲看起来似有一种威严之感，大约是因为在冷兵器时代的战斗中，铠甲除了保护身体外，也是一种装饰，以起到威慑对手的作用；铠甲在不穿时，可堆放成“宝塔”形状，并作为“神器”供奉。铠甲舞的表演 7 分钟—8 分钟，基本上可分为三个部分：

第一部分为开场，24 位（其中身披铠甲者两位、着红色水獭皮藏袍一位）男子手提刀剑威风凛凛地站成一排，老年人及德高望重者在前，年轻人在后（以从左至右顺序排列）。由一中年男子用牛角壶为每位准备出征的武士倒酒，喝酒的武士按次序由左至右用一个酒碗传递。同时，一位年老者一边以悠扬庄严的嘉绒藏语高亢祈祷，一边用手指沾酒后洒向天空，以示对神灵的敬意和祈求神灵的保佑，整个过程 2 分钟—3 分钟。

第二部分是在致颂词结束后，队列开始以顺时针方向行进。这种进行方向反映了藏族歌舞的特色，因为“在藏族民间舞蹈中，……在队列所走路线上，必须从左向右按顺时针方向沿着圆圈前进，这和他们日常生活中转经、绕寺庙向右旋转的方向是一致的”①。手提刀剑、身披藏袍的武士们在领头长者的歌声带领下，以厚重、苍凉而悲壮的歌声一唱一和，此起彼伏，并即兴式地不断加以“嗷——呵”的吼叫，整个队伍边歌边舞，以直线队列开始沿着晒谷场空地四周一边行进，一边伴以碎步前后移

① 刘建等：《宗教与舞蹈》，民族出版社，1998 年，第 296 页。

动，弓腰，一边做着古朴而典型的藏族舞蹈动作；当转至第三圈时，队伍在一阵“嗷——呵”的吼叫中突然开始由直线队列转为一种“蛇形队列”，整个队伍在空地上蜿蜒前进，曲折回旋；速度逐渐由慢变快，武士们的情绪也由凝重而渐入激动亢奋的境界。这种“蛇形队列”在场地内行进两圈后，又在一阵“嗷——呵”的齐声吼叫中进入了整个铠甲舞的高潮——第三部分。这一时刻的到来似乎使武士们的激情以及民族精神得到了最彻底的释放。当队形由“蛇行队列”变成数排“排山倒海”式的“冲杀阵”时，舞者“醉”于“舞”的酣畅之中；武士们都高举手中兵器以势不可挡的气概冲向前方，“嗷——呵”的高亢吼声有节奏地伴随着“冲杀”此起彼伏。

（2）舞蹈风格

在整个舞蹈中，其风格主要是以古羌“大葬舞”中的跳铠甲舞为基础，又受了藏传佛教中跳神舞蹈的一些影响，因而可以说，铠甲舞实际上是藏羌两个民族在历史上长期融合的产物，也是嘉绒藏区作为不同的宗属民族文化交接地区的一种特有的艺术形态。另外，除了藏、羌舞蹈中的一些基本特征，如弓腰、曲背、弯膝、碎步移动、抖铃等动作，都有典型展现粗犷、浑厚、神勇、尚武的山地民族舞蹈特点外，其鲜明的舞蹈节奏也给人以深刻印象。在舞蹈中，节奏多兼有切分和混合节拍，这就使得音乐的强拍被改变，并使其节奏在“舞者”身上充满着一种野性与自由的“生命力”。

在铠甲舞的表演过程中，表演者能够利用不同的强拍节奏以表现出雄壮、有力的艺术气势，而有的学者就将这种气势归纳为整个氐羌系舞蹈的基本共性特征——“虎气”。[①]

嘉绒歌舞是在长期的生产实践和社会实践中形成的，自成体系，独具特色，具有浓厚的乡土气息。其歌有锅庄歌曲、劳动歌曲、情歌、民俗歌等。

---

① 刘金吾：《中国西南少数民族舞蹈文化》，云南人民出版社，1996年，第129页。

第七章　嘉绒藏族的民俗文化之三

第一节　婚嫁风俗[①]

嘉绒藏族有着悠久的历史，先民们创造了光辉的历史文化，形成了自己独特的风俗习惯。

由于受自然地理条件和社会生活环境的影响，在不同的地域存在习俗等各个方面的差异，这就是民间所谓的“一方一俗”。在大渡河上游的大、小金川流域居住的嘉绒藏族的习俗，既有本民族习俗的共性，又具有“一方一俗”的浓郁地域特色。如林耀华先生在《川康嘉绒的家庭与婚姻》中谈到的，嘉绒的婚姻有妻兄弟婚，即兄死弟娶其嫂，或是弟死兄娶其妇。[②] 这是民族学意义上的“收继婚”。

在形形色色的民族风俗习惯中，婚恋、婚配礼仪的形式是多种多样的。但婚姻、恋爱是植根于现实生活的土壤之中的，带有明显的社会制度以及文化等各个方面的痕迹。

---

① 多尔吉(德泰·多尔吉):《嘉绒藏区婚嫁风俗》,《中国西藏》,1994 年第 1 期。

② 林耀华:《川康嘉绒的家族与婚姻》，见林耀华:《民族学研究》，中国社会科学出版社，1985 年。

一、择偶习俗

嘉绒藏族男女婚前交往比较自由，但婚姻一般由父母决定，也有自己找对象后取得父母同意的。由此衍生出择偶习俗。藏族青年男女通过节日，耍坝子、庙会、转经、跳锅庄、对山歌等形式来结交异性朋友，有的地方至今还流行着顶毪衫、抢头帕等古老风俗。

1. 顶毪衫

顶毪衫为中路、梭坡一带青年男女表达爱意的一种方式。毪衫由羊毛编织而成，厚实保暖，经久耐用，美观大方。在月色明媚的夜晚，藏族小伙子三五成群，每人披上一件毪衫邀约到相好的姑娘家去对歌。姑娘们也相约一群，坐在锅庄边，等待小伙子们的到来。小伙子若要进入姑娘家必须过三关，一是藏獒关，二是歌唱关，三是防羞辱（防打、防水）关。藏獒是看门狗，体大如牛，凶猛无比，小伙子要有手段方能避之而入，然后躲在锅庄外楼梯下，变换着嗓音，把一首首情歌献给自己心爱的姑娘。姑娘们也不示弱，又把一首首情歌抛过来。在对歌时若碰上不如意的小伙子，姑娘会用水和炭灰将其赶出，这时候小伙子只好用毪衫来抵挡；若姑娘爱上了这个小伙子，便会邀小伙子进入锅庄，喝着咂酒，吃着干果，边吃边对歌。在歌声中，他们从雪山唱到草原，从绿宝石唱到红珊瑚，从月出唱到月落，直唱到一对对情人坐在了一起，顶着毪衫窃窃私语，互相倾诉爱慕之情，山盟海誓订下终身。

顶毪衫是青年男女追求婚姻自由的一种表达方式，这种方式现实生活中已不多见，但它体现了藏族人民对幸福生活的渴望和追求。

2. 抢头帕

抢头帕是丹巴格什扎、巴旺地区至今还流传的一种独具特色的择偶方式。每当藏寨庆典或集会，年轻人身着节日盛装，跳起欢乐的锅庄，恰是未婚男女选择对象的好机会。当青年男子对姑娘产生好感时，即使是陌生人，也可以抢去她们的头帕作为初次交谈、赴约的信物。头帕多用十余种彩色丝线绣上美丽的山水鸟兽以及其他各种吉祥的图案。头帕的四个角上各坠一彩丝穗，别出心裁，样式美观。男子依姑娘头帕所绣的花纹及式样来判断姑娘的品行及才能，因而姑娘们绣头帕时，总是使尽刺绣技艺，一则为了戴上好看，二则为吸引意中人。头帕被抢去后，女子则要讨回，这时男子常把姑娘引到僻静处，讨论约会的时间和地点。如果姑娘对男子无意，则会找出各种借口讨回头帕，并请求对方谅解，这时男子也会把头帕还给她。男子抢头帕绝不能对女子有丝毫粗鲁的行为，否则会受到人们的讥笑和谴责，而且知情的姑娘以后都不会与他往来了。女方初次赴约，会请上几位同伴，两人相互介绍各自的家庭情况等，待两人加深了解后，对唱情歌或轻歌细语。如果双方都有意，则由家庭出面商定他们的婚姻大事。

3. 挨边边

还有一种择偶习俗，在藏语中称“拉左吉”，意为“挨边边”，这也是男女青年自由恋爱的特殊方式。男女青年“通过白天的庙会、跳锅庄等集会场所相识或初交，各自对对方有了一定的印象或好感，于是女方会有意识地向男方透露她或她的女伴们晚上将在什么地方聚会、玩耍。康巴方言叫‘恰若’或‘娘丹’，汉语含意为‘耍夜’或‘打平伙’，即女青年事先约好，凑粮食，凑猪膘和其他食品及咂酒等，于晚间在某女伴家聚会。通过对山歌、唱情歌等方式，在知情而来的男青年中，寻觅自己钟情的相好，而知情的男青年也会邀约三五个伙伴，寻至女青年们聚会的地方，与之对歌互述衷肠。一般对山歌时，女青年们在锅庄内围火塘而坐，男青年们则在进大门后的楼梯下，与女青年们对唱。唱至深夜，女青年们合衣并排围锅庄火塘席地而卧，男青年们此时也在暗处看清了自己意中人的位置，而摸向其身边进行试探，表示相好；如果女方知道来者是谁，又无反感，就会装睡着，并有意将身边的女伴挤开些，让出一个位置，让男方侧身与之同卧，藏语称这个行为叫‘拉左吉’，意译为‘挨边边’。如果女方不认识摸来身边者或认识但有反感者，就坚决不让来者挨近她。即使女青年心允挨身同卧，男青年也必须做到坚决不对女青年有任何粗暴、鲁莽行为，否则男青年将会受到众人的谴责和耻笑，此后，凡知情的姑娘都不会与之交往，甚至会导致其终身觅不到伴侣。不少青年男女经过若干次的‘耍夜’、对山歌的交往，逐渐增进了解，发展感情，便私下幽会，然后便是订婚、择吉日、结婚等一系列过程和仪式。”①

二、婚恋形式

“自由恋爱”，对这一地区的人们来说，并不是全新的婚恋形式，只不过是众多的古老婚俗中的一种罢了。在大、小金川流域地区，自古以来流行着这样一种“自由恋爱”的模式：嘉绒藏族青年男女在现实生活中、在生产劳动中逐渐培植起了淳朴的感情。互相爱慕的情意往往用动听的山歌来表达，情意绵绵的山歌倾诉着情人的心曲，对歌是恋人间真情的表露。基础建立了，感情成熟了，于是恋人们在频繁的约会后确定一个吉日，在神佛菩萨面前信誓旦旦订终身。他们的婚恋是相对自由的，并且简单朴实，订立婚约没有排场，只有纯洁无瑕的爱。

在嘉绒地区的大、小金川地域内，虽然有“自由式”的婚恋，但也不乏“封闭式”的包办婚姻。由父母包办的婚姻，在女方家中，不到婚期，女儿是一无所知的。婚约由男女双方父母或长辈议定，并不询问儿女的意愿。吉日由寺院喇嘛、活佛等择定。临近完婚之日前的一个月，女方家中让几位和女儿要好的姑娘，陪伴未来的新嫁娘，选一个幽静而隐蔽的地方玩要。食物等由大家带去（类似于汉族地区的“打平伙”），一直要住到姑娘成亲那天早上。这段时间，所有聚在一起的姑娘都不明底细，其中谁是新娘，对她们都是严格保密的。在姑娘们的陪伴下，大家都怀着不安的心情过着“婚前度假”的揪心日子。因为她们都知道这样的聚会表明一门亲事正在进行，但谁是新娘谁的心中也

① 四川省丹巴县志编纂委员会编：《丹巴县志》，民族出版社，1996年，第153—154页。

没有底。在这段时间，新郎、新娘家中已将一切准备完成。到了成亲那天早上，新娘家才派人前往姑娘们“度假”的地方将新娘接回家中参加婚礼，姑娘们心中的疑团方才解开。姑娘回到家里，一位已婚中年妇女已站在大门后等候（由新娘母亲请的自己最亲密的人）。当姑娘跨进大门时，这位中年妇人要拉住她的手，告诉她父母已择定本日是她成亲的喜庆日，表示问候和祝福。然后再告知她父母选定的新郎是谁家的小伙子。这种“突然袭击”式的“全封闭”包办婚姻，使毫无思想准备的姑娘手足无措，有的经受不住突如其来的结婚的打击，当场昏厥在地。面对这一类型的包办婚姻，几乎没有不哭的姑娘。

“移风易俗”的现代婚姻方式。解放后，嘉绒藏族人民当家做主，婚姻恋爱有了充分的自由，并且有了法律的保障。男女之间自由恋爱，有充分的感情基础，但在形式上须托人做媒，家里给予支持。男女双方父母应允之后确定婚约，经过办理结婚手续后择定吉日成亲。婚礼一般都较隆重，但仪式简洁。既符合现行的婚姻法规，又保留了优良的民族传统礼仪。

三、婚礼仪式

新中国成立前的包办婚姻仪式程序复杂，仪式隆重。“封闭式”的包办婚姻仪式，是从新娘从“婚前度假地”返回时正式拉开序幕的。当姑娘返回家门时，她的父亲、哥哥、弟弟等要回避。当母亲的挚友告知了她婚事的安排之后，便由女性亲属将她扶到经过精心布置的卧室中。这时，她的亲属们围在四周，尽力诱导、规劝和安慰，待其感情稍微平息后，男方组织的接亲人马与女方组织的送亲人马组成迎送亲队伍，鸣放礼炮，在鼓乐声中扶新娘上马启程。

新中国成立后，移风易俗，婚礼中的陈规陋俗已荡然无存。婚事新办，在礼仪中保留了独特的传统习俗，如祝辞、对歌、跳锅庄等形式，逐渐形成了传统与现代文化、习俗有机结合的新的民俗民风，具有独特风格的婚姻习俗。

1. 说亲

就传统而言，青年男女联姻多由父母和家族做主。当地十分讲究骨系（即家族地位）和双方属相，即须骨系相等，属相相合。女孩被男方家庭选定后，家族中便派一位能言善辩的长者为提亲人。去时，他给女方家送一条哈达、一瓶酒，并说明来意，恭请赏脸。如女家有意接受，则留下哈达和酒，并放在经堂里。但是一般小家庭要与本家庭的长者商议后才能决定，因此提亲人得再去女家问结果。

2. 定亲

定亲仪式有内外两种，“朗绿”藏语意为内部仪式，限家族成员参加；“啤绿”意为外部仪式，除家族成员外，日瓦（一种以地缘关系结成的组织）成员也参加。虽然定亲仪式的规模因此而有所差异，但参加者都要送一份薄礼，当地叫“克日加珠”，意为一个烧馍馍外加一块肉。

双方家庭和家族同意后，即可选择吉日定亲，以得到社会的公认。定亲叫“乌日勒昂”。“乌日”意为水，“勒昂”意为倒，就是倒水或背水之意。那天男方家族成员中要派一女性去接亲，也可由男家的母亲或姐妹去。接亲人要背一桶水，中途再由未来的新娘背进男方家，倒入男家的水井，这象征今后共饮一井水，从此成为男家的一员了。

3. 婚礼

婚礼，当地土语为“斯达尔木”，意为接亲。

婚礼前夕，男方家要请家族所有成员商议有关事宜，接亲人选需遵循“父系为先，母系为后”“直系为先，旁系为后”的原则，否则要被舆论指责，所以谁去接亲很重要。一定要征得家庭成员的同意（送亲人选也同理）。再有，商议并落实有关婚礼的安排，即人员分工和所需食物等。

家族成员除了协助娶亲家办好一应事务外，也得送礼物，包括钱、青稞酒和一条香猪腿。香猪腿是当地非常贵重的传统礼品。平常有往来的家庭不管远近也送来礼物恭贺。一般婚礼规模很大，场面十分热闹。

迎亲那天，男方家派一至两位接亲人，在女方家，接亲人与送亲人当众进行礼节性的对话。接亲人代表男方的家庭和家族表示保证女子的合法地位，送亲人则代表女方家庭和家族把女子托付给对方，之后新娘随接送亲队伍启程。

临近男家，哈瓦手捧哈达和圣水恭候新娘。新娘揭下花头帕，低下头，哈瓦将圣水倒在新娘头顶，口中喃喃有词。据说这样可以把女子身上附的“邪”洗掉，使来日如意幸福，随后哈瓦引新人入门。

婚礼由哈瓦主持。他念经后新郎新娘共饮合欢“圣水”，旨在“同甘苦，共享乐”。之后接亲人和送亲人代表各自家族对话，其内容从天地形成开始，继而大谈“男大当婚，女大当嫁”的道理，最后谈及今天婚姻的缘由及经过。继之主人向所有宾客发放酥油糌粑团，共庆大喜。其后日瓦成员及邀请新娘和送亲队伍挨家挨户去做客，向他们介绍每家的情况，让新娘认识大家。即日下午，送亲的代表领新娘去拜见日瓦成员，并送一罐酒，每户约半斤。他代表家族将女子托付给日瓦们，请他们多加关照。日瓦的代表（一般是长者）表示：“该女子已正式被接受为日瓦成员，务请放心”，随后全体日瓦跳一曲祝贺舞，祝一对新人幸福美满。

新娘和接送亲人均有成套的礼物，送亲人和新娘的礼物由男方家赠送，接亲人的礼物由女方家赠送，礼物多少因人而异。

婚礼结束后，新娘得回娘家，天晚或家远可次日返回，数日后，新娘再到婆家与新郎圆房。

4. 送（配）嫁妆

藏区各地均有送嫁妆的风俗，只是方式和时间不同。嘉绒藏区是到嫁娘有孩子后才给她配嫁妆。送嫁妆的仪式叫“勒昂斯呷日”，意思是送或打发小孩的。嫁妆除了女子理应继承的传统服饰、金银珠宝、装饰品外，也有粮食、肉类和钱。

先由女方家庭粗拟嫁妆清单，再向家族全体成员公布，一切只有经大家同意后才有效。这里家族成员起到公正裁决的作用。倘若财产分配不公正，舆论不仅谴责女方家，家族全体成员也有不可推卸的责任。之后，女方家派多至二十几人的送嫁妆队伍抬东西前往。有趣的是他们将嫁妆先交给男方家族成员，由这些人转交给男方家庭。

现在，嘉绒藏区婚礼仪式大都相似。入冬以后，嘉绒藏族地区就进入了农闲休整时期，因为大家都有空闲，不至于耽误农业生产，所以男女婚嫁就都集中在这段时间里。

还有一种婚姻叫“上门”。“上门”指男的到女家去，名“招上门”，主要原因是女家没有儿子，在家里留一个种田地的女子，所以要招一个女婿上门做活。家里的一切完全由女人照管，并且男方要随女家姓。若女嫁出去后死了，娘家又没有其他人，女家的妈就可以将女婿索回做自己的儿子，另娶一女人做他的媳妇。

以前，还流行一种“爬墙墙”的习俗，一般在平常的人家才有。当某家的小伙子看上了某家的姑娘，可以在晚上到姑娘家爬墙（一般姑娘住在三楼），爬到姑娘房间的窗前，如果姑娘对小伙子倾心，会为他开窗。次日，小伙子从姑娘家的大门出去。而后，男方即通过媒人到女家提亲，双方有意，婚事就可以基本确定了。当然，这种婚事的前提也是青年男女双方相互有意才成。

嘉绒藏族举办婚礼，是全寨的节日，几乎全寨的人都要来帮忙。要杀几只大肥猪，办几十桌酒席，一日三餐，要连办三天流水席。

四、与婚嫁相关的风俗

换装，这一地区女子出嫁至初孕期间，她的盛装、饰物由娘家保管，怀孕4个月左右时，她要回娘家举行换装仪式，即换成少妇装束，当地称“尼古日切”，意为系腰或装束。因女性装束多需系腰带，可能由此引申。

选择吉日，换过服饰，标志着该女子已成人，接着由她的丈夫或母亲陪同去转经，祈求神灵保佑其母子平安。

撒钱，这是当地非常流行的风俗，婚嫁时尤盛。该地称

“木普尔脱”，意为提起围裙（该地春秋季女子服饰）接（东西或钱）。

每当婚礼或送嫁妆仪式结束后，送亲或送嫁妆队伍途经的路上，必有藏毯或花帕、衣物等铺在地上，一龙碗里还盛满酒。通常置花毯和衣物的人藏在暗处，不与众人见面。众人则要在此放些钱，多少不定。

第二节　丧葬习俗①

丧葬，在甘孜州丹巴县境内的部分地区叫“日革瓦”或“沙绕”“斯都革”或“斯都绕”，本意为“丧事”。惯与婚礼、房屋竣工等仪式并称“喜丧之事”，成为一项极为重要的人生礼仪。正如举行一系列的法事仪轨其真正的目的是为了人们自己一样，人们举行一系列的丧葬仪式其最终的用意也是为了自己，而不是为了死者。生老病死是客观规律，居丧哀悼乃人之常情。葬礼本是活着的人为死者发丧，表示悲哀和悼念的一种正常的行为。但是，长期以来，受自然环境、社会形态和宗教信仰的影响，尤其在宗教世界中，死亡不是生命的结束而是生命的转移，于是形成了复杂而丰富多彩的丧葬仪式。

一、丧葬的种类

嘉绒藏族丧葬因着其独特的自然人文环境，孕育出来的丧葬习俗当然也极具特色。分土葬、火葬、水葬、天葬及塔葬、石棺葬等。每一葬俗都有其存在的特定时间、范围和意义，受佛教影响大。自佛教传入藏区后，无论是丧葬观念，还是葬礼、葬仪、葬式都发生了变化。在佛教转世轮回观念影响下，古老的土葬习俗慢慢被淘汰，因为为了顺利转世，不应在尘世中留下任何牵挂的痕迹，尸体当然应该处理干净——喂鹰、喂鱼、焚化……但本

① 多尔吉（德泰·多尔吉）：《试析嘉绒地区藏族的丧葬习俗》，《中国藏学》，2002年第4期。

身实行转世的高僧大德，可以超越常人的轮回，故而班禅等大活佛要实行塔葬。

嘉绒藏族的丧葬形式是经历了历史变化的，据藏文史籍记载，在远古的“七天墀”之时，诸主死时是“握天绳升天”，“如虹散失，无有尸骸”。这反映那时藏族尚不重视对尸体的处理，也就是说尚未出现丧葬问题，这种情况同藏族当时的认识有关，当时嘉绒藏族认为其祖先来自天上，死后归天。

丧葬期间帮忙的人很多，一般人家要念经 7 天，视个人经济情况而定，有些家境好的也有念经 49 天，每当死者的忌日时要诵佛念经。如《论语》中说的“慎终追远，民德归厚矣”。请喇嘛卜卦，根据死者死亡时间来推算应该念什么经，转世到什么地方，决定用什么方式来行葬礼，或天葬，或土葬，或火葬，或水葬……都用卦来决定。

1. 土葬

土葬是农业民族盛行的一种葬式，也是不少民族常用的传统葬式。当地叫“沙加革斯巴”，意为“埋入土”或“送入土”。据研究，早期苯教信仰者都实行土葬，有复杂的丧葬礼仪。

嘉绒“山多柏坡皆丘墓”。这说明当时嘉绒藏族以土葬为主。土葬之俗延至今日仍有之，葬时除了少数以棺木葬外，其余均以石为棺，今天仍然可以见到出土的无木石棺坟墓。草地牧民，一般只有患麻风病而死、凶死、吊死等非正常死亡者才实行土葬，对土葬怀有惧怕心理。而农区则受汉文化影响，以土葬为主，只有患传染病死、小儿病死和非正常死亡的人，才实行火葬和水葬。

是否实行土葬，主要根据死者生前意愿和“哈瓦”算卦而定。据说，水田入葬，有利于家庭的兴旺；旱地入葬死者亡灵可以得到安宁。非常忌讳在神山埋葬，认为会家破人亡。当地使用的历算书中讲：“水田入葬家庭兴，旱地入葬家庭平，神地入葬家庭亡。”在土葬中，主要是侧身葬或用绳捆绑成坐卧势（如婴儿在母体内形状）。其安葬方位和方向十分讲究。当地人认为，安葬方位是死者亡灵获得安宁，平安脱离俗世进入自己的归宿的关键所在。也只有这样，死者亡灵才不再因为世间的恩恩怨怨，危害亲人或地缘组织成员，乃至村落成员。所以安葬方法是由祭师算卦后，家庭或地缘组织成员中的长老多方察看地形后而定，最后，还必须在地缘组织的长老和哈瓦的监督下安葬入土。

坟地是死者安息之地，每一座坟墓是一个死者的“住所”。这类坟墓是按照当地住宅形状、方法和材料修筑的。当棺材入土后，用土填平。随后，用备好的石泥砌高约 0.5 米（头部高约 0.8 米）、长约 2.2 米、宽约 1 米的坟，成长方形状（这种墓上的石泥建筑，早在中路遗址中就有发现，属新石器时代。据考古发掘发现，我国新石器时代已经有了相当正规的住宅，据此推测，在我国新石器晚期或末期，墓上出现原始建筑并非是不可能的）。当地叫“斯革布哥”，意为“坟地”。墓修好后，用天然的白土或石灰粉刷，并用薄板建造一个棚子，以便为死者避风遮雨。周围还挂有许多“六字真言”的经幡，当地叫“雷嚓”。

土葬前，先将裹好的尸体放进棺材，装牢，防止摇晃。棺材葬式分坐、卧两种，坐棺较为普遍。它是把捆绑好的尸体装棺，因此较小，二人可轻轻抬走。棺材用纸和墨装饰一番，富裕人家要请来能工巧匠，绘刻细致精巧的图案，涂上彩漆，有的在棺木上涂上黑漆或墨汁；有的剪好各色金箔纸图案，对称地贴在棺木上面。

土葬时，在死者头部位置处留有长宽约 0.1 米的小孔，以备尔后举行祭祀时供灯或存放贡品（金川县集沐乡也有留空的习俗）。每年大年三十晚上或祭日或法事仪轨或红白喜事均供灯于此。当地人还认为，这里是亡灵自由出入之口（在康定县鱼通地区骨灰装入罐后，罐下端留有小孔，也属亡灵出入之口。新石器时代中原和关中地区瓮罐葬颇为盛行，后来销声匿迹，而新石器时代尚未发现瓮罐葬的广西，后来却普遍盛行，这些不同地区和时代的瓮罐葬是否有联系或是同一种葬具的变化，值得研究）。在坟头砌石门或坟上留有小孔的有趣的丧葬习俗，在国内很多少数民族中都普遍存在（国外民族学材料中也有）。这种葬具上留孔的现象在我国新石器考古发掘中发现也比较多，可见，这种习俗源远流长，这也表明在新石器时代，人们的灵魂观念已经相当复杂。

棺材用事先准备好的两根长木桩，拴在两边，形似棺轿，四人抬行。经活佛卜卦，在指定地点掘好墓穴，到送殡时间，亲朋好友到死者家中为死者送行。村寨里男人和亲戚也来送，埋进掘好的墓穴，盖土埋好，用泥土堆成圆锥形土包，上插一杆印有经文的幡旗，将家里带来的各种供品，抛撒四周。完后，送殡人回到死者家熏香、洗手，接受款待。死者入土时，禁止女性观看，出殡仪式中女性也必须与墓地保持一定的距离。在出殡仪式中，所有的人不能哭泣，否则，死者亡灵迷失方向，找不到归祖之路。每年的这天再诵经 3—7 天，以示纪念。

2. 火葬

火葬与土葬一样也是一种常用葬式。当地叫“木革科”，本意为“给火”。《后汉书 · 西南夷传》谓：“冉駹……死者烧其尸。”《吕氏春秋 · 义赏》也说：“氐羌之虏也，不忧其系累，而忧其不焚也。”可见，嘉绒藏族实行火葬历史已久，在葬仪中也是最为考究的葬法。它的主要对象是活佛、大堪布以及高贵的著名人士，一般平民不得使用。但农区一带，对患传染病死亡、凶死、上吊等非正常死亡也实行火葬。

根据死者意愿，哈瓦算卦择定日子后，在田坎上用石泥砌约 0. 5 米的火架。棺材直立，用柴火层层包住，其中还穿插各种树枝。届时火烧，可用酥油和菜籽油等助燃，并由专人连夜看守，以便燃烬。三天后（即冷却后），收拾骨灰，以备再葬。再葬一般为土葬或水葬，所以，火葬其实也是复合葬。

当地人还认为，燃烧快慢或火势大小与死者意愿有着密切的关系。燃烧快，火势猛，说明死者十分喜欢火葬，反之，就说明死者不喜欢或不太喜欢火葬。显然，有些死者生前并没有明确表示自己对葬式的态度或意向。此外，柴火烧不旺，尸体难以焚化时，也认为“祖灵”不愿“离”人或家庭。说明人与祖灵的关系是千丝万缕的。

非正常死亡者，一般火葬，当地人认为这样可以烧死魔鬼，消除祸根。但是，农作物茂盛季节，一般不得火葬，否则，会导致冰雹、暴雨或泥石流，影响庄稼长势和产量（康定县鱼通和金川集沐等地区也有这种说法）。

每个村寨或部落都有一两个火葬场，活佛和非正常死亡的人的火葬场不同，活佛的一般卜卦测定为圣洁的高地，而非正常死亡者的在地势较低的所谓不净之地。属正常死亡的男、女葬场也有区别，男的多在上坎，而女的多为下坎。

活佛的葬仪较特殊，圆寂时，有的保持自然盘坐，有的要整改成盘坐状。逢收获季节，遗体要入缸加盐保存，至冬季方火化。火化场面壮观，往往由吹号的僧人排队送遗体往火化场，众口齐诵传诏经。火化用酥油作燃料，据说有功德的大活佛，骨灰中可烧出舍利子，入塔供奉于经堂，骨灰捏成塑像，高僧骨灰则藏于公共大塔。

3. 水葬与岩洞葬

水葬也是嘉绒藏区的另一种丧葬仪式，由喇嘛决定死者是否水葬。行葬之时将尸体放入装满石头的棺材内，由僧人诵经后决定行葬时辰，直接将棺木扔于河中，待其沉入河底，将尸体献给水中生物（水葬是江河沿岸普通藏民过去最普遍的葬法，江河边插经幡祭奠的地方，就是专门的水葬场。人死后，经过葬礼中的超度仪式等，然后入棺，入棺时尸体呈蹲状。棺木抬至江河边，将棺木和遗体分开投入水中。尸体投法各地有所不同，有的肢解而投，有的整尸投入，有的则只将尸体放在岸边，待秃鹫啄食）。就一次性葬式而言，丹巴县格什扎乡一般是小孩夭折才进行水葬，用纱布或白布包裹，投入河中即可。金川县集沐乡小孩死后也实行水葬，但水葬的方式很讲究。如生者打算还要小孩，就必须放入漩涡中；如不打算要小孩，就随意抛入急流即可。格什扎乡孕妇死亡也可水葬，但必须用棺材。搬运棺材的方法是用木棍抬至河边，投入河中。抬棺材的人，当天不能回家。人们普遍认为这类死者有魔鬼缠身，将其抛入河中，让魔鬼同死者一起被水冲走，避免回来危害他人。

未成年死亡者的另一种葬式就是岩洞葬。给死者穿好衣服后装入竹筐，再放入岩洞。岩洞葬一般有固定的场所，一般以一个村落为一个定点。所以，这些场所的名称也在当地语言中成为咒语，即引申意为“该死的”或“死小子”。

4. 天葬

嘉绒地区很少天葬。天葬是嘉绒藏区对死者的最高礼遇，过去一般贵族才有此葬法。天葬一般在指定的地点行此葬礼，由喇嘛诵经后，有专门的天葬师来行此大礼，天葬师沐浴更衣之后，用专门的天葬刀，将尸体切割。切割完之后，天葬师嘴里发出一种奇怪的声音，只见四周飞来无数秃鹫，片刻工夫死者便成为了它们腹中物。肉被吃完之后，再由天葬师将死者的骨头打碎，与青稞面混合后，扔向秃鹫，死者就彻底解脱了。

5. 塔葬

塔葬是将火化后的大活佛之骨灰，装在精制的罐或木箱里，建造塔阁，深藏塔中。有的地方待大活佛圆寂后，使其尸体盘坐，并用药粉、香料等涂在净洗的尸体上，让尸体风干，保存下来放于灵塔内，作为供奉和永久纪念。大活佛的葬仪非常隆重，参加者不仅有全寺僧人，下属各分寺的全体僧侣，还有四周的信徒参加，并举行一系列繁琐而庄严的仪式活动。

塔葬分金灵塔（即塔外金箔包裹）、银灵塔、铜灵塔、木灵塔、泥石灵塔及现代的混凝土建造的灵塔。灵塔的规模根据活佛地位的高低而定，现较常见的是那种大小不一、四棱或六棱形的灵塔。

6. 石棺葬

考古发现丹巴县中路乡有石棺墓葬群，位于小金河东岸二级台地上，主要集中在刹拉科村周围。在大约1000米的断层上已暴露约50座墓，估计墓地周围约1万平方米。从断层上观察，盖石板上累砌有石墙。中路遗址的年代，据“碳十四”测定，为5000年左右，即相当于中原仰韶文化晚期，可见当地石棺葬其历史之久远。

石棺葬顾名思义是用石板做成的棺材（当地叫“日噶干”），即四周均为石板。一般朝下或朝土墙挖掘而成，当地叫“日噶斯巴”，意为“用石头埋葬”。据当地人讲，过去可能没有木工工具，也就不可能有木制棺材，所以，就地取材普遍流行石棺葬。石棺葬密封效果好，并且石板风化慢，所以，人们常用。从石棺葬的分布情况来看，当地普遍流行石棺葬，不过随着社会的发展，这种葬式已经成为历史。

从当地的调查情况来看，石棺葬实际上也是土葬，只是葬具不同罢了。这种葬式是在特定的自然和历史条件下产生的。由于这种葬式历史久远、分布广，所以下面单独加以介绍。

一般程序是：出殡前给死者穿一套较好的衣服（外衣），用黑布蒙面。由一位男性背尸到入葬处，背尸必须背靠背（所以，当地至今仍忌讳背靠背地坐或睡觉）。

1959 年土改时，金川县集沐乡业隆四村发现大量石棺葬群，有横排的 8 座左右，以及竖立或重叠的数座。雅京村发现两座，相距很近，一高一低（该村至今仍有夫妻同葬习俗，所以，是否属夫妻葬，仍待调查）。这些石棺葬中均未发现陪葬品。

7. 复合葬

嘉绒地区，尤其是甘孜丹巴县境内二次葬或三次葬十分普遍。严格来讲，除岩洞葬或一次性水葬外，一般都经历二至三次葬。其模式为二次葬即火葬—土葬或水葬，三次葬即土葬—火葬—土葬或水葬。

金川县集沐乡也有二次葬或三次葬，多次葬的主要原因是春夏季死亡者，当地人认为不能及时火葬，待秋冬季节再葬。即土葬（数月或几年再葬，时间不定，根据算卦而定）—水葬；土葬—火葬—土葬或土葬—火葬—水葬。

一般来说，先火葬，随后把骨灰放在一个小箱（盒）内，埋在田坎边，便于献祭；或用面和骨灰作成丸子（四土地方骨灰合泥放在寺院或岩洞内）投入河中，此为二次葬；先土葬，一年或数年后再火葬，随后土葬或水葬（即再把骨灰碾成粉，稍加糌粑和糖，撒入河中或用丝绸或布料包好后投入大河中），此为三次葬。导致二至三次葬的缘由是多方面的。如死者生前意愿、算卦或季节。但是，不管怎样，这些地区必须经过火葬，其最终葬式为土葬或水葬。这种方式是可以肯定的，也是现代社会值得提倡的。

嘉绒地区的丧葬是多种多样的，不同地方其丧葬方式也不相同。嘉绒地区不同时期葬式可能不同，同一时期的丧葬方式也是多种多样的。造成后者的原因是，根据死者意愿、算卦、死因、年龄、时辰等等综合参照而定的丧葬方式，此外，还有周边民族文化相互影响的不同。

二、丧葬的程序

嘉绒地区未满16岁者（有些地区如康定县鱼通12岁以上的算成年人）死亡时，只请一至二位喇嘛举行燃灯仪式。参加人员主要为亲属和地缘组织成员或部分村落成员，规模很小。喇嘛主持简单的宗教仪式。哈瓦主持超度死者亡灵仪式，即“西却”仪式，其中有一重要的环节，当地叫“朗巴却”，意为“引路”，即给死者亡灵指明方向，以免亡灵仍游荡在俗世。仪式尾声，哈瓦念道“天地不一，豹年（牦牛）鼻子不一……东西不合，南北不合，死人活人从此分离……”随后哈瓦划开一根竹子（竹子上系有两根线，其中一根为白线，一根为黑线。划竹的刀具有专门的称谓，叫“丧葬刀”或“鬼刀”，凡丧葬中用的东西均叫“丧葬或鬼什么的”，云南纳西族也有类似的叫法，如“鬼刀”），将黑线抛给死者，意为“属于你的带走”。白线留下，并用针插在主室门板上意为“从此你（亡灵）不得指望这里的一针一线”。海南省保亭县红沟乡苗族出灵和云南勐海县曼散寨布朗族灵柩抬出寨前也有类似的仪式。其目的是与死者割断联系。

年满16岁死亡者，一般都举行一定规模的葬礼。规模大小，均视死者家庭经济状况而定。由于历史文化、宗教信仰的影响，丧葬程序变得十分复杂。现简述如下：

1. 停尸报丧

当一个人患重病时，大多由亲属，多为兄弟姐妹或长辈守候。当病人断气后，暂用衣物盖住面部，然后放炮、鸣枪以示报丧。并派人向地缘组织成员或亲属成员报丧。在集中亲属成员的同时，地缘组织——日瓦成员一方面派人请哈瓦算卦，哈瓦算卦决定日子后，再请喇嘛，然后派人向远方亲人报丧，一方面与亲属成员一起准备后事（包括采购食物、烟酒、布施用品或借用各种用具）。

停尸的场所有一定的讲究。一般停放在主楼的底层或中层或耳房（有些地方停放在经堂中）。如在外死亡时，一般不进主楼，而停放在耳房，甚至有时不进屋，直接出殡。

如在吉日，尤其在新年之际死亡时，一般不及时报丧，尽量匿丧，以免影响村落的节庆聚会、庙会或喜事。如条件允许，这些诸事结束或翻白月后才报丧。

2. 入殓

停尸居丧，哈瓦算卦确定葬式及其时间，然后，由死者同辈或前辈亲属或地缘组织成员洗尸、换装（一般不用化纤料）、剃头（无论男女都剃，头发随葬），并用酥油封住五官，有的在死者嘴里放些金银，再用布料包尸。装尸入棺后，面向之处还要作标记。也常将死者生前衣物、装饰品随棺入葬。入殓时死者亲属和地缘组织成员必须在场，女性则禁止参与或观看。入殓盖棺后，用绳把棺材捆好，男性死者用棕色氆氇制作的长袍遮盖棺，女性死者用披风盖棺，停尸吊唁。除石棺葬外，一般在家中进行。

小金县汗牛地区由死者儿子或侄子背尸到坟地后再入棺。金川县集沐乡和马尔康县党坝地区，人死后，用绳子捆绑成坐式（颈项上必须拴一根绳子，以免出气传染疾病），放入背篼中。出殡时，有一人（算卦决定背尸人选后，请村里一位能说会道的人向背尸者交代。主人家给背尸的人付一些报酬，如几元钱或死者生前所用值钱的一样东西，现在一般都不接受报酬。背尸人届时所穿衣物，全部就地焚烧或埋葬）背尸到入葬处入棺，火葬时不用棺材，直接放在事先备好的火架或固定的火葬处即可。

格什扎乡守灵一般由亲属和本村年长者担任，必须连夜看守，禁止动物入内或越尸。当地人认为动物越尸，死者会直立，死者的鬼魂就会危害生灵。据说起死回生的鬼魂只能直立行走，所以，过去当地大门一般矮小，避免鬼魂入内。假如遇到鬼魂起死回生切记不能出气，只能用泥块击中其头部方可（赫哲族和壮族也有这种习俗）。总之，停尸、装尸、背尸、盖棺有一定的程序，同时充满着浓厚的信仰观念。

3. 吊唁

吊唁是治丧活动的主要内容，喇嘛和哈瓦念经做道场，超度亡灵。一般为期三天两夜。在此期间，所有亲属、地缘组织成员、本村或邻村众人前来慰问吊唁。亲属或地缘组织中的妇女必须连夜念唱“六字真言”（值得注意的是藏族忌讳说死者的名字，但是丹巴县格什扎乡下半村在念“六字真言”时，还必须时时加死者名字。据说以前当地有一位“法力”很高、受人尊重的喇嘛，叫“热夏喇嘛”，是他规定并传承下来的），类似有些民族的《丧葬歌》。佛教和苯教信徒念经内容和方法有别。本村或邻村其他成员也时常参与念经活动。

凡参加者，不着艳装，以示悲痛。但是，吊唁高龄死者时，可以说笑。有些地方不能哭泣，妇女也必须与停尸房保持一定的距离。

4. 出殡

当地叫“普约”，意为“送终”。出殡是葬礼的关键一环。出殡时间、路线、墓地或火化场地均由哈瓦算卦而定。下午出殡较多，认为这种时刻最吉利。金川县集沐乡女性不能参加出葬。民国时期也有穷人家庭在晚上一两点钟，请一两人抬尸到墓地，不举行任何仪式。

丹巴县格什扎乡送葬时，由哈瓦敲锣（敲锣的方法有明确的规定，并不是随便敲击），目的之一是召集所有的人尤其是亲属到位；之二是提醒地缘组织成员关门避邪。村人闻之，立即紧闭大门，门口用麦秆和面粉等熏烟，并在门上插刀或门口放置刀具，以免死者鬼魂闯入家中，危害生灵。

送葬队伍顺序十分讲究，一般先男后女，界限十分明确。其顺序为：喇嘛为先，一边念指路经，一边引路（这种“开路”的习俗在云南、广西和广东等地的少数民族中也十分普遍）。其次是亲属或地缘组织成员的长辈、背布施所需烟酒茶（藏茶）者。随后是举棂队。最后为其余男性和妇女。举棂的方式各地有所区别，有的地方众男争相参与举棂，已成为时尚；有的地方专派数人。总之，举幡、吹唢呐、放鞭炮，既悲痛、又热闹。

出殡之地男女分坐，女性一般与墓地保持一定的距离。有些村落出殡时，众人不得嚎哭。据传说，嚎哭死者之灵不易找到归祖之路。待棺入葬或火焚后村落中的长老或行政领导对死者一生作简短的评价，亲属代表向参加葬礼的人表示感谢。随后，亲属代表当众宣布亲属成员及他人发放布施和供灯情况。发放布施之后，葬礼才算结束。

葬礼结束后，对接触过死人或祖灵灵位的人都要举行清洁仪式，以除邪祟不祥，从而预防可能的灾祸。其仪式十分简单，一般结伴到小溪边洗手，在三岔口，哈瓦用净水给所有举棂者沐浴和焚香驱魔避邪，方可进门。

凡参加举棂者当月不得进上屋或进经堂，不能触摸灶塘，更不能上屋顶煨桑，这在某种程度上反映了他们对死者或祖灵惧与恶的矛盾心理。

5. 招魂驱鬼

当地人十分确信人死灵魂并不死，而且灵魂有自己的场所，还常与人间社会发生密切的关系，于是就形成了复杂的招魂驱鬼仪式。

招魂驱鬼仪式由哈瓦主持，一般在出殡后的晚上进行。根据算卦的结果，有的也在出殡前。

招魂。由于认为人死后其灵魂会在四处游荡。所以，必须在房内的所有地方引魂、招魂，即在哈瓦的带领下，两个男青年（地缘组织成员）边吹口哨、边吆喝，瓢内盛焚烧的面粉，四处熏烟，以示引魂。手持斧头和一张羊皮或牛犊皮（不能与人接触），四处敲打。这样来回二至三次后才算告终。

关魂。招魂后，喇嘛念经，哈瓦实施各种法术，把魂关进固定的器物内（一般为犁铧）。随后，集中地缘组织的所有男性，念“六字真言”，以示静魂。

驱魂。静住灵魂之后，在哈瓦的带领下，地缘组织的所有男性参与驱鬼，其队伍顺序为：A. 一人手捧“勒”（各种塑像）。B. 一人手拿照明灯（松枝或电筒），以示开路。C. 哈瓦边念法术，边抛撒黑白石子和青稞。D. 一人手捧黑白石子和青稞，供哈瓦之用。E. 以年龄大小排队而行。F. 招魂的两位男青年各拿斧头和一张皮子，四处敲打，大声吆喝，直到远离大门之地。来回路上，年轻人竞相效仿哈瓦念法术或模仿姿势或神态，以娱乐众人。返回路上，哈瓦在驱鬼队伍的最后。回屋后，哈瓦关门，并在门上用白灰写“交杵金刚”。其上写“嗔”，禁止鬼怪入门。

总之，对死者灵魂无论是取悦、讨好，还是警告、威胁，都是从生者的利益出发。各种安魂仪式的功利目的都是祈求死者的灵魂保佑生者幸福平安。

三、墓地及葬具

以家族为单位占有公共墓地的现象在我国少数民族地区相当普遍。这是氏族血缘结构长期保留的一种表现。它从一个侧面反映了家族观念的牢固性和家族组织在该地区的社会地位。如在金川绰斯甲地区一房一墓，康定县鱼通和小金索罗沟岩洞葬按家庭划分的坟山，过去金川县根扎村有钱人家也有固定的墓地，这些就是家族墓地的具体表现。

嘉绒不少地方也保留有村寨墓地，如丹巴县格什扎乡西刷村有相对固定的岩洞葬处。马尔康县党坝地区有固定的村寨火葬场地。金川县集沐乡根扎村也有固定的火葬场地（火葬时死者头部放一根湿柴，以防出气传染疾病）。

但是，多数地区属零散墓地。这种埋葬形式是在血缘共同体和村社性的地域结构解体之后，个体家庭完全独立的社会条件下的产物。

墓地方位和类型，由哈瓦算卦而定。算卦后，哈瓦必须到选定的地方念经和举行讨墓仪式，其目的是向神讨要墓地。哈瓦划定方位，挖好墓地后，必须消除挖墓地之人的手印、脚印，然后，放一根刺笆并搭一顶帐篷，有一专人守护。无后或未成年死亡者，其墓地必须避开房屋。葬具有石棺、木棺、竹筐或竹编背篼、皮袋和陶罐（汶川县卧龙乡）等等。

有些地方木制棺材的用料与死者的社会和经济地位有着密切的关系。如理县五屯地区，过去守备千总死亡时棺材用红木或柏木做成，黑漆退光，前后有金寿字，名“寿木”；一般人用杉木棺材，有钱的上油或涂墨即可；家庭条件较差的，买不起棺材，用四块木板做成“火匣子”。

四、丧葬与礼仪及布施

丧葬与喜事合称“红白喜事”，各地都有不同的礼尚往来。这种礼是自愿的、互助性的。各地各村一般都是约定俗成的。礼的轻重完全反应关系的远近，是显示社会经济地位的重要标志，所以，要当众公布礼的多少和种类。由此，也说明丧葬仪式是为活人而不是为死人举行的这一本质特征。礼随着社会经济的发展而不断变化。

礼有粮食、钱、猪膘、茶盐、清油、烟酒、布料、馍馍(一般由地缘组织成员准备，主要是送喇嘛之用)、香猪腿，有的地方还送挂面等。

布施，当地叫“戒拉”或“芒加”。“戒拉”指丧葬仪式中由死者亲属发放的布施，其种类有：茶、盐、酒、水果、谷类、针线和小钱等，有些地方如金川县集沐乡死者的直系亲属还共同发放数量不等的钱。本义是死者生前的劳动果实让众人共享。

“芒加”其本义为“众人的茶”，是指丧葬仪式后或平时在寺庙里由死者家庭发放布施。目的是积累食物，以便死者在另一个世界有吃有穿，有钱花。

五、丧葬中的喇嘛和哈瓦

嘉绒地区有一句流行的俗语：“念经治病靠哈瓦，死后道场靠喇嘛”“今生靠哈瓦，来生靠喇嘛。”在丧葬过程中，喇嘛和哈瓦正好靠各自的职权，各负其责，各行其是，共同主持完成丧葬中的所有法事仪轨。

在仪轨中，喇嘛其位为上，其后为哈瓦，这些有严格的规定。在丹巴县格什扎乡俄落村的喇嘛和哈瓦其酬谢基本相同，即主持法事的哈瓦和大喇嘛相同，一般喇嘛和哈瓦相同。在丧葬中拍卖所得归喇嘛，这也是一种酬谢形式。有的人认为这是一种积善行为，死者到另外一个世界可以不愁吃不愁穿。

小金县宅垄屯除送喇嘛钱、粮食等外，还送衣服、帽子、鞋袜、茶壶、水瓢、铁锅等，即死者生前用过的一整套用具。

六、丧葬与忌讳

丧葬习俗中的社会生活成分几乎被信仰成分所掩盖。这些从有关禁忌中可见一斑。

节制行为，以示悼念。如家中发生丧事，当年一般不办喜事，新年之际，不粉刷房屋；节庆之日，不穿艳装，不唱歌跳舞。

凡参加葬礼，而且没有忌口的人，当月不进寺朝拜或参加庙会，不上房顶，不进经堂、贮藏室（食物、衣物），个别地方还不能进主室，更不能上屋顶煨桑。

出殡途中，外人忌讳与举棂队伍正面相撞（事先哈瓦专门敲锣提醒过路人）。

马尔康卓克基下四寨和金川县集沐乡等地，如果家中有人死了，一般要等到埋葬后，死者家人（有些地方包括参加葬礼的人也不能随意串门）才能到别人家里，不然会给别人带去邪祟。

人死初期，鬼魂十分活跃。所以，家中凡有小孩和病人，特别忌讳死者家人串门。

凡小孩死亡，禁止呼其名（包括葬礼中）。成人死亡，葬礼后忌讳提名，一般叫“死者”，忌讳与挖墓地的人搭话，避免声音留在墓内，招致疾病。

七、祖灵与疾病

人们认为死者灵魂喜怒无常，弄不好就会加害于人，因此，除祭献、安抚死者灵魂外，还必须进行某些法事，防止他们回来作祟。尤其人刚死亡，其灵魂十分活跃。

当地人认为人类的健康是由营养、法事、药物共同决定的，三者缺一不可，可见，人们基本上能辩证地看问题。人们所患疾病到底属于什么类型均由哈瓦算卦而定。凡是由于触犯祖灵引起的疾病，与死者生前所患疾病相同，一般采用献祭、祈求的方式影响祖灵，消除病害。触犯祖灵（有内外之别即自家或别人家的祖灵，即“邓”），疾病最简单的消除办法是供少许死者生前喜爱的食物在火塘前（死者自家的火塘），或向死者墓地抛撒食物（口念“吃的喝的全给你了，你赶快走吧”），或在三岔路口熏烟和抛撒食物即可。平时在家门口放刀具，身上佩戴刀子，串门时在门顶上用手拍几下，口念“六字真言”，这样可以避免祖灵的侵扰。这些是群众性的，非哈瓦所为。

触犯神灵或妖魔鬼怪引起的疾病，一般都必须由哈瓦举行一定的法事才能消除。

八、丧葬习俗中的文化现象

1. 葬礼中的“拍卖”习俗

嘉绒部分地区，在出殡时，有一种拍卖习俗，当地叫“斯噶措”，意为“叫卖”，也叫“喇嘛从”，意为“喇嘛买卖或喇嘛生意”。一般在如下三种情况下进行：一为无后死亡者，二为青年死亡者（一般为16—30岁），三为哈瓦算卦者。拍卖所得全部归喇嘛。无人买的东西喇嘛定价，主人家付钱，东西又归主人家。拍卖的主要原因是死者一生置家业非常辛苦，又无人继承，所以一部分用来供养喇嘛，安抚死者亡灵，使家庭平安。有人认为，这种拍卖也是一种布施，布施越多，死者到另一个世界吃穿越不用愁。

2. 丧葬与黑白文化现象

据专家的研究结果表明，不少属藏缅语族语言的民族，有黑白文化现象。我们在调查和研究嘉绒地区民间文化时，也发现黑白文化现象在丧葬习俗中尤为突出。

凡在仪轨中，无论是敬神的贡品或是送鬼的食物，[①] 均有严格的黑白之分。何种仪轨用“黑”，何种仪轨用“白”，都有严格的规定，如在丧葬仪式中，只能用“黑的”。其他仪轨中“黑的”“白的”都用。但是，到底用何种“黑的”或“白的”，视具体法事而定。

3. 未死葬礼习俗

未死葬礼，当地叫“玛西格瓦”，也叫“日革巾”，意为“大的葬礼”或“隆重的葬礼”。这种“葬礼”一般需要三天三夜，仪式由喇嘛和哈瓦共同主持完成。首先，主人家摆好所有的食物、饮料、衣物（各种式样模型），还有两个烧馍馍（一般敬祖灵或送鬼怪的都是单数，忌讳送双数。未死葬礼是给活人的，所以是双数），塑男女像（高与常人基本相同，中间用麦秆编织而成，外面附有麦面，面部染有黑色，并且着装与常人同，头戴尖帽，背一背篼，内装有木制大小量具、刀、锤子、木制锹棍等等），这些均为象征性的。哈瓦边念经边把以上东西逐一递给喇嘛。随后，喇嘛边念经边供奉这些东西。其义有二：其一敬祖灵；其二，在世的人，死后吃穿不愁。并且，必须燃灯一万盏。

仪式结束当天，有四人背塑像到村外，随后哈瓦背弓箭手持金刚口念咒语，其他人手持刀具、枪炮，沿路舞刀鸣枪放炮吼叫，到目的地后，把塑像放在事先备好的地方（用玉米秆编制成的，当地叫“达康”），哈瓦用黑布蒙面（只暴露眼睛），边念经边向塑像射箭（必须射到心脏部位），随后，朝这个方向舞刀鸣枪。开始焚烧塑像，哈瓦念咒（目的是消除一切痛苦疾病等等）。焚烧结束后，焚烧物用土盖住。

---

① 供的和送的分为：(1) 黑白线。只用于丧葬中，是分离人与鬼的标志，俗称“白人黑鬼”，即白的归人，黑的归鬼。(2) 食物类。白的有麦子、黄豆、白玉米、青稞之一、盐、茶、酥油、糖、一种特制的馍馍（用开水煮过的）、牛奶等等。黑的有：荞麦、黄玉米、四季豆、青稞之二（青稞有两种）、辣椒、花椒、大蒜、骨头等等。(3) 树木类。白树有：桦木、柏木、白石榴树、梨树、竹子、杏子、核桃树、柏树、松树（可替代柏树煨桑）等等；黑树有：黑杉木、杨柳、花椒、杨果树、青冈树、白杨等等。(4) 植物类。白的有：麻、麦子秆、圆根叶等等。黑的有：青稞秆、荞麦秆等等。

实际上，“西却”等法事也属“未死葬礼”。这种特殊的丧葬仪式无论其种类或规模都是由经济条件决定的。这些也正好说明活人不惜绞尽脑汁创造出的一系列离奇古怪的丧葬仪式，完全是为了活人的平安健康。

当地有一句俗语：“在世无疾病，阴间无痛苦，来世好投胎”，正好说明这一仪轨的目的所在。

4. “打葬”习俗

理县五屯有“打葬”习俗。即死者娘家带上几十或十几人亲自来赶“道场”，死者全家出门，跪地迎接。女的相互哭诉，娘家人根据两家的关系训话。关系好，就象征性地教育死者后代，好好过日子，兴家业。但是即使象征性的，也必须显示娘家的力量和威风，否则，就会遭到舆论的谴责，被人讥笑为软弱无能；若平时关系不好，娘家人大骂并打门窗墙壁，甚至弄得破烂不堪，总之，对主人家相当苛刻，弄得全家人整天提心吊胆。“打葬”让死者家庭惶恐不可终日。但是女方亲属这一系列挑衅行为，死者家庭不得有任何顶撞，只能忍气吞声、赔礼道歉，否则，就会招致舆论的谴责。

5. 丧葬中的屯兵执事

在历史上，理县五屯地区屯官家里办丧事可以派遣屯兵服务。所谓派兵执事，就是屯兵协助司厨、司酒、司茶、司饭、指席、放炮招待客人。一般屯兵死亡，无权派遣屯兵服务。

此外，嘉绒不少地区与汉族地区相连，所以受汉文化的影响，个别地区也有戴孝、树碑、烧纸的习俗。

九、丧葬习俗反映的社会形态

从我们对嘉绒地区丧葬习俗的调查和分析中，发现丧葬仪轨反映了一些社会历史时期的状况，这些对我们认识诸种社会形态中的某些重要情景有一定的启示。

1. 嘉绒地区丧葬习俗所反映的母权和舅权

阿坝州理县五屯地区在办丧事时，事先死者后代专程到母舅家，请示打多少孝服孝帕？请多少客？请多少喇嘛？花多少钱？

这些均由娘家决定。此外，“打葬”这一特殊习俗，无论是“打葬”场面或是死者家庭所有成员跪地迎接娘家成员，都在一定程度上反映了母权和舅权。丹巴县格什扎地区称舅舅为“牵鼻子的人”。所以，无论大小事情都必须征求他的意见，丧葬大事也不例外。

2. 丧葬习俗反映的阶级差别和贫富差别

嘉绒不少地区，无论在丧葬时间的长短、规模的大小（包括喇嘛人数、参加人数、花钱——主要是布施等的多少），甚至棺材的用料等方面都有深深的阶级烙印。如过去理县五屯地区富人死亡，请全寺的喇嘛，花数千元，开九碗席四天（共记两百余桌），孝衣几十件，孝帕一两百张。请全寺喇嘛必须做两次布施。前后需要十余天。而穷人死后连棺材都买不起，用四块木板做成“匣子”，请几个亲戚安葬即可。可见，其贫富差别是显而易见的。

从嘉绒地区丧葬习俗分析来看，嘉绒藏区的丧葬多与宗教有关，宗教在嘉绒藏区也有很大的影响。

第三节　其他习俗与禁忌

一、其他习俗

1. 拜佛习俗

嘉绒藏区多数人信仰藏传佛教。随着人类的进步，它逐渐演变成能够与政权抗衡的权力——神权。因崇奉藏传佛教之故，无论是男女老少“凡力作稍暇，即持念珠，口中喃喃诵六字真言。其经之奉不一，或临溪涧作小室，安木桶，置经其中，下设机轮水激之，使转动者，或于道旁作矮屋，亦设转经轮木桶，纳经于内令行人手转者，有书于布，挂以木杆（或大树）遍置危峰峭壁间，使风吹动者，皆以宣扬，藉邀福泽至。”出门在路遇嘛呢堆时，必须绕其转而后行。“凡遇疾，不服药，皆延请喇嘛道士诵经，不愈则再诵之，疾稍瘳，挈妻子，裹粮糗，遍历诸山以经布悬高竿，植其上，以多为贵，遇石浮屠必旋绕作礼，不远千里，岩栖谷息，以冀拔除，即所谓转经者，老夷手中多持一铜物，圆如竹，长三寸，木柄，称之为‘渴鲁’，中放藏经，外绳寸许，系小珠一粒竟日持摇，代口诵，以徼福消灾。”大凡小事出远门，外出办事、经商乃至小孩取名，都要求喇嘛“扯牵挂”以决之。①

家庭是一个小小的宗教活动场所，房屋的最高层设有经堂，专供喇嘛僧人念经住宿，锅庄上方所谓神圣之地供奉着铜、铁铸造（少数为银制）的佛像或因有病人临时用泥面捏制的菩萨娃娃，房角插有印着经文的“嘛呢旗”，有的在门口还设有固定的中型“转经轱辘”，早晚一边转轱辘，一边念经，进出门时也要转它几下。

婴幼儿的脖子、手腕上要拴上经喇嘛念过经的“五色线”以保平安。能穿衣服以后，衣服外面的背心上也缝有经喇嘛念过经的“五色布”。成年以后，胸前还要挂一个铜或银制的“嘎乌”，内藏小菩萨和经文。行路时，手持一串佛珠，一边念经一边掐珠，有的手持一个小型的“转经轱轳”，边走边转，走到哪里转到哪里，坐下来了还要不停地转，途经“嘛呢堆”时，要绕之转几圈后再继续前行。总之，在嘉绒地区，从结婚、生小孩、病痛、丧葬、庆寿、求财、避灾、求丰收等等，无一不求助念经求佛。

除了家庭摆设宗教用品，身上佩戴宗教标志外，一般老年人还要念经，主要是“金刚经”“长寿经”“白山经”，最简单的是“八字真言咒”，称为“牟知”，即哦、嘛、知、牟、依、萨、勒、德。

另外，每月的初一、十五、二十五或初八、十五、三十或家里有人生病时，老年人就要去“转经”。转经分大转、中转、小转、直转四种。大转从西里寨—抚边—懋功—丹巴—巴底—巴旺转一圈。中转从崇化（现安宁）—空口—懋功—巴底—巴旺转

① 凌立：《丹巴嘉绒藏族的民俗文化概论》，《西北民族学院学报》（哲学社会科学版），2000 年第 4 期。

一圈。小转从曾达沟—三叉沟—丹巴—巴底—巴旺转一圈。直转就是顺大河转达狮子岩又转回去。转经的时间主要是头年的腊月到第二年的正月，一般是步行转，也有骑着马转的，有单独转，也有结伴而行的。

还有磕长头。磕长头的人有的是因父母生病或子女生病，特别是久病不愈在当地寺庙许了愿的，有的则是因为夫妻多年没有生育在寺庙许愿后两人一起去磕的。磕长头的人一出门就要朝着西藏方向开始磕，磕头时，两掌合拢从胸前向上举至头顶，再双膝跪下，前胸触地，手掌保持前伸，然后慢慢起来，移至手掌触地处再开始第二次，就这样一直要磕到西藏的喇嘛寺庙。这是最长的距离（许的大愿），这样磕长头的人只有少数才能回到家，大多数是一去不复返的。当然，也有绕着寺庙或“神山”磕上几十里百多里的，这就看许愿的人许的是什么愿了。

2. 交往习俗

如果家里来了客人，主人家要亲自出大门迎接，并让客人先行。进了锅庄房，火塘周围的男女老少都要起来连声说“阿多各沙各罗”（请上边坐），把客人让到上首“卡普”或右方“卡西戈”的位置上坐下。坐定后，主人家立刻给客人奉上酒或茶。如果是男客人，就由男主人接待，主妇斟上的酒或茶，要先递给男主人，再由男主人双手敬给客人；如果是女客人，则由女主人接待。坐在火塘周围的家眷们，与接待客人无关的，要等客人坐定，开始与主人交谈时，才能悄然离去。不能客人一进门就纷纷离开，那样，会使客人十分尴尬。藏族在这方面的礼仪是十分讲究的。

晚上睡觉前，对客人要说“萨尔寐”（请睡），道“萨尔寐古哇得”（晚安）。早晨起庆后要问候“萨尔寐莫拉得?”（睡得可好）或“让莫萨莫拉得”（早安）。

路上碰见认识或不认识的人，都要伸出手请对方从上首方先走，自己站在路边，并互相道“那拉哟”（请慢走）或“寿拉得礼”（走好，别摔倒）。

金川绰斯甲、马尔康党坝等地嘉绒藏族，见面时还要行屈膝礼。行屈膝礼时，双手放在膝盖上，两膝略一弯曲。这主要在同辈人之间或晚辈对长辈之间进行，长辈对晚辈则不还礼。现在藏族已经普遍使用握手问好的礼节，不再使用屈膝礼了。

但是，在土司头人时代，除了上面述及的这些日常礼仪外，贵族与平民、农奴之间有十分严格的礼仪规定。

平民和农奴在路途中碰见贵族，必须退避到路边，侧身弯腰让贵族先过路。

平民百姓和农奴有事见贵族，进门就必须放下头上的发辫，低头回话。党坝土司则规定必须下跪。离开时，也必须低头倒退着走出房门，出了门以后，才能重新把发辫盘在头上。

明、清两朝先后给嘉绒地区十八土司颁发了印信，特别是清王朝加强了对这一地区的统治，更严格规定了朝贡礼仪。十八土司在乾隆四十三年（1778）以前，每年都要派人到京城纳贡。

正因为嘉绒十八土司十分忠诚于清廷，清廷的一些政令、规定在这一地区也就受到尊重。尤其是清朝规定男子必须蓄辫，在嘉绒地区不但得到彻底推行，而且把辫子视为最高统治的象征，每个人头上的辫子就代表土司，所以，无论发生什么纠纷，甚至斗殴，也绝对不允许抓对方的辫子。抓了对方头上的辫子，就会被认为是对土司的挑战和侮辱，不管你在纠纷中占有多大理，抓了对方的辫子，就注定不但输理，而且还要受到处罚。这种礼俗，直到土司制度解体，才逐渐消失，但一些年纪大的人，却一直保留着蓄发辫的习惯。

人们在交往过程中，特别重视信誉，一旦因事反目，则永不往来，成为仇家。在历史上，如果相互有仇的两个村寨或两家人非打交道不可，则采用“放当头”的方式。

比如在很长一段时间，杂谷土司与绰斯甲土司之间有很深的矛盾，相互之间断绝来往，这种情况延续了数百年。杂谷土司所属的一个叫做巴凹的地方，与绰斯甲土司辖地仅一河之隔，两岸说话的声音都可以顺风传到对方耳朵里，但就是没有“外交关系”。随着时间的推移，两地后来也有一些贸易交往，维系这种交往的交通工具是牛皮船。当这种交往发生时，要先站在河岸喊话，待对方同意，派人过河交涉，一旦交涉妥当，必须先由对方把亲生子女送一个过河来做“当头”，这一方才把货物通过牛皮船运到河对岸。一直要等到交易完成，这一方的人带着钱平安回到自己一方的土地上，才会把作为人质的“当头”送返河对岸。推而广之，当平时与不熟悉或信不过的人做交易时，也采用这种“放当头”的方式，先由对方交出一定的定金或实物，再出示自己所要交换或出售的东西。

敬献哈达是藏族最崇高圣洁的礼节，嘉绒藏族也不例外。

但是，敬献哈达的习俗，最早并不是藏族形成的。这种礼节，最早是内地皇室对外邦使者的答谢和恩宠方式。元朝时，藏传佛教萨迦法王八思巴，受忽必烈邀请，到凉州会见忽必烈。元世祖忽必烈献给八思巴一条两端有长城图案，并绘有吉祥如意字样的哈达。八思巴把哈达带回西藏，以后便在藏族中逐步形成了敬献哈达的习俗。

哈达的颜色有白、蓝、绿、红、黄等五种颜色。白色是白云的象征，蓝色是蓝天的象征，绿色是江河的象征，红色是空间护法神的象征，黄色是大地的象征。除了白色哈达外，蓝、绿、红、黄彩色哈达，被赋予了宗教含义，认为是菩萨的衣服，所以，是最隆重的礼物，平素很少使用，一般在寺庙开光典礼时，献给神的塑像或最受爱戴的活佛。同时，也可献给新修房子的亲戚，作为在房顶做守护神的彩箭之用。

白色哈达象征素洁的祥云，互相敬献哈达，表示祝对方吉祥如意，幸福无边。

向别人敬献哈达是有规矩的，要求褶缝不能对着对方，一定要双手捧献。接受哈达的人也要双手捧接。下级或晚辈敬献给上级或长辈哈达，对方不再回赠。哈达如果献给有名望的活佛、喇嘛，则会立刻把所敬献的哈达回赠给你，有时直接给你挂在脖子上，如果挂在脖子上不方便，须转赠时，你要身子前倾，腰微躬，接过哈达高举过头顶，表示深切的谢意后，再挂在脖子上。

同级和同辈之间互赠哈达，则平等地向对方赠送相同质地的哈达，不一定挂在脖子上，仅仅作为一个见面礼节就行了。

3. 送礼和待客习俗

走亲戚或到朋友家做客，是必须带礼品的。一般礼品主要是一坨酥油、一两斤酒，或一块猪膘、一个烧馍馍，等等。主人在客人离去时，一定要送回礼。要把客人的褡裢或挂包装满。回送的礼不能跟客人送的礼品种一样，以免误认为是主人家不喜欢客人的礼物，又退给客人的。回送的礼物一般是豌豆、胡豆、海椒、奶渣等，不及客人的贵重，其意义只在不能让客人空手回去。

寨子里有嫁娶喜事，是必须送礼的，以送酒和钱的居多。不同的地方，也有一些差别，如金川一带送头帕、头线或酒的多一些，观音桥一带则送烧馍馍，象征婚姻美满。

葬礼则每户须送一幅嘛呢旗，其次就是送酥油、酒和猪膘。但送的礼要严格区分，凡是专门送给死者的，酥油就作点酥油灯或火葬时用，其他食品则在火葬时同死者一并烧掉。送给死者家属的，则大家食用。

到藏族家做客，主人会热情地向你敬献酒和茶。

客人坐定之后，主人立刻就给客人端上一杯香甜的青稞酒。其礼仪是：先斟满杯，客人喝一口，主人立刻又添满，客人再喝一口，连续添三次，客人喝三口，最后添满一杯，客人就必须一饮而尽。此后，主人还会劝酒，但客人可根据酒量大小，量力自由喝酒了。

有时做客时，主人家敬献的是酥油茶。喝酥油茶也是大有讲究的。主人家热情地边陪着客人闲谈，边注意随时给客人把茶碗添满。客人则不能一口把酥油茶喝干。如果刚在别人家喝过茶，此时不想再喝了，主人敬献给你的茶就不要动；如果喝了一半，主人再添满后，不想再喝了，也不要动它，等到你告辞离去时，再把没有动过的酥油茶一口气喝干。

逢年过节时，到别人家做客，无论酒和茶，当主人家敬给你时，则必须先喝三口，再把斟满的一饮而尽，主人家就很高兴，不然，就会怪你不懂礼节了。

4. 嘉绒藏族的走路礼仪

在日常生活中，走路还得讲礼仪，就是行走的时候以长为先。晚辈或年龄小的不能抢先走，要让长辈走前，年龄小的在后，相互让道。一行人中自然形成了从大到小的队列。如果长辈和大人有东西，年龄小的要帮他们背，有行走困难的老人，年龄小的要牵着或护着走。乘车也一样，前面的座位都要让给长辈和大人坐。

在一条路上相遇，双方都要互相让道，双手请对方先走，推让一会儿后，年龄大的人先走。特别是女人在路上行走时，看见对面有人来，急忙在较宽的路下方站定，躬身伸出双手请来人从她上方过。过去若遇上土司头人，男女都要在路的下方下跪，揭掉帽子或头帕，双手平伸，示意迎接和相送。还有骑马的人，看见前面走来长者，立即翻身下马让道。现在骑自行车和摩托车的人也要下车，行人走过后才能驱车前行，这样才算有礼貌。

在接亲和送亲的路上，如果有人在路上放一桶水，水上横放柏树枝，这是表示吉祥之意，送亲或接亲队伍中的长者要用柏枝蘸水抛洒四方，然后在桶上挂一条哈达，再放上称为“封封”的钱表示感谢。还有人在路上用红线或红布拦路，这个称为“拦红”，同样要给“封封”才能通过。

在一些场合，女人要从人前过的时候不能大摇大摆，而是弯下腰来，双手搂起围裙轻轻走过去，以示尊敬别人。

走路唱歌或者打哎嘿嘿（吼）是这里的习俗，但在有人户的地方，不管是白天还是晚上，是不能唱歌或打哎嘿嘿的，意思是不能随便惊动别人，否则是不礼貌的。

5. 平常生活中的一些规矩

嘉绒藏族除了婚丧大事有一定的礼仪外，平常也有很多规矩。

过去，家里吃饭时，男人与老年人一起吃，女人和娃娃一起吃，除了给老人做易嚼的好饭菜以外，吃的都一样。

晚上老年人要与儿子或客人摆龙门阵，不管摆多久，媳妇是不能去睡的，要陪伴侍候，儿子和小孩可以去睡。老人想睡了，媳妇去把铺理好，冬天还要生火，帮助老人睡下，说声："请睡啊，我睡去了"，自己才能去睡。有的地方媳妇还不能公开跟儿子一起睡，儿子睡楼上，媳妇就在靠锅庄的房间里睡。早上媳妇起来最早，生好火便去背水。老年人起床后，媳妇马上把洗脸水、早茶端去，还要帮助老人家穿好衣服。

家里的大事，一般是老年人说了算，老年人不在，就是男人说了算，如果是几兄弟，那就是老大说了算，女人一般不主家庭的事，如果只有女人在，那就是大嫂说了算。

在锅庄上围着火炉烤火，要给别人添菜斟茶，握瓢的手不准反起向外倒，如果反起倒，便认为是给鬼吃。轻者遭责骂，重者要挨打。围着一圈人要传递酒碗什么的，一定要用右手向左传，不准左手向右传，接的人一定要双手接，如果只能用一只手接时，一边接，一边还要说："对不起"。如果离开火炉，要经过别人，只能从后面绕过，不能从前面过去，更不能从人家脚上跨过去。假如后面确实不能过人，非走前面不可时，先要给别人说："我过去一下可以吗?"得到允许后，才能过去。过去时双手把衣服下摆裹紧，弯着腰，一路小心翼翼地走过去，还要边走边说："得罪、得罪!"

家庭的分工也较明确，过去，男人主要是给头人当差、搞运输、砍柴、耕地，女人主要是料理家务，饲养牲畜、挖粪、锄草、下种、带孩子。丈夫从外回来，妻子要出门迎接，帮拿东西。妻子要向丈夫汇报他走后家里发生的事，丈夫也要向妻子汇报在外面的情况。

6. 吉利之数

"13"这个数字向来令西方人讳忌，可在丹巴嘉绒藏族中，"13"却被视为吉利之数，他们崇尚"13"已有1000多年的历史了。传说中，嘉绒藏族的保护神阿尼各尔东在战胜妖魔卡巴洛绒时，准备了130斤重的铁锤、钉耙、火钳各一把，另外准备了13口大铁锅、13块大猪膘、13块大猪油饼、13斗粮的馍馍、13腔羊肉、13罐酒。阿尼各尔东战胜妖魔的日子是十一月十三，他回家的日子也是十一月十三。为了纪念保护神阿尼各尔东，藏族人将阴历十一月十三定为新年的第一天。①

丹巴锅庄中最有名的史诗舞蹈《弓箭舞》，表演者为13人，因此又称“十三战神”；部落王国的王宫修的是十三角高碉；过嘉绒藏历年时酒坛中插的麦管必须是13根；当地的民歌中唱的是“十三的月亮圆又圆”……

在金川地区，还流传着关于乾隆帝打金川的三打开九把锁”的故事。“九把锁”是金川战争中最难打的一个隘口，这里高碉林立，隘口险要，清军打了两年都打不进去。一天，清朝大将岳钟琪的手下抓住一个名叫“岳十三”的放羊娃。放羊娃说有一条小道可以绕过九把锁这道关隘。岳钟琪当晚就让放羊娃带路，亲率精兵，绕过关隘，一举打开了九把锁。

二、嘉绒藏族的禁忌

1. 狩猎禁忌

嘉绒藏族狩猎有许多禁忌，猎手们都恪守不二，决不敢贸然触犯。

早上出门狩猎，最忌讳见大肚子怀胎妇女。

狩猎者上山狩猎忌说皮、毛、肉、血、屎。如果说了这些，猎人上山将一无所获。嘉绒地区用专门的词语来指称这几样事物。“皮”说成“毪子”（音），毛说成“绒子”（音），肉说成“菜根子”，血说成“染子”，屎说成“豆子”。

“山中来客不能打”。嘉绒狩猎者上山狩猎，一般都是搭建帐篷，作为营地，难免有一些诸如山老鼠、松鼠、野猪、小熊猫之类的动物钻入帐篷，偷食狩猎者的干粮，然而即使狩猎者发现它们，也不会将它们赶走，反而听之任之，决不会惊吓它们。狩猎者认为，这些小动物光顾是好兆头，会带来好运气。

山中夜睡必须脱鞋，而且鞋尖要朝向帐篷内。嘉绒藏族猎人认为，脱了鞋睡觉是为了使山神爷知道，今天你留宿山上，不再

① 四川省甘孜藏族自治州丹巴县志编纂委员会：《丹巴县志》，民族出版社，1996年，第600页。

打算行走，这样山神爷也好心里有数，保佑猎人猎狗平安无事。

山中过夜将腰刀在火中烧热发烫，砍在帐篷门外的木杆上，可避山精鬼怪捣乱。

猎狗追撵野物，旁人不能直接用手指指，嘉绒猎人认为“一指千里”，猎物便很难追到，即便要指都必须将手指弯曲。

猎狗追撵到猎物，无论幻化成什么怪相，猎手都不要害怕或产生怜悯之心，都要狠下心来，用枪将猎物击毙，否则后患无穷。因为山中精怪野兽会经常变幻成美女、老头或怪物形象捉弄迷惑猎手。

猎手捕获的猎物必须“还山”，即用小刀割一点牛角、唇、蹄、尾，并将这些包于一纸钱内，然后在树上用刀砍一小口，或将纸钱团放于僻静而干燥的石缝内，意思是说，猎手捕得猎物，把猎物又还给大山，并以此祭谢山神爷。

狩猎忌日，藏历（阴历）每月初五、十四、二十三这几天为忌日，不上山狩猎。狩猎的季节一般是农历七、八、九三个月，最忌讳在动物孕期和育息期狩猎。

2. 礼俗中的禁忌

经堂被认为是最神圣的地方，一般是不允许陌生人住的，平时锁着，也不轻易让人进出。

胸前佩戴的“噶乌”，是一个人的护身符，十分神圣，不准别人用手摸。

转经筒旋转的方向是根据所信教派确定的，藏传佛教的转经筒是从右向左旋转，苯教是从左向右。如果这个家庭是信仰苯教的，就绝不能从右向左转，转反一圈，就是再正转十圈也不灵验了。所以，转经筒是不轻易交给别人转动的。

客人做客期间主人家生了孩子，认为是大喜事，主人全家都会高兴，并像对待自家的产妇一样精心照顾客人。但如果在主人家里做客期间死了人，主人家就会生气，而且会很快请你离开。

嘉绒藏族在历史上主要信仰苯教，认为天地万物都有神灵存在，特别是死人这一人间大事特别重要，人死时和死以后，会有许多饿鬼紧随死者，十分不吉利。所以，如果家中死了人，一个月之内是不准到本寨其他人家去串门的，也不准到其他寨子去。就是自己家里没有死人，自己所在的寨子有人死了，七天之内这个寨子的人也不准到其他寨子去，因为死了人的寨子同样充满了晦气和饿鬼，到其他寨子，就会把邪气带去。

家庭的主要活动场所是寨楼的第二层，叫做“锅庄”，在这里有许多禁忌。火塘的上方只能坐贵客，过去，头人家就连头人太太也不允许坐，更不允许一般女人坐了。女人的位子在左下角。一般客人坐在面对柴火的方位。火塘的上方称为“卡普”，是祖宗的神位，所处的方向，不准用脚踏围着火塘的石条，更不准烤脚，否则，认为是对祖宗的不敬。喝酒时要先从酒碗里用指头给祖宗的方位弹洒酒，表示奠祭祖宗。火塘边不能将背对着烧茶的三脚，更不允许在火塘中烧大蒜，认为烧了大蒜，就会发生火灾。

火塘中的火是不能熄灭的，必须日夜燃烧，就是离家外出，也要在火塘中埋一个耐烧的大树根儿，保持火种。火熄了，就意味着火神离开这个家了。

火塘边一般还砌有一个灶，不常用，但不允许弄脏。弄脏了灶，就是得罪了灶神。

屋内不准吐痰，更不准放屁。一方面认为放屁是不文雅的，跟牲口一样；另一方面认为放屁是对神的大不敬，神会生气，一生气就会离开这个家。曾发生过这样的情况：个别外地人，借宿在寨子里。起初主人家奉若上宾，热情款待，不幸仅因放了一个屁，引得主人立刻翻了脸，轻者立刻就被主人家驱逐出寨子，重者必须给主人家挂红道歉，方能平息主人之怒；而且这位客人在这个寨子上再也找不到歇脚之处了，谁都会因为你是一个不懂规矩乱放屁的人而不收留你。

避免从别人面前走过。如果必须从别人面前走过，就要边说道歉的话边弯腰轻步走过，不能带起灰尘，不然就会引起纠纷，至少被认为没有教养。

如果家中有人怀孕，男子外出帮人料理丧事以后，回家进门前必须先在门外熏过烟烟，驱走邪气和晦气才能进门，不然就被认为会引起人畜早产。

3. 其他禁忌

藏族禁止杀生，一般鄙视以打猎为生者，但对捕猎对人、畜有害的豺狼野猪者较崇敬。禁食圆蹄类牲畜和有爪子动物，如马、驴、狗、猫、鹰和麻雀等肉，也不借器具和炊具给宰杀和煮食者用。禁止在寺庙附近的森林砍伐树木，打猎杀生，酗酒滋事。家中有危重病人或妇女生育时忌讳外人入内，并在大门上方或侧面挂上红布条或在门框上方用木灰划上“+”或“0”符，要外人勿入内，如外人有急事要求入内，则主人要在其进出门前后向门外撒两把灶灰，以示驱邪气。午后和晚间欲入别人家门者，只能手敲其门或伴以“喔、喔”吼叫，不能呼房名或户主及成员名。上山打猎或砍柴，林中不见同伴也不能呼名，只能“喔吼”以招，怕山神或鬼怪将同伴的魂摄走，发生怪事。妇女不能随便进入别人家的经堂，不能在老人或男人面前叉腿而坐或斜身倒卧，不能跨越别人的行包和衣物，对家中老人和丈夫打骂不能顶嘴，更不能还手。家中的锅灶不能踩踏，以免得罪灶神，在锅庄里忌讳客人双脚蹬在火堂四边的石条上，晚间睡觉脚不能对着火膛，以免得罪火神，更不能在灶膛和火膛内烧肉，以免肉味四处飘散，招亡魂入室，于家事不吉利。一般不从坐着的他人面前经过，必须先致歉意后弯腰并收紧衣角衣袖轻轻走过，在众人坐着的场所起身时不能拍屁股和腿上的灰尘。骑马经过他人村庄时忌讳边跑马边打吆喝边吹口哨，否则会被认为对此寨人不尊敬和挑衅，以致招来麻烦。夜间不能敞开房门。剪下的头发不能乱扔，要放在墙角或杂木丛中，更不能丢在火膛里烧或用脚踩，否则就要头痛或生疮害病。头上的帽子或装饰物，身上挂的“噶乌”不让他人随便摸，以免对自已的神灵不利，不能在屋内赤身裸体，怕惊吓家里的神灵。不准进神树林，更不能动林内的草木，放生的羊鸡鸟鱼皆为神物，不能伤害和侵犯。早晨忌谈论死人、鬼神等，出门要打卦择日子，卦不好要改日子，出远门后也忌说不吉利的话。

嘉绒藏族习惯法中的性自由并不是绝对的自由，它是特定对象间的自由，它受制于性禁忌。嘉绒藏族的性禁忌主要指禁止近亲（四代以内）结婚，禁止乱伦，此外还禁忌亲属和不同辈份之间开有关性的玩笑，说有关性的话题。

第八章　嘉绒藏族的民俗文化之四

第一节　生计方式

嘉绒藏族通常是半农半牧的，对高山草场的依赖性远不如松潘地区的安多藏族。

嘉绒地处横断山脉褶皱系，境内生存着种类繁多的野生动物。嘉绒山民逐渐形成了独特的生计方式——狩猎。

嘉绒狩猎分为两类：打山子、吊鹿子。① 打山子主要依托猎狗搜寻，追撵猎物，然后用枪射杀，捕得猎物。吊鹿子是在鸟兽出没的山道上铺设绳套机关，捕杀猎物。吊鹿子与打山子界限分明，各自恪守规则。

吊鹿子们供奉的神龛上，一般都敬献有獐子的头骨和脚骨，他们供奉的猎神被称为赵大山王。凡供奉了猎神的世家都有一套口传的严密法术即催山术。具体做法是：吊鹿子在山道上铺设好绳套机关群后，在最后的一道机关处，找一地势平坦的地方，然后从褡裢里取出用酥油或猪油炒过的长约 20 厘米、一端锋利、念过咒语的竹筒，一根根地沿圆圈状钉没入地，形成三个同心圆，然后吊鹿子脱掉靴子，光脚在竹筒上绕三圈，将长发散开，咬一撮于口中（吊鹿子一般都蓄长发），同时吊鹿子脱掉皮外

① 参阅嘎布达：《嘉绒藏族猎人——吊鹿子》，《中国西藏》，2000 年第 1 期。

套，光着身子在竹管上又滚又跳，口里念词也变得急促洪亮，据说一施此法，瞬时平静的山谷会变得天摇地动，阴风阵阵，山上的獐、鹿、兔等动物会自动地套满吊鹿子布下的机关。

吊鹿子们施用催山术有禁忌：那就是不能贪得无厌，毫不收敛地施用法术，而是每人施法只要绳套上中了猎物，应立即收法。过度施法会遭到报应。

打山子与吊鹿子不同，他们身穿野牛皮袍，头戴狐皮帽，脚扎毪绑腿（牛毛织物），持枪带狗上山狩猎，打山子进山狩猎，为了预知当日收获，常打卦以测之。打卦方法有珠珠卦、绳绳卦、纸钱卦和木卦。珠珠卦是打山子到了山上，面向东方，掐捻佛珠数圈，然后随机截取一段，数佛珠个数。如截取数为单数，则当日捕得猎物；如截取数为双数，则当日狩猎一无所获（与藏族人喜单数不喜双数相吻合）；绳绳卦，即取一段绳子或掐取一截柔韧的草茎，先拂绳或草念咒，乞神驾临，显身露法。然后用绳子或草茎打活结，再拉脱，如若拉不脱，则当日狩猎有挫折，打三次活结，拉脱次数越多，打猎收获的可能性越大。纸钱卦，即从黏合在一叠的纸钱上撕下七张纸钱（相传狗有七条命），如若最后一张（第七张）纸钱撕烂，则当日猎狗必有凶险，然后焚烧纸钱，打山子口诵咒语。通报山神野鬼开路放行，观察纸钱燃走纹路，如果火焰燃烧的纹路呈白色，则当日狩猎大吉；如火焰烧的纹路为黑色，则当日狩猎凶多吉少；再有观察纸钱是否安静燃烧，如果纸钱安静燃烧，则吉，如果纸钱乱飞舞，则凶。

此外，据《旧唐书·吐蕃传》载："其地气候大寒，不生粳稻，有青稞、小麦、豌豆、荞麦，畜多牦牛、猪犬羊马。"从小金别思满（结斯）的调查情况来看，在唐朝以前，这里不仅农业与畜牧业有了分工，而且手工业与农业也有了分工。他们有专门的制毯、制布、制陶业和金银首饰工匠。这里的居民历来有以金银及各种宝石作为装饰的习惯，许多妇女头上和耳垂上戴着的各种名贵饰物，就由当地的工匠制作，这种以各种奇珍异宝点缀自己的习惯也一直留传至今。现在的嘉绒地区这种习俗还是随处可见的。

第二节　民间工艺

嘉绒藏族生活中有许多制作精良、独具特色的工艺品，如手工金银制品、刺绣及纺织品、雕刻、泥模佛像（俗称擦擦）等。藏族的民间绘画技术高超，有精美的唐卡画、绝伦的酥油花。

一、刺绣、纺织[①]

嘉绒藏族善于刺绣、纺织，精巧的工艺为其服饰增添了无穷的魅力，是藏族服饰地域风格最突出的表现形式。刺绣工艺精湛，针法不受经纬限制，适宜绣花草纹样；而嘉绒藏族编织的各种直线和几何形组成的纹样简洁美观。嘉绒藏族编织、挑花刺绣直接体现了该民族的审美风格和民族特性，是民族的象征、文化的载体，也是实用与审美、物质与精神、艺术与技术的完美结合。

嘉绒藏族的刺绣品、纺织品是有别于其他藏族地区的一种最典型、最独特的民间工艺品，是藏族服饰地域风格最突出的。嘉绒藏族刺绣、纺织艺术风格在孕育、演绎、发展过程中，与各种文化交流、融合，因此表现出与其他藏族地区不同的特点，藏族地域性文化特征显著。

如该区域最为流行的刺绣品花帕子、后围和纺织品腰带（织带）的表现形式，都极强地表现出与其他藏族地区有所不同的区域特征。这些特征都与其地理环境、气候条件、文化背景、族源关系以及异文化融入的影响有关。

嘉绒藏族刺绣工艺主要用于装饰花帕子和后围。绣品质地柔软，图案精巧细致，构图简洁，色彩对比强烈，鲜艳夺目，生动跳跃，装饰性极强，具有耐用的功效。纹样图案纯粹以花或以花

① 参见“嘉绒藏族服饰文化”部分。

为主，主要表现在头帕和后围的装饰部位上。

头帕也称为花帕子，丹巴县格什扎、巴旺称作“巴热”，鱼通、大小金一带称为“巴里”，是嘉绒藏族妇女的普遍穿戴习俗，但对藏族其他地区而言却是独一无二的头部装饰。其绣工精美，堪称一绝，既美观又实用，既能遮阳，又能避寒，四季皆宜。嘉庆《四川通志》记载嘉绒妇女“发结细辫，头裹花帕”①。花帕子按面料可分为棉布花帕（“卡斯尔巴热”）、平戎花帕（“斯布玛巴热”）和金丝花帕（“杰高巴热”）。头帕可折成两折、四折、六折等搭于头顶与前额齐。如小金县结思乡妇女头顶一块黑布折成六层，别思屯的妇女头顶有褶皱成长方形的黑白帕反搭于头上。其面料最通常的颜色是黑蓝两色，均以五色彩线束边。图案构形分为中心花纹、角花和边花。其构图形式按年龄大小有所区分：少女头帕以彩线刺绣鲜艳花朵于帕子中间和四角并在四角或前两端吊彩线、束五色彩边；少妇头帕只在四角绣角花，多为缠枝式，有五色彩边但不吊彩线，而老妇头帕只束五色彩边。头帕绣花皆以小花为主，花朵花叶多刺绣，五色彩边以直线锁边，挑、绣、锁结合。最常见的图案有直接源于大自然的桃花、菊花、蝴蝶；有受汉文化影响的纹样牡丹花、寿字纹以及抽象纹样折线形山纹、波浪形水纹、横条彩虹纹、雍仲纹和回纹等。色彩搭配通常以黑底上配以桃红、黄、绿、白色的图案。色彩协调而醒目，暗底亮花，红花绿叶，搭配得当，恰到好处。生活气息浓厚，具有强烈的装饰性和艺术感染力，是嘉绒藏族审美观的体现。

藏族许多地区的女式服饰腰间常系一条五彩缤纷的氆氇围裙（“邦典”），而嘉绒藏族却穿着独特式样的黑色绣花围腰，分为前围（“哈香”）与后围（“热帮”）。围腰面料多为黑色棉布、平绒、灯芯戎、丝绸，在冬季还可使用黑色氆氇做后围。挑花刺绣工艺主要用于后围，一是美观；二是耐用，是实用与审美的有机结合。少女的后围绣有色彩艳丽的菊花、桃花等花朵，中年妇

① 《四川通志》卷98，成都：巴蜀书社影印本，1984年。

女的后围不绣花。围腰的图案和色彩与头帕的形与色交相辉映，均为黑底绣鲜艳花鸟图案，色彩鲜艳夺目，图案简洁明快，与周围的自然环境协调一致，桃花的红艳，草木的青绿，金色的麦浪，一切都显得格外的强烈、艳丽。而白色和黑色的运用则极好地协调了对比、饱和色，艳而不俗，沉着而又生动，对立而又和谐。这些刺绣品的用色，反映了嘉绒藏族对色彩有着极高的艺术概括能力和审美能力，展现了色彩的协调美。

嘉绒藏族的刺绣品充满了自然美和青春美，色彩搭配极富个性，与秀美的自然环境和民族质朴爽快的性格相一致。

在藏族服饰中，腰带是通常的佩饰，多喜彩色丝腰带，而嘉绒藏族因长期与羌族毗邻，服饰也有一些羌族特色，腰间常扎丝、棉、毛花腰带。腰带也称着织带，嘉绒语称为“吉热”，常用五色丝线和棉线提花织成各种方块图案的抽象造型。由于材料和工艺的影响，手工只能织等格直线形。常见的纹样以线构形为主，有方形、三角形、菱形、万字纹、网纹、牡丹纹和蝴蝶纹等。图案平行条状排列组成带状二方连续式，高度提炼、概括而又不乏特殊的艺术效果。色彩对比强烈，图案主要以黑白两色交织而成，织带边常以彩线色条纹或回纹装饰，两端留有线穗，给人以明快、朴素的感觉。每一种纹样的造型、色彩、组织形式都是嘉绒藏族历史文化发展的投射，实为智慧的结晶。

目前，嘉绒境内的手工纺织技术已逐渐走向衰退，以前是家家有织机，户户会编织，而现在保存下来可以使用的织机屈指可数。除旅游经济发展较好的村还有手工织品出售外，其余地区大多采用机织了。

二、陶器制作

从发现的罕额依古遗址[①]可以看出嘉绒藏族人民制陶的历

① 罕额依古遗址位于丹巴县中路乡境内。这是一个经四川省、甘孜州联合考古队于1988—1989年进行试发掘的处于新石器时代的古人类遗址。该遗址面积达2万余平方米，文化堆积层厚达6余米，试发掘120平方米。通过对其最表文化层进行“碳14”测定，其下限年代为3500年。

史。该遗址出土有丰富的文化遗物和众多的遗迹。文化遗物中有陶、石、骨器，按其使用功能可分为生产工具、生活用具和装饰品；遗迹有房屋建筑和灰坑。生产工具以石器为主，根据其制作工艺可划分为三类：一是打制石器，主要有锤、斧、砍砸器、刮削器、双砍石刀等；二是磨制石器，主要有斧、锛、凿、簇、穿孔石刀、网坠等；三是细石器，主要有用水晶等石料压制而成的小石核、石叶等。生活用具以陶器为主，有少量骨器。陶器的陶质、陶色以夹砂或云母片居多，灰陶为大宗，红陶较少，陶器纹饰以纯纹为主，有部分为凿印纹、乳钉纹、附加堆纹、凹弦纹、刻划纹等，均为手工制作。器制以罐类居多，烧制技术都很高。①

现在在嘉绒地区，除极个别老人还精于烧制这种陶器外，其他人早已习惯于便利地购买这些陶器的替代品。

---

① 宋兴富、蒋成等：《丹巴古碉群现状及价值》，《康定民族师范高等专科学校学报》，2006年第4期。

附录

主要论著（专著、论文）索引

一、论著

1. 阿旺:《略谈嘉绒语》,西南民族学院出版社,1982 年。

2. 格勒:《甘孜藏族自治州史话》,四川民族出版社,1984 年。

3. 西南民族学院民族研究所编:《嘉绒藏族调查材料》,1984 年。

4. 冉光荣、李绍明、周锡银编著:《羌族史》,四川民族出版社,1985 年。

5. 格勒:《论藏族文化的起源形成与周围民族的关系》,中山大学出版社,1988 年。

6. 四川省甘孜州政协委员会主编:《甘孜州文史资料》第 8 辑,1989 年。

7. 雀丹:《嘉绒民族史志》,民族出版社,1995 年。

8.《丹巴县志》编纂委员会:《丹巴县志》,民族出版社,1996 年。

9. 刘金吾:《中国西南少数民族舞蹈文化》,云南人民出版社,1996 年。

10. 德泰 · 多尔吉:《道孚语研究》,中国藏学出版社,1997 年。

11. 格勒:《藏族早期历史与文化》,商务印书馆,2006 年。

12. 耿火将:《嘉绒秘境马尔康》,四川人民出版社,2006 年。

13. 李立:《寻找文化身份:一个嘉绒藏族村落的宗教民族志》,云南大学出版社,2007 年。

14. 赞拉·阿旺措成等主编:《嘉绒藏族的历史文化》,四川民族出版社,2008 年。

15. [法]向柏霖:《嘉绒语研究》,民族出版社,2008 年。

16. 邓廷良:《神山护佑下的丹巴:千碉净土》,上海人民出版社,2009 年。

17. 雀丹:《嘉绒藏族民俗志》,中央民族大学出版社,2011 年。

18. 泽旺:《东女国传说:嘉绒藏区大小金川战役全景小说》,四川文艺出版社,2012 年。

二、研究生学位论文(硕士、博士)

1. 毛良河:《嘉绒藏寨建筑文化研究》,西南交通大学,2005 年。

2. 申鸿:《川西嘉绒藏族服饰审美与历史文化研究》,四川大学,2006 年。

3. 邹立波:《一个"边缘"族群历史与文化的考察》,四川大学,2006 年。

4. 徐建军:《试论清代乾隆年间嘉绒藏族地区改土为屯政策》,四川大学,2006 年。

5. 王文强:《嘉绒藏区退耕农户安置研究》,四川大学,2007 年。

6. 陈睿:《嘉绒藏族村落人际关系探析》,四川大学,2007 年。

7. 宋婷婷:《四川嘉绒藏区民居建筑技术传承方式研究》,西南大学,2009 年。

8. 崔召华:《嘉绒藏族家具审美特征初探》,西南民族大学,2011 年。

9. 张燕:《川西沙尔宗嘉绒藏族民居研究》,西安建筑科技大学,2012 年。

10. 李轶骥:《关于嘉绒藏区社会主义文化建设的研究》,西华大学,2012 年。

11. 李星桥:《藏彝走廊地区嘉绒藏寨高碉建筑文化研究》,西安建筑科技大学,2013 年。

三、论文

1. 林耀华:《川康北界的嘉戎土司》,载《边政公论》第 6 卷第 2 期,1947 年 6 月。

2. 瞿霭堂:《嘉绒语动词的人称范畴》,《民族语文》,1983 年第 4 期。

3. 邓廷良:《嘉绒族源初探》,《西南民族学院学报》,1986 年第 1 期。

4. 王尧:《藏语 mig 字古读考——兼论藏语声调的发生与发展》,《民族语文》,1987 年第 4 期。

5. 格勒:《古代藏族同化融合西山诸羌与嘉戎藏族的形成》,《西藏研究》,1988 年第 2 期。

6. 黄银善:《嘉绒藏族音乐的现状》,《中国音乐》,1989 年第 1 期。

7. 王建康:《嘉绒藏族的成因》,《西藏研究》,1989 年第 3 期。

8. 张昌富:《嘉绒藏戏及其特色》,《西藏艺术研究》,1990 年第 2 期。

9. 张昌富:《再谈嘉绒藏戏》,《西藏艺术研究》,1990 年第 3 期。

10. 华尔丹、张昌富:《嘉绒藏戏的发展沿革》,《西藏艺术研究》,1992 年第 2 期。

11. 科乐柯·若拉:《我国藏戏系统中的嘉绒藏戏》,《西藏艺术研究》,1992 年第 4 期。

12. 李涛:《试析大小金川之役及其对嘉绒地区的影响》,《中国藏学》,1993 年第 1 期。

13. 德泰・多尔吉:《嘉绒藏族服饰文化调查》,《中国藏学》,1993 年第 2 期。

14. 德泰・多尔吉:《说说嘉绒锅庄》,《中国西藏》,1993 年第 2 期。

15. 张松琴:《古朴、奇特、别具一格的嘉绒藏戏表演艺术》,《西藏艺术研究》,1993 年第 2 期。

16. 李仲康:《"嘉绒"文化浅说》,《西藏研究》,1993 年第 4 期。

17. 德泰・多尔吉:《嘉绒藏区婚嫁风俗》,《中国西藏》,1994 年第 1 期。

18. 赞拉・阿旺措成、张绵英:《嘉绒藏戏的历史渊源及艺术特征》,《四川戏剧》,1994 年第 1 期。

19. 张昌富:《试析嘉绒传统藏戏〈格东特青〉》,《西藏艺术研究》,1994 年第 1 期。

20. 彭洪文、拉尔吾加:《嘉绒藏区的弓箭舞》,《中国西藏》,1994 年第 2 期。

21. 余斌:《嘉绒藏族祝酒词的由来、表演形式和种类》,《西藏艺术研究》,1994 年第 3 期。

22. 马成富:《风韵独特的嘉绒锅庄音乐》,《西藏艺术研究》,1994 年第 3 期。

23. 张昌富:《嘉绒地区的傩文化》,《西藏艺术研究》,1994 年第 3 期。

24. 阿布洛・甲都:《嘉绒藏俗二种》,《西藏艺术研究》,1994 年第 4 期。

25. 李绍明:《略论嘉绒藏戏》,《四川戏剧》,1994 年第 6 期。

26. 李绍明:《四土嘉戎藏区社会形态》,载李绍明著《李绍明民族学文选》,成都出版社,1995 年。

27. 李兴友:《嘉绒语与藏语关系词汇分析》,转引自《嘉绒藏族研究资料丛编》,1995 年。

28. 兰卡斯甲:《嘉绒藏族婚俗撷趣》,《西藏民俗》,1995 年第

2 期。

29. 张昌富:《乾隆平定金川对嘉绒文化的影响》,《西藏艺术研究》,1995 年第 2 期。

30. 张昌富:《浅谈嘉绒传统藏戏中的小剧目》,《西藏艺术研究》,1995 年第 3 期。

31. 张昌富:《嘉绒藏戏面具》,《西藏艺术研究》,1995 年第 4 期。

32. 德泰·多尔吉:《丹巴地区村落中"斯基巴""日瓦"社会功能调查》,《中国藏学》,1995 年第 4 期。

33. 郑传发:《嘉绒藏年的传说》,《中国西藏》,1996 年第 1 期。

34. 张昌富:《也谈嘉绒锅庄》,《西藏艺术研究》,1996 年第 1 期。

35. 张永玉:《英雄崇拜与理想人格的重塑》,《教育评论》,1996 年第 2 期。

36. 华尔丹、阿布洛·甲都:《嘉绒地区骀日节和观山节的由来及其传说》,《西藏艺术研究》,1996 年第 3 期。

37. 德泰·多尔吉:《嘉绒藏区碉房建筑及其文化探微》,《中国藏学》,1996 年第 4 期。

38. 张昌富:《"阿尼郭东"——嘉绒藏族图腾崇拜英雄》,《西藏艺术研究》,1996 年第 4 期。

39. 张昌富:《嘉绒藏族的石碉建筑》,《西藏研究》,1996 年第 4 期。

40. 于一:《漫话傩俗》,《四川戏剧》,1997 年第 3 期。

41. 唐滨:《试论四川嘉绒藏戏唱腔及器乐》,《四川戏剧》,1997 年第 3 期。

42. 张昌富:《嘉绒地区的四月八日"打擦查"》,《西藏艺术研究》,1997 年第 4 期。

43. 张昌富:《嘉绒藏族的节日文化》,《西藏艺术研究》,1998 年第 3 期。

44. 陈学志:《卓克基土司及土司官寨——兼谈嘉绒藏族民族

建筑的一些特点》,《西藏研究》,1999 年第 1 期。

45. 张昌富:《嘉绒藏族的酒文化》,《西藏艺术研究》,1999 年第 1 期。

46. 张昌富:《嘉绒藏族的茶文化》,《西藏艺术研究》,1999 年第 2 期。

47. 赞拉 · 阿旺措成:《试论嘉绒藏语中的古藏语》,《中国藏学》,1999 年第 2 期。

48. 张昌富:《嘉绒地区的傩戏》,《西藏艺术研究》,1999 年第 4 期。

49. 高福全:《嘉绒狩猎习俗》,《西藏民俗》,2000 年第 2 期。

50. 张昌富:《嘉绒藏族的吉祥物与自然崇拜》,《西藏艺术研究》,2000 年第 2 期。

51. 潘志林:《浅谈嘉绒藏族建筑艺术特点》,《四川戏剧》,2000 年第 3 期。

52. 闫振中:《“英雄卵生”的启示》,《西藏民俗》,2000 年第 4 期。

53. 凌立:《丹巴嘉绒藏族的民俗文化概述》,《西北民族学院学报(哲学社会科学版)》,2000 年第 4 期。

54. 杨曦帆:《论嘉绒黑水铠甲舞的传统与风格》,《北京舞蹈学院学报》,2001 年第 1 期。

55. 李养第:《清代中央政府对藏政策述略》,《青海民族研究(社会科学版)》,2001 年第 2 期。

56. 杨曦帆:《论四川嘉绒藏区铠甲舞的藏传佛教文化背景》,《西藏研究》,2001 年第 3 期。

57. 阿来:《永远的嘉绒》,《中国民族》,2001 年第 11 期。

58. 协绕益西:《前清西藏地方政府政治体制简述》,《西藏研究》,2002 年第 2 期。

59. 马成富:《嘉绒藏戏——戏曲百花苑中的活化石》,《阿坝师范高等专科学校学报》,2002 年第 2 期。

60. 德泰 · 多尔吉:《试析嘉绒地区藏族的丧葬习俗》,《中国藏学》,2002 年第 4 期。

61. 马长寿:《嘉戎民族社会史》,载周伟洲编《马长寿民族学论集》,人民出版社,2002 年。

62. 林俊华:《丹巴:嘉绒文化之源》,《西藏旅游》,2002 年第 6 期。

63. 胡晓靖:《从图腾崇拜到英雄崇拜——论图腾崇拜的起源、发展与衰落》,《天中学刊》,2002 年第 8 期。

64. 张昌富:《墨尔多神山及嘉绒藏族的山神崇拜》,《西藏艺术研究》,2003 年第 2 期。

65. 胡佳:《嘉绒藏族的建筑文化》,《浙江工艺美术》,2003 年第 2 期。

66. 德泰·多尔吉:《嘉绒藏区神秘的"哈瓦"世界》,《西藏大学学报》,2003 年第 4 期。

67. 马成富:《嘉绒藏戏与傩文化研究》,《西藏艺术研究》,2003 年第 4 期。

68. 康·格桑益希:《苯教——藏族传统文化的源头》,《四川大学学报(哲学社会科学版)》,2003 年第 5 期。

69. 张先进:《嘉绒藏寨碉群及其世界文化遗产价值》,《四川建筑》,2003 年第 5 期。

70. 肖举梅:《丹巴县嘉绒藏族的人生礼仪及择偶习俗》,《西南民族大学学报(人文社科版)》,2003 年第 11 期。

71. 曾穷石:《"大鹏鸟卵生"神话:嘉绒藏族的历史记忆》,《学术探索》,2004 年第 1 期。

72. 德吉卓嘎:《试论嘉绒藏族的族源》,《西藏研究》,2004 年第 2 期。

73. 曾现江:《嘉绒研究综述》,《西藏研究》,2004 年第 2 期。

74. 曾穷石:《清代嘉绒地区土司的婚姻初探》,《西藏大学学报(汉文版)》,2004 年第 4 期。

75. 李明、袁姝丽:《浅论丹巴甲居嘉绒藏寨民居》,《宜宾学院学报》,2004 年第 4 期。

76. 曾穷石:《清代嘉绒地区土司的婚姻初探》,《西藏大学学报(汉文版)》,2004 年第 4 期。

77. 彭陟焱:《试论明至清初中央王朝对嘉绒藏区的经营》,《西藏研究》,2004 年第 4 期。

78. 袁姝丽、曾明、张超等:《川西嘉戎藏族刺绣·纺织品的表现形式及造型特征》,《天府新论》,2004 年第 5 期(总 119 期)。

79. 杨嘉铭:《解读“嘉绒”》,《康定民族师范高等专科学校学报》,2005 年第 3 期。

80. 曾运东:《嘉绒藏族民居装饰浅析》,《肇庆学院学报》,2005 年第 4 期。

81. 梦子:《圆圈奇葩·嘉绒锅庄》,《中国西藏》,2005 年第 6 期。

82. 臧民:《嘉绒藏族:神秘的山神崇拜》,《中国民族报》,2005 年 5 月 10 日第 3 版。

83. 林大如、昂旺斯丹珍:《独特的嘉绒藏族婚礼》,《中国档案报》,2006 年 3 月 17 日第 4 版。

84. 晓鸿、松涛:《嘉绒藏戏期待保护》,《四川日报》,2006 年 3 月 24 日第 8 版。

85. 宋兴富、蒋成等:《丹巴古碉群现状及价值》,《康定民族师范高等专科学校学报》,2006 年第 4 期。

86. 二根米:《嘉绒藏寨的完美典范——卓克基西索民居》,《阿坝师范高等专科学校学报》,2006 年第 4 期。

87. 杨环:《嘉绒古碉文化溯源》,《中华文化论坛》,2006 年第 4 期。

88. 杨碧嫦:《浅谈嘉绒地区五屯与四土锅庄的差异》,《四川戏剧》,2006 年第 5 期。

89. 贺先枣:《丹巴嘉绒文化资源开发及其评价》,《康定民族师范高等专科学校学报》,2006 年第 5 期。

90. 李玉琴:《嘉绒藏族传统服饰变迁述论》,《西藏研究》,2007 年第 1 期。

91. 贾霄锋、王希隆:《明清时期土司制度与藏区少数民族的文化变迁——以嘉绒藏区文化变迁为例》,《中国边疆史地研究》,2007 年第 2 期。

92. 熊翠红、马成富:《四川嘉绒藏族傩戏的历史现状及抢救保护的对策》,《四川戏剧》,2007 年第 4 期。

93. 彭学云:《嘉绒语藏借词的识别》,《民族语文》,2008 年第 1 期。

94. 杨碧嫦、陈远贵:《对嘉绒藏族酒歌〈阿拉呛色〉〈尕尔觉忠则〉的辨析》,《阿坝师范高等专科学校学报》,2008 年第 1 期。

95. 邵小华、申鸿:《探析嘉绒藏族服饰的符号化系统》,《中华文化论坛》,2008 年第 1 期。

96. 张兴国、王及宏:《技术视角的民族传统建筑演进关系研究——以四川嘉绒藏区碉房为例》,《建筑学报》,2008 年第 4 期。

97. 李立:《关于放生的叙事与分析——嘉绒藏族村落宗教生活考察》,《民族研究》,2008 年第 6 期。

98. 陈岚、曾坚、杨祥:《线与体的艺术,木与石的乐章——马尔康嘉绒藏族民居的审美特征研究》,《装饰》,2008 年第 10 期。

99. 阎波、谭文勇、许剑峰:《嘉绒藏区灾后重建中景观与生态设计思考》,《中国园林》,2008 年第 12 期。

100. 于一:《四川嘉绒藏戏》,《中华艺术论丛》第 9 辑,2009 年。

101. 刘亚玲:《嘉绒藏族命名的文化阐释——丹巴县甲居村宗教人类学考察》,《宗教学研究》,2009 年第 2 期。

102. 李立:《仪式强化生活——嘉绒藏族村落宗教仪式考察》,《西北民族学院学报(哲学社会科学版)》,2009 年第 6 期。

103. 姚旭:《论乾隆时期金川战役及对西南嘉绒地区的影响》,《乐山师范学院学报》,2009 年第 6 期。

104. 曾晓:《汶川地震灾区理县嘉绒藏民慢性病调查分析》,《中国农村卫生事业管理》,2009 年第 10 期。

105. 邹立波:《从土司封号看嘉绒藏族土司与宗教的关系》,《西南民族大学学报(人文社科版)》,2010 年第 2 期。

106. 郎维伟、张朴:《嘉绒藏族的姓氏文化与村落社会的传统互助——以甘孜州沈村藏族为例》,《西藏研究》,2010 年第 2 期。

107. 彭学云:《论嘉绒语的借代关系》,《中国藏学》,2010 年第3期。

108. 李锦:《父亲的“骨”和母亲的“肉”——嘉绒藏族的身体观与亲属关系的实践》,《广西民族大学学报(哲学社会科学版)》,2010年第3期。

109. 李涯:《少数民族原生民间手工艺传承困境之思——以嘉绒藏族黑陶为例》,《贵州民族研究》,2010年第4期。

110. 李青:《试论嘉绒、嘉良夷、冉駹与戈人的关系——兼论嘉绒藏族的族源》,《四川民族学院学报》,2010年第4期。

111. 李锦:《土地制度与嘉绒藏族房名的获得——对四川省雅安市宝兴县硗碛藏族乡的田野调查》,《西南民族大学学报(人文社科版)》,2010年第5期。

112. 李涯、巴登尼玛:《嘉绒藏族婚俗中宗教活动的教育功能》,《民族教育研究》,2010年第6期。

113. 杨素筠:《古老神秘的嘉绒农耕》,《中国民族》,2010年第11期。

114. 李军环、谢娇:《川西嘉绒藏寨民居初探——以丹巴甲居藏寨为例》,《建筑与文化》,2010年第12期。

115. 李超钥:《嘉绒藏族的现代变迁》,《经营管理者》,2010年第21期。

116. 熊翠红、张定国、马成富:《嘉绒锅庄舞蹈与民间习俗的关系》,《西藏艺术研究》,2011年第1期。

117. 刘俊波:《硗碛嘉绒藏族“绒巴切列”唱词中的知识体系》,《西藏民族学院学报(哲学社会科学版)》,2011年第1期。

118. 李菲:《文化记忆与身体表述——嘉绒跳锅庄“右旋”模式的人类学阐释》,《民族艺术》,2011年第1期。

119. 徐锦颢:《嘉绒藏区旅游藏寨景观生态重建研究》,《安徽建筑》,2011年第2期。

120. 张学风(博洛·措斯曼)、俄玛塔、格尔玛:《嘉绒藏族的阿米格东文化》,《西藏艺术研究》,2011年第3期。

121. 曾运东:《嘉绒藏族民居装饰的现代设计应用》,《装饰》,2011年第3期。

122. 凌立、曾义:《康巴民间歌舞保护与传承的思考——2011丹巴嘉绒藏族乡村风情节考察记》,《四川民族学院学报》,2011年第3期。

123. 曾现江:《数字崇拜与文化象征:对“嘉绒十八土司”历史文化内涵的探讨》,《西藏研究》,2011年第3期。

124. 李菲:《无文字族群宇宙观念的身体表述——嘉绒跳锅庄的文学人类学阐释》,《北方民族大学学报(哲学社会科学版)》,2011年第3期。

125. 李锦:《卡布阿乌:嘉绒藏族老人超越家屋的权威》,《西藏民族学院学报(哲学社会科学版)》,2011年第3期。

126. 李菲:《族群遗产的现代变迁:基于嘉绒跳锅庄的田野考察》,《中南民族大学学报(人文社会科学版)》,2011年第4期。

127. 陈焱:《宗教和谐价值的人类学分析——以硗碛嘉绒藏族乡为研究个案》,《西北民族大学学报(哲学社会科学版)》,2011年第5期。

128. 李军环:《嘉绒藏族传统聚落的整体空间与形态特征》,《城市建筑》,2011年第10期。

129. 刘海龙、谢丽辉:《浅谈丹巴嘉绒藏族民俗旅游开发》,《中国市场》,2011年第14期。

130. 吴钦:《嘉绒藏族古老锅庄文化中的瑰宝——天下第一锅庄“马奈锅庄”》,《大众文艺》,2011年第21期。

131. 张鹏海:《嘉绒藏区民族体育舞蹈“铠甲舞”的多元文化特征》,《前沿》,2011年第22期。

132. 旦增遵珠:《色拉寺嘉绒“康参”的地域性特点漫议——兼谈甘丹寺·哲蚌寺嘉绒“康参”》,《贵州民族研究》,2012年第2期。

133. 陈焱:《民族文化中宗教和谐与整合的隐喻——以四川硗碛嘉绒藏族乡为研究个案》,《世界宗教文化》,2012年第3期。

134. 叶小琴:《近六十年来嘉绒十八土司研究综述》,《西藏民族学院学报(哲学社会科学版)》,2012年第4期。

135. 李军环、陈媛:《川西中路嘉绒藏族民居的生态智慧与更新设计》,《西安建筑科技大学学报(自然科学版)》,2012 年第 4 期。

136. 关雪峰:《浅谈嘉绒藏族古碉建筑——丹巴县中路、梭坡碉楼民居》,《住区》,2012 年第 4 期。

137. 李锦:《植物、动物、人与山神:嘉绒藏族山神信仰的本土知识体系——对四川省雅安市宝兴县硗碛藏族乡的田野调查》,《云南师范大学学报(哲学社会科学版)》,2012 年第 5 期。

138. 叶小琴:《逆反而行:清季嘉绒藏区与全国土司政治格局对比分析》,《四川民族学院学报》,2012 年第 6 期。

139. 陈然、王强:《康巴藏族与嘉绒藏族民歌艺术初探》,《大舞台》,2012 年第 8 期。

140. 廖华:《歌的天堂,舞的海洋——嘉绒锅庄探微》,《吉林广播电视大学学报》,2012 年第 9 期。

141. 江影:《丹巴嘉绒藏族民歌的种类及基本特征》,《大舞台》,2012 年第 11 期。

142. 张原:《神山与家屋——嘉绒藏人的神圣历史和社会结构》,《宗教人类学》,2013 年第 1 期。

143. 林俊华:《嘉绒的文化符号》,《四川民族学院学报》,2013 年第 1 期。

144. 于华:《嘉绒藏族女性成人礼》,《寻根》,2013 年第 1 期。

145. 赞拉 · 阿旺措成、张学凤:《略述嘉绒锅庄与象雄琼部文化的历史渊源》,《西藏艺术研究》,2013 年第 1 期。

146. 李锦:《嘉绒藏族的社会性别观——对四川省雅安市宝兴县硗碛藏族乡的个案研究》,《广西民族大学学报(哲学社会科学版)》,2013 年第 2 期。

147. 罗毅:《嘉绒藏族家具装饰纹样研究》,《艺术探索》,2013 年第 3 期。

148. 魏涛:《对四川嘉绒地区城镇聚落变迁的思考与保护——以马尔康县卓克基城镇聚落为例》,《四川建筑》,2013 年第 5 期。

149. 维姆 · 范 · 斯本根、尼玛扎西(杨公卫):《欧洲传统游记中的嘉绒藏区社会》,《民族学刊》,2013 年第 5 期。

150. 黄禹康:《寻访嘉绒藏族卓克基土司官寨》,《寻根》,2013 年第 5 期。

151. 江影:《丹巴嘉绒藏族劳动歌曲概述》,《乐山师范学院学报》,2013 年第 9 期。

152. 刘韫:《旅游背景下少数民族村落的传统民居保护研究——以嘉绒藏族民居为例》,《西南民族大学学报(人文社会科学版)》,2014 年第 2 期。

153. 江影:《丹巴县中路乡嘉绒藏族音乐调查报告》,《凯里学院学报》,2014 年第 2 期。

154. 王及宏、石硕:《藏族碉房住宅之王——嘉绒藏区日斯满巴碉房初探》,《中华文化论坛》,2014 年第 6 期。

155. 红音:《嘉绒藏族碉楼功能与作用考察》,《安徽农业科学》,2014 年第 11 期。

图书在版编目（CIP）数据

嘉绒藏区社会史研究/多尔吉等著．—北京：中国藏学出版社，2015.4

（记录嘉绒文化丛书）

ISBN 978－7－80253－788－0

Ⅰ.①嘉… Ⅱ.①多… Ⅲ.①藏族－社会史－研究－四川省

Ⅳ.①K281.4

中国版本图书馆 CIP 数据核字（2015）第 066193 号

嘉绒藏区社会史研究

多尔吉 等著

出版发行 中国藏学出版社
印　　刷 中国电影出版社印刷厂
开　　本 787×1092 毫米 1/16
印　　张 14.25
字　　数 197 千字
印　　次 2015 年 4 月第 1 版第 1 次印刷
书　　号 ISBN 978－7－80253－788－0/B·416
定　　价 35.00 元

图书若有质量问题，请与本社联系

E-mail：dfhw64892902@126.com　电话：010－64892902